*Employees and
Corporate Governance*

当 代 世 界 学 术 名 著

雇员与公司治理

玛格丽特·M·布莱尔（Margaret M. Blair）
马克·J.·罗伊（Mark J. Roe） ／编著

陈宇峰　王永齐／译

中国人民大学出版社
·北京·

中国人民大学出版社对此书中文版的翻译负有全部法律责任。

"当代世界学术名著"
出版说明

中华民族历来有海纳百川的宽阔胸怀，她在创造灿烂文明的同时，不断吸纳整个人类文明的精华，滋养、壮大和发展自己。当前，全球化使得人类文明之间的相互交流和影响进一步加强，互动效应更为明显。以世界眼光和开放的视野，引介世界各国的优秀哲学社会科学的前沿成果，服务于我国的社会主义现代化建设，服务于我国的科教兴国战略，是新中国出版工作的优良传统，也是中国当代出版工作者的重要使命。

中国人民大学出版社历来注重对国外哲学社会科学成果的译介工作，所出版的"经济科学译丛"、"工商管理经典译丛"等系列译丛受到社会广泛欢迎。这些译丛侧重于西方经典性教材；同时，我们又推出了这套"当代世界学术名著"系列，旨在迻译国外当代学术名著。所谓"当代"，一般指近几十年发表的著作；所谓"名著"，是指这些著作在该领域产生巨大影响并被各类文献反复引用，成为研究者的必读著作。我们希望经过不断的筛选和积累，使这套丛书成为当代的"汉译世界学术名著丛书"，成为读书人的精神殿堂。

由于本套丛书所选著作距今时日较短，未经历史的充分淘洗，加之判断标准见仁见智，以及选择视野的局限，这项工作肯定难以尽如人意。我们期待着海内外学界积极参与推荐，并对我们的工作提出宝贵的意见和建议。我们深信，经过学界同仁和出版者的共同努力，这套丛书必将日臻完善。

中国人民大学出版社

目　录

导言 ·· 1
第一部分　理论框架
第一章　为什么总是资本雇用劳动? ·· 17
　　　　劳动管理型公司的定义 ·· 18
　　　　工作激励和监管 ·· 22
　　　　工人财富和信贷市场 ··· 25
　　　　风险厌恶和保险 ·· 29
　　　　资产专用性与投资激励 ·· 32
　　　　集体选择和管理决策制定 ··· 37
　　　　结论 ··· 43
第二章　企业专用型人力资本和企业理论 ··································· 49
　　　　一些理论背景 ·· 50
　　　　企业专用型人力资本引起的合约问题 ····························· 60
　　　　结论 ··· 71
第三章　工人与公司治理：政治文化的作用 ································ 76
　　　　分析问题：工人能否有效行使管理权? ··························· 77
　　　　雇员行使管理权的博弈理论概述 ··································· 80

         政治文化的作用 ……………………………………………… 83
         公司治理制度 ………………………………………………… 86
         公共服务的提供和公司中合作之间的配合 ………………… 90
         适应问题 ……………………………………………………… 91
         结论 …………………………………………………………… 93
   第四章 经过调整的权利和治理：雇员和股东之间的相互适应 …… 99
         程式化关系 …………………………………………………… 101
         股东和雇员：经过调整的所有权、治理和雇佣关系 ……… 115
         结论：平行轨迹 ……………………………………………… 123

第二部分 德国的共同决策制
   第五章 共同决策制：一个关于治理的外部性的社会政治模型 …… 133
         德国共同决策制的演化 ……………………………………… 135
         煤钢行业中的共同决策制（1951 年）……………………… 136
         煤钢共同决策制的效果 ……………………………………… 137
         1976 年模式及其演化 ………………………………………… 139
         法律诉求 ……………………………………………………… 142
         共同决策制和多边参与情况下的公司治理动态 …………… 143
         对共同决策制效果的实证分析 ……………………………… 146
         结论 …………………………………………………………… 153
   第六章 共同决策制和德国证券市场 ………………………………… 157
         德国的董事会 ………………………………………………… 158
         共同决策制和董事会的反应 ………………………………… 158
         证券市场与公共选择 ………………………………………… 161
         替代 …………………………………………………………… 163
         结论 …………………………………………………………… 164
   第七章 共同决策制企业的市场价值 ………………………………… 168
         德国共同决策制的法律环境 ………………………………… 170
         以前对德国共同决策制法案的研究 ………………………… 171
         从案例研究中得出的新证据 ………………………………… 174
         实证结果 ……………………………………………………… 178
         从实证检验（利用行业数据）中获得的新证据 …………… 182
         总结和启示 …………………………………………………… 187

第三部分 日本的公司治理

第八章 日本终身雇佣制的政治经济学 ……… 191
  终身雇佣制的动力 ……… 192
  为什么采取终身雇佣制？ ……… 197
  一个互补的、演进的劳动市场模型 ……… 204
  终身雇佣制的次要经济特征 ……… 207
  今天强调的重点 ……… 210
  结论 ……… 213

第九章 日本的就业实践和企业工会 ……… 223
  企业工会的联合 ……… 225
  为什么企业工会存在于大公司中？ ……… 231
  企业工会和产业中心的调整 ……… 233
  企业工会和宏观经济调整 ……… 242
  比较分析日本的企业工会 ……… 245

参考文献 ……… 254

导　言

玛格丽特·M·布莱尔（Margaret M. Blair）
马克·J·罗伊（Mark J. Roe）

最近这几年，大量研究大公司控制和治理制度的法学和金融学者，把他们的主要精力集中在股东与管理层之间的关系上，他们尤其关注把管理层作为股东的最忠实代理人这一问题。但是，很少有研究关注雇员在这种治理机制下的角色问题。公司能否使其治理结构和雇员间的人力资本类型变化相适应呢？某些公司治理结构在特定的劳动力市场上是否会表现出更好的绩效，或者说这些治理结构是否优于其他的治理结构呢？劳动力市场是否会影响理想的公司治理结构的类型——在这种治理结构下，无须损失生产率就可以实现并保持产业的稳定呢？虽然人们已经普遍认为人力资本是企业的最重要资产，但它们仍然只被当成劳动力的一个组成部分，而并非公司治理的一个核心要点。

但是，仍然有许多引人注目的分析和政策动因，促使人们去关注为什么董事会的决策会影响雇员，以及为什么雇员能影响公司治理等问题。首先，人们通常认为人力资本在价值创造上和物质资本同等重要。对于大多数企业来说，人力资本——思想、技能、在处理问题时需要具备的组织能力，以及在配置资源时的快速反应能力和灵活性——比物质资本更为重要。其次，由于受当前经济全球化的影响，许多企业和雇员之间的激烈竞争正在全球蔓延；并且，在不同的法律规则和社会规范下，会产生不同的雇员—企业关系。再次，关闭企业、建立新企业或兼并企业的董事会决议，都会影响雇员的日常生活和经济保障，结果导致雇员为追求自身的利益，而成为潜在的政治参与者。一旦雇员感到公司治理机制对其不利，他们就不必像"公司博弈"中处于被动地位的"棋子"一样采取行动，而是直接通过合同，或通过法院和立法机构等非直接途径，竭尽全力去改变公司的治理制度。

影响机制

劳动力直接影响公司的治理结构，这点在美国之外的许多国家中表现得更为明显。在美国公司中，这些影响机制包括非正式的内部组织机构，如工作团队或质量环（Quality Circles）。通过这些，雇员就能参与并影响车间的决策制定。雇员也可以组成工会、举行罢工、寻求立法、诉诸媒体、上法院提起诉讼、为更好的工作条件而进行个体谈判或跳槽到待遇更好的工作岗位上（有时，他们已经具备了关键的人力资源）。在某些情形中，他们也可能会通过控制养老金投资基金来影响公司的决策行为。但是，雇员在公司董事局中的代表通常是很少的。

有时，雇员会有一个比较正式的治理角色。在德国，雇员数量超过2 000名的公司必须成立一个双层董事会（two-tier board），在高层管理机构或监事会中，也必须要有一半以上的席位由工人代表担任。代表广大车间工人利益的工会组织，也是德国公司治理的一个强制性要求。在日本的公司治理结构中，更多的是依赖社会规范而不是正式的法律制度。大多数企业对一些雇员实行终身雇佣制，并让一些高级雇员进入公司董事会中。因此，这也有助于在公司董事会的核心决策中把雇员的利益也考虑进去。

导　言

新贡献与新观点

本书由 9 篇与雇员参与公司治理相关的研究论文组成，其中有 8 篇是 1996 年秋在哥伦比亚大学法学院（Columbia Law School）召开的斯隆项目会议（Sloan Project Conference）上递交的论文。剩下的第 9 篇论文，是马克·J·罗伊写的关于共同决策制的论文（见本书第 6 章），他的这篇论文与本次会议无关。部分论文阐述了雇员在美国公司治理中的角色为什么会受到限制，以及为什么在其他国家中，雇员参与公司董事会决策的机会会更多等问题。其中一些作者认为，可以把雇员在董事会中的重要影响，概括成三种基本形式：（1）共同决策制，例如德国的治理实践；（2）终身雇员制和企业联合会（Enterprise Union），例如日本的治理实践；以及（3）美国公司治理的特殊情形，雇员可以凭借其在工作中的突出表现而成为公司的重要股东。

理论框架

本书开篇的四章内容，对为什么股东通常会拥有控制公司的关键权利（例如，投票选举董事和在公司重要交易上的权利），而雇员为什么不具有这些权利等问题进行了全面探讨，并且集中讨论了其理论基础。格雷戈里·道（Gregory Dow）和路易斯·普特曼（Louis Putterman）在第一章的标题中建议，这个问题应该重新表述为"为什么总是资本雇用劳动，而不是相反？"在探讨核心缔约方——雇用其他投入要素并拥有关键控制权的一方时，道和普特曼明显将之分为劳动管理型（Labor-managed）和资本管理型（Capital-managed）企业，尽管他们也认识到，在实践中由要素投入者控制企业并非简单的因果决定关系。举个例子，在传统股份公司的董事会中，可能也有雇员代表；雇员也可能拥有自己的股份；或者雇员可以非正式地参与决策制定等。在工业企业中，更为普遍的情况是让金融资本而不是雇员拥有正式的控制权。从道和普特曼的研究中我们可以发现，这隐含着选择董事会的权利和更换管理层的正式权威（这种正式控制可能被管理的影响所稀释，这是从过去几十年的金融和法律研究中提炼出的一个核心议题)。

"为什么是资本雇用劳动"这一问题是经济学家企图寻求的理论突破口。道和普特曼根据工人管理型企业面临的问题，将许多理论组合成5个方面：工作激励和监督问题；对雇员拥有者的财富约束和信贷配给；风险规避和保险市场的不完全性；由资产专用性和投资激励引起的契约问题；集体选择问题。他们认为，就目前描述性的、系统性的实证研究而言，它们对解释以上任何一个方面都不充分，而这些恰恰可以深化对工人管理型企业为何如此稀少的原因的理论探讨。因此，他们呼吁，更多、更深的实证研究应该集中在对以上各个理论的检验上。此外，道和普特曼也关注工人管理型企业和资本管理型企业的生产率。他们研究发现，有很好的实证证据可以表明，工人管理型企业往往具有更高的生产率。他们也声称，这使所有关于工人管理型企业为何稀少的理论解释、从实证角度辨别彼此冲突的假设、更好地理解企业得以繁荣发展的环境等问题，显得相当重要。

在第2章中，玛格丽特·布莱尔主要沿袭了道和普特曼在第1章中提出的一种契约问题——由资产专用性和投资激励引起的契约问题。她注意到，物质资本对于企业来说具有很高的专用性。换句话说，它们不容易在企业的外部使用——这是一项危险的投资，因为这些成本对企业来说是沉淀成本，一旦投入了，便不可恢复。投资者也会通过契约或企业的参与决策来保护自己的投资。在很多情况下，他们的最优保护很可能就成了获取控制权。因此，根据这一理论，如果企业各方能够和另一方自由签约，那么企业专用性资产的供给者就会放弃对控制权的争夺（除非有其他阻碍因素出现）。

但是，布莱尔也指出，同样的理由也适用于企业的专用性人力资本(Firm-specific Human Capital)。技能的投资也不容易在企业外部使用，一旦投入以后，除了分享企业的回报之外，也不容易恢复。这也会使雇员处于很大的风险中。因此，这也需要做这种投资的雇员参与到控制权的谈判中去，以保护其自身的利益。虽然这种可能性已被其他理论家提及（参见第4章爱德华·洛克(Edward Rock)和迈克尔·瓦切特(Michael Wachter)的讨论，以及第1章道和普特曼的相关论述)，但大多数人认为这并不重要。他们要么争辩，雇员控制带来的负面影响会超过正面影响，要么断定雇员可能通过契约或制度安排来保护其自身的利益。因此，雇员并不可能终止对企业控制权的争夺。正是基于这种原因，许多学者通常将雇员—企业关系大致当做与劳动法相关的问题来处理，而偏离公司治理政策的范畴。这种标准的分析方法出现在绝大多数公司和金融理论家的研究中，他们通常把企业看作一个由企业参与者与其他人组成的契约连接体。既然企业内的所有关系实质上都具有契约的特性，根据这一范式，公司法本身就可以被看成关于核心签约问题的一种标准化解决方案，即关于如何解决股东和其雇佣经理之间的代理问题的方案。其他所有关系，则都可以被看成由普通的讨价还价契约所支配。

但是，布莱尔的观点建立在标准分析的一个关键假设之上，该假设认为股东是——也应当是——被雇用的一方，或者说是"所有者"。通过把重点集中在股东与管理者之间的连接关系上，这一假设（出现在本书的好几篇论文中）一直制约着关于美国公司治理的学术讨论。布莱尔表示，为了更好地理解为什么控制权会发展到其所认为的这样，则需要在企业是什么、公司法实现了什么等问题上有更加广阔的研究视野。

布莱尔也批评了当前的一些新观点——对知识、技能、关系和其他人力资本形式的投资，可能会增加签约的难度，因为正常的市场交易和正式契约都不可能很容易就得到解决。当企业专用型雇员投资非常重要时，人们希望找出那些有助于使雇员和企业之间保持良性关系的制度，以及能为雇员保护其自身利益创造途径的制度。这样的制度可能包括工会、解雇费、终身雇佣制的社会规范、内部工作梯度、职业规划、资历规定以及形式上的直接控制权等。这种新理论把企业看成是一种新的激励体系或一个专用型投资的枢纽。换句话说，即把企业看成是一种规范所有参与者——特别是那些提供劳动的企业专用型员工和那些提供了资本的企业专用型资本投入——而不仅仅是股东和管理层相互之间的关系的机制。根据布莱尔的观点，法律是这些制度安排中的一种制度，因为它使公司本身成了一个独立于其任何参与者的法律实体。但是，那些视企业为契约关系枢纽的鼓吹者们，却通常对这一事实嗤之以鼻。

大卫·查尼（David Charny）在第3章中从雇员通常会参与公司治理这一前提假设开始讨论。一般而言，雇员会给公司管理，甚至给那些主流的传统型资本主义工业化企业带来影响。他认为，一旦雇员参与公司治理后，将带来三个基础性的挑战：（1）不同雇员之间的利益冲突需要协调；（2）雇员必须接受培训，以便能把有意义的投入转化成管理决策；（3）雇员必须能对他人、管理层和公司中的其他同事做出可信的承诺。查尼讨论了可满足这些挑战的三种不同治理制度的优劣，它们分别是"强制"（hard）参与制度、"松散"（soft）参与制度和"非"（no）参与制度。

强制参与制度通过制度上的设计或程序化过程，为雇员参与公司治理提供支持和特定的法律保护。例如德国公司，它们通常都综合了托管社会福利、劳资纠纷协会和共同决策制，以实现这一目的。

松散参与制度只依靠强有力的社会规范和传统观念运作，它一般不对雇员参与公司管理的机制和程序作出命令或强制执行规定。这样的例子主要有日本——日本公司重视灵活的工作团队、岗位轮换以及具体工作间的问题处理和资源配置能力，因此这牵涉到了雇员在生产过程中的战略决策问题。此外，在更高级别管理层的决策制定中，工会的参与非常有效。

非参与制度在美国公司中体现得最明显，它并不给雇员参与设置特定的标准，而是充分利用各种各样的特殊制度，使某些公司能实现雇员深入参与，而另一些公司也可以实现让雇员完全不参与。

查尼认为，这三种参与制度涉及的劳资关系和公司治理安排紧密相关，不同参与制度的政治文化有助于维持三者之间的差异。查尼声称这三者都能很好地适应劳资双方的压力问题（这些压力要么由不断变化的环境（如全球化）导致，要么由日新月异的技术变革导致），而不论它们（或适应措施）在形式上是否存在差异。但是他也预测，像日本这样的松散参与制度可能最难适应。查尼特别强调了制度安排之间的相互联系，并指出在把一种管理制度下的某项或某几项规则或安排移植到另一种制度时，可能会起负面作用。

爱德华·洛克和迈克尔·瓦切特在第 4 章中表明，即使雇员循规蹈矩，公司治理中也会涉及大量在行业之间开展的合作。但是，这些行业间合作的任务、风险、利益主张和控制权则根据不同合作方的特定知识和影响力来进行分配。管理层和股东分别监管各自擅长和熟悉的事务。类似地，雇员一方面有获得激励的需要，另一方面有保护自己免受不可分散的风险所导致的损失的渴望，他们有权利在二者之间权衡利弊，取得平衡。同时，股东却由于能更好地分散风险，而获得了剩余索取权。

根据劳动经济学、组织经济学和其他相关法律领域的研究文献，洛克和瓦切特认为，在公司治理中对任务、风险、利益主张和控制权的分配，取决于参与方的特征、参与方所投入的资产的性质以及公司所从事的交易。

以下四种因素决定了治理任务、风险、利益主张和控制权的分配比例：(1) 资产专用性程度；(2) 信息非对称程度；(3) 风险分散化程度以及 (4) 制定和实施透明合约的成本。作者认为，只要这些因素相似，治理制度安排也将趋于相似。据此推断，一旦这些因素有异，强制实施一项统一政策的法律很可能也会导致一种非常坏的政策。

为阐述这点，作者研究了涉及大量交易的公司的制度安排问题。由于这些公司的雇员不愿卷入风险，所以他们通常不会对剩余索取权提出要求。这对股东而言并不是一个问题，因为他们能分散这些风险。此外，雇员一般不参与公司层面的管理，即在股东代表大会上，他们并不会就公司所追求的目标、公司应如何投入资本、公司主要高管的业务能力以及公司是否应被出售或重组等问题发表意见或建议，这是因为他们缺乏这方面的专业知识和信息。但是，在以下方面雇员确实会积极参与进来，包括涉及工资、福利、工作条件、就业期限以及所属单位的工作组织的决定。在这些领域，雇员通常具有必需的相关信息和专业能力。

洛克和瓦切特发现，在封闭持股公司（closely held corporations）中，股东和雇员对上述四个因素的贡献程度尤为相似。相应地，他们的权利、利益主张和参与管理程度也趋于类似。事实上，作者指出，在封闭持股公司中股东和雇员的角色会相互重叠——小公司中的许多股东通常也是公司的雇员，反之亦然。

德国的共同决策制

在第 5 章和第 7 章中，作者把注意力转向了德国的共同决策制。德国法律要求大公司必须设立双层董事会制度，上层或"监督"委员会的半数席位必须由公司雇员或其代表担任。在第 5 章中，凯瑟琳·皮斯托（Katharine Pistor）分析了德国政府要求实施共同决策制的经济和政治原因及其对公司治理的影响。她对限制大企业及其股东获得过度权力的"社会治理"（social governance）和"公司治理"（firm governance）——意指公司所有者对管理的控制——做了区分。作者认为，德国社会试图借助共同决策的法律来提高私人资本的社会治理水平，并通过使员工参与公司决策来减少他们的不满情绪。

尽管许多德国人认为共同决策制已经取得了上述社会—政治目标，但皮斯托注意到，共同决策制增加了公司的治理成本，而且会影响公司控制权所涉及的主要三方参与者——股东、管理层和雇员——之间权力此消彼长的动态变化。她认为共同决策制增加了管理层的权力。随着高层董事会成员之间的利益分化，管理层出于自身利益，会使占半数席位的雇员和占另一半席位的股东相互斗争。尽管作者指出共同决策制对于绝大多数有着内在缺陷的德国公司治理来说不太现实，但是数据统计表明，采取共同决策制给公司治理带来的额外成本可能会超出社会治理的收益。

在第 6 章中，马克·罗伊扩展了这种观点，他假定共同决策制可能有助于解释为什么德国公司中持续存在大量的控股股权，而证券市场（尤其是 IPO 市场）却依旧效率低下。他推断，一旦共同决策制由法律强制推行，股东可能会希望公司的治理机制具有一种集中化的"权力平衡"，而这在所有权分散化的企业中很难达成，因为高层董事会的半数席位代表了雇员的利益。股东对所有权分散持有的"需求"，降低了创立一个分散化市场并在其中出售分散股权的动机，因为潜在的分散化买者不会支付足够的成本。因此，不会形成一个运转良好的证券市场，参与者没有足够的理由去创建良好的证券分配机制。

罗伊还表明，在董事会中安插劳动代表，可能会导致德国管理层和股东使监事会的地位比它们原本应有的更加弱势。人们普遍认为，董事会只有偶尔才召开会议，针对董事会的报道也非常封闭，其本身又过于臃肿，并且效率低下。相反，股东党团会议及管理层和大股东之间召开的会议，取代了本该在董事会会议室采取的有效表决行动。因为缺乏一个更有效的董事会，德国公司就缺少了一种控制机制，而分散化股东原本还对这种控制机制寄予了厚望。罗伊这篇文章的影响之一在于：即使其他规则和制度结构都服从于使德国资本市场发展得更好的目的，但共同决策制还是很可能会导致股东继续保持他们的集中化结构，并使公司董事会的权力弱化。

在第 7 章中，西奥多·鲍姆斯（Theodor Baums）和贝尔恩德·弗里克（Bernd Frick）继续探讨了共同决策制是否有效这一问题，尽管一些观点提供了反面证据（部分观点参见皮斯托在第 5 章中的评论）。作者指出，如果强制性规则解决了为支持企业专用型人力资本投资所需的制度安排（尤其是压缩工资结构和解雇保护）的"囚徒困境"问题，那么它们很有可能会带来效率。只要员工做出符合上述企业专用型人力资本的投资，并和管理层积极开展合作,那么很明显,所有企业都将从中受益。但是,一旦某个公司提供了这种压缩工资结构和解雇保护,以鼓励员工进行人力资本投资,而其他公司却仍然采用显著的差异化工资结构和解雇威胁等传统型激励策略,那么强调合作文化的公司将碰到逆向选择的难题:这些公司会吸引那些重视解雇保护、人力资本投资动机不足的员工,而那些能力最好的员工却倾向于流向传统型的企业,因为在这里他们将获得最高的工资。因此,一个不存在由法律来强制实施共同决策制的竞争性市场,很显然会导致非竞争性均衡。

鲍姆斯和弗里克认为,尽管和一个更注重市场激励的均衡相比,包含压缩工资结构和解雇保护的均衡具有更高的生产效率,但是如果它没有被所有公司强制实施的话,这种均衡最终可能会趋于瓦解。企业不能总是采取合作型交易,因为它们最好的雇员很可能已被其他企业雇走。他们指出,法律强制实施的共同决策制会使所有企业趋向于竞争性均衡,由于合作型交易比以市场为基础的交易具有更高的生产效率,所以这些经济体的潜在产出将更高。因此,理论预测结果是多种多样的,于是人们很难确切地预测到共同决策制对公司业绩和股东价值的净效应是正还是负。

为深化对这一问题的讨论,鲍姆斯和弗里克转向了对经验证据的研究,即对普及共同决策法规和判例等举措对德国上市公司股价的影响进行分析。如果作者给出的这些各种各样的举措非常重要,而投资者却闻所未闻,并且他们认为共同决策制会降低公司的价值,那么股价应当会对这些举措作出反应。尽管其他研究表明,共同决策制对股价存在负面影响,但鲍姆斯和弗里克却并未找到共同决策规定会使德国上市公司股票价值下降的证据,这个结论和共同决策制可能不会给股东造成损害的观点相一致。(作者还注意到,上述结论也和这种影响可能提前反映到股价波动中的观点相一致。)

日本的公司治理

在第八章中,罗纳德·吉尔森(Ronald Gilson)和马克·罗伊对终身雇佣制是否促进了人力资本投资这一传统研究思路提出了质疑。绝大多数美国研究者都认为终身雇佣制产生了一种双赢局面:雇主获得高技能的雇员,雇员得到有保障的工作。但是,吉尔森和罗伊却认为,至少企业对其雇员工作保障的承诺本身，并不能确保企业或雇员会进行人力资本投资。他们指出，即使采用终身雇佣制，雇员也可以自主选择离职，而雇主同样也能够自主选择是否调整薪水。因此，终身雇佣制本身并不能确保任何一方会对人力资本进行投资。

那么，是什么原因决定了日本企业中较高的人力资本投资呢？吉尔森和罗伊认为，这更有可能是日本公司和其员工之间的"隐性"关系——外部劳动力市场的约束——而不是终身雇佣制。企业随时准备着要为人力资本投资支付成本，因为一旦这种成本由企业来支付，雇员就不太容易跳槽到其他企业中去。他们进一步指出，这种由强制实施引起的劳动力低流动性，对绝大多数美国人来说并不具有吸引力。

吉尔森和罗伊假设，终身雇佣制产生的原因是"宏观"和"微观"层面的政治因素，而非经济原因。在宏观层面上，第二次世界大战后的日本深陷经济困局中，这可能使奉行保守主义的领导者赞成把采取终身雇佣制作为对抗社会主义者从而获得选举胜利的手段。在微观层面上，各个公司的管理层试图通过给一小部分的核心雇员提供终身雇佣制，来击败战后充满敌意的工会势力，并从员工手中重新夺回工厂。这些目的和人力资本培训都没有任何直接关系，但是都会削弱雇员在工会选举或工厂作业中的整体影响力。然而，一旦终身雇佣制被当成标准范例实施，便会出现其他予以支持或补充的制度，如企业联合会（参见第9章）等。另一个补充性的制度就是内部董事会，管理层通过内部董事会制度在内部晋升评比中胜出，最终进入公司董事会。

吉尔森和罗伊推断，历史记录并没有提供日本大公司遵守不去"抢夺"其他公司雇员这一制度的"确凿证据"。（他们再次表明，日本劳动力市场的外在约束比企业给其雇员一份终身工作的承诺，对保护雇员的人力资本投资更为有利。）同时，他们也给出了一些理论，来解释为什么公司和雇员双方都不会倡导这样的协议、为什么政府之所以约束劳动力市场可能是因为企业施加了影响，以及为什么企业本身不会进行横向雇用。此外，他们还指出，如果市场约束协议和劳动力市场均衡不一致，那么一旦没有政府的强制实施，它们将会变得脆弱不堪。

在第9章中，Nobuhiro Hiwatari考虑了经济力量是否会导致不同的制度安排，而对于这些制度安排，人们认为在员工参与公司治理时必须得到遵守。作者的分析表明，员工并不必然会去遵守这些制度。尽管地区性的、历史性的和政治上的环境很可能会使一些制度安排趋于崩溃，但 Hiwatari 注意到其他制度安排倾向于阻碍这些守规行为。其中的一个情形是日本的企业联合会，它有时被人们看成是日本式管理的"三种稀有财富"之一（其他两种分别是终身雇佣制和资历工资体系）。

像吉尔森和罗伊一样，Hiwatari 反对把这些制度安排仅仅归因于日本的文化比较偏向于合作。他发现，这些制度的根源在于日本战后时期的工会主义经历，尤其是在日本被占领时期——以"工会主义革命"著称的战后初期。在这段时期，那些最有权有势的人们不只热衷于组织工人为其自身的利益而工作，而且还热衷于为达到政治目的迫他们到处流动，并最终导致一系列社会主义革命。如果说这些工会主义者有共同之处的话，就在于他们都反对采取合作方式来处理问题。在占领政府并实施一些改革之后，管理使工会主义革命开始崩溃，20 世纪 40 年代的经济紧缩又使日本公司不得不面对市场竞争，这最终导致了工人大量下岗、日本工业重建的现象。于是，在大企业中就出现了企业联合会，由于各个岗位上的员工团结一致地和管理层开展合作，试图挽回他们的企业和工作，所以这些企业联合会取代了工会主义革命。

企业联合会具有以下几个特征：（1）会员资格被限定给永久性的雇员；（2）蓝领工人和白领工人组成一个单一联盟；（3）会员企业是否参与由其自主决定；（4）工会费用由成员企业自主缴纳；（5）工会领导在任职期间必须保持其雇员身份；以及（6）工会自主权归各个会员企业所有。Hiwatari 认为，只要企业"承诺就业保障和额外福利同该行业的其他大公司具有可比性"，企业联合会将和不同公司的政策相辅相成。在过去几十年间，人们把日本国内稳定的就业状况，归因于企业联合会这种做法。企业联合会还使经济以较低的失业为代价，躲过了在这段时期中反复出现的石油危机和金融危机。Hiwatari 认为，不同企业联盟会之间的合作，还使某些日本大企业在危机时继续进行投资，从而保住了其自身的竞争力。

吸取到的教训

在本书不断赘述的诸多主题中，处在核心地位的一点是"制度起着重要作用"。不同的公司治理制度——不管其是否涉及雇员参与——具有不同的成本和收益。因此，并不存在一种唯一的、经济上最优的治理结构。此外，历史和政治因素在解释哪些制度安排会出现并持续存在这点上，确实具有重要的意义。

本书的另一个主要议题是：制度安排和实施惯例可能会相互作用，以便能相互补充，因此我们不能将它们割裂开来研究。此外，在对特定国家或其特定时期的观察中，采取某种制度的部分原因可能只是一个历史的偶然事件，而不是对现实经济问题的一种最优解决方法。吉尔森和罗伊把这种现象称作"路径依赖"（path dependency）——一个和多重均衡相类似的概念。路径依赖意味着一项制度安排很可能只是对之前问题的一种合理解决方式，例如日本和德国的公司治理情形，这两者中的雇员参与恰好都是出于政治原因，而非经济原因。与此类似，在美国公司中，普遍缺乏雇员参与治理的标准化结构，这点很可能是其国家历史和政治压力的产物。正如查尼指出的那样，上文中的三种制度（强制参与制度、松散参与制度与非参与制度），仅仅"代表了对任一经济体中企业普遍面临的一系列问题的三种不同解决路径"。它们在处理不同的困难时，或多或少都取得了一样的成功，尽管它们对调整成本的分配不尽相同。

本书还提到的一个主题是：终身雇佣制、共同决策制和其他制度安排在被用来解决某一问题的同时，很可能会导致出乎人们预料的成本和收益。或者，随着韧性制度（malleable institutions）的不断发展完善，其所产生的经济结果可能和其他制度安排十分相近。我们不妨再次参照吉尔森和罗伊所讨论的例子，日本企业可能只是把终身雇佣制当做解决政治问题的一种方法，但在这么做时它们也促成了辅助性制度的出现，这些辅助性制度一方面使日本企业积极从事人力资本投资，另一方面使企业管理层在把雇员作为公司活动的重要组成部分和受益者这点上，看得比股东还重要。许多年来，这种制度安排显然已使日本受益匪浅，但在目前它似乎给日本努力应对眼下的金融危机带来了些许阻碍。

本书的所有组成章节都采取了同一种方法论：当适当考虑到历史延续性和制度互补性时，经济分析和金融分析工具比单纯的经济理论或历史轶事更能解释企业、股东、管理层和雇员之间的关系。在之前的学术研究中，与雇员相关的公司治理问题，绝大多数都和利益相关者理论有着千丝万缕的关联。很可能是由于利益相关者理论的鼓吹者们没有充分利用经济理论和金融理论所提供的知识之故，利益相关者理论在挖掘公司治理的核心洞见上并未取得任何进步。

此外，本书作者还强调，不能把今天的制度看成是一成不变的。公司治理制度在过去的一段时期中已经进行了某些调整，以后可能也还会因各种新的历史上的、政治上的、经济上的压力而进行调整。而且，关于改革的政策辩论不仅必须考虑经济层面，还必须考虑政治现实。

第 一 部 分

理论框架

第一章 为什么总是资本雇用劳动?
——对现有解释的评论

格雷戈里·道（Gregory Dow）
路易斯·普特曼（Louis Putterman）

19世纪中期，约翰·斯图亚特·穆勒（John Stuart Mill）认为，一旦劳动阶级获得足够的教育和政治自由，资本主义雇佣关系便会被自发形成的生产者合作团体关系所取代。在穆勒看来，这样的结果将提供"实现社会公正的最直接方法"，并且将提供"对各类商品而言最有利的行业事务排序，而这点在目前是可以预见的"。[1]如今，和20世纪的工人相比，工业化国家的工人已经接受了更多的教育，而且成熟经销商在这些国家中也已经十分普遍。但穆勒的预测却几乎没有任何成为现实的迹象。由工人所有或经营的公司，在任何发达市场经济中都只是少数。在本章中，我们将探讨为什么会出现这种情况。

在通常情况下，为什么由出资方而非工人

来拥有和管理公司？针对这个问题，人们已经提出了大量的不同解释。在很大程度上，这些解释通过一种非正式的、不系统的方式提出，人们几乎没有试图去辨别它们之间的异同之处，以及所谓的差异是否真的存在。我们这里的讨论将采取一些适当的步骤，以使和这个问题相关的文献更为系统化。

首先，我们解释了劳动管理型公司和资本管理型公司之间的区别，并且描述了劳动管理型公司在发达市场经济中所占比率的一些基本事实。接下来的一个问题是，为什么在这些经济中，劳动管理型公司相对于资本管理型公司来说更为少见。我们考虑了以下五个原因：（1）工作激励和监督；（2）财富约束和信贷配给；（3）风险规避和不完全保险；（4）资产专用性和投资动机；以及（5）共同选择问题。然后，我们把注意力转向其他假设，即那些曾在文献中出现但却并未像上面"五大问题"一样受到足够重视的情况。本章结尾总结了一些和经验检验的可能性有关的思路。

劳动管理型公司的定义

劳动管理型公司的支持者和反对者共同面临的一个合乎逻辑的明显事实是，在所有实体和制度方面，如果资本和劳动是完全等价（对等）的投入要素，那么一个公司是由资本提供者通过雇用工人来经营，还是由劳动提供者通过雇用资本来经营将没有任何区别。因此，有关劳动管理型公司不同于资本管理型公司的争论，必须完全依赖于这两种投入要素在本质上不等价的程度。当然，资本和劳动的不等价程度在所有行业的所有时期内都有可能是不相同的。通过研究这种不对称性是否能充分解释劳动管理型公司的成功和失败，我们可以检验这种有关劳动管理型公司的理论是否成立。比方说，这些理论应解释为什么劳动管理型公司会反复出现在有限的几种市场环境下，如专业合伙制领域或某些手工制造业。通过阐明资本主义企业（威尔顿钢铁、阿维斯和联合航空公司）在哪种情况下会倾向于把股票出售给他们的雇员，劳动管理型公司在哪种情况下会把股票出售给常规投资者（投资银行、一些在太平洋西北部的胶合板公司和阿维斯），这些理论同样能解释企业为什么会选择从一种组织形式转向另一种组织形式。

我们的讨论将集中在资本管理型公司和劳动管理型公司的差别上。在

第一章　为什么总是资本雇用劳动?

两种标准的投资情况下,我们的目的是要准确区分是资本雇用劳动还是劳动雇用资本。针对这个问题,我们可以采用另一种普通方法,即提出"谁将拥有公司"这一问题。这样一来,人们不再是研究"劳动管理型公司",而可以直接研究"工人所拥有的公司"。实际上,对所提问题进行更多的争论是不必要的,因为在市场经济中,"拥有一个公司"通常意味着包括获得该公司的收入、决定该公司如何运作以及转移该公司所有权在内的一系列权利。[2]但是,因为企业型经济组织的标志是对一方或多方分配决策权利,而这些权利并非由生产联盟成员在契约中预先加以确定的,因此我们在讨论中集中强调了管理权。[3]从而,由哪一方来掌握"剩余控制权"（residual control）便成了我们所关注的主要问题。

毕竟,有可能会出现以下情况,即工人们通过雇员股票所有权计划拥有了某个公司的大部分股份,但该计划通常是以工人失去他们的股份表决权为代价来拟定的。在这种情形下,该公司一般被称为"雇员拥有"的公司,但人们会误认为它是"劳动管理型"公司。决定公司控制权最直接的方法也许是提出以下问题：由谁来选举公司的董事会成员？如果答案是"资本提供者"（或其小群体,如普通股的持有者）,那么它就是一个资本管理型公司。如果答案是"劳动提供者"（或其小群体,如为公司工作一年以上的雇员）,那么它就是劳动管理型公司。

尽管在大多数情况下不难区分谁拥有公司的控制权,但人们并不能排除具有歧义的问题。[4]例如,雇员代表在董事会中拥有的席位、在决策制定中可能存在的非正式的雇员参与（可能通过一个处理质量控制、健康和安全及改革创新等问题的委员会）等。我们试图通过强调两个观点来回避其中某些有歧义的问题：（1）由群体潜能代替高层管理来表示的最终控制权的重要性；（2）由合作契约、议事日程与类似管理法规来制定的正式控制权的重要性。但我们意识到,存在一个从纯资方控制到纯工人控制的连接,其中有无数现实世界中的例子。

资本和劳动之间的潜在异质性也引发了一些问题。例如,对董事会投票来说,特定种类的股票可能具有不同的权重,或者在金融危机时,债权人和银行可能会获得公司的控制权。[5]在劳动管理型公司中,某些雇员可以通过复杂的管理程序获得参与某些决定的资格,而其他一些雇员（例如,新雇员）很可能完全不具有正式的参与权。在某些情形下,劳动和资本以外的投入要素提供者也可能获得控制权,如由产品提供者来控制某些农业合作社的例子。[6]这里，如果某个公司由它的权益融资提供者或有形资产拥有者所控制，我们就把这个公司看成是一个纯资本管理型的公司。照此类推，如果正常的公司控制权由非管理层工人和管理层工人的提供者共同分享，我们就称这个公司为纯劳动管理型的公司。很显然，混合形式的公司也是存在的，但集中考虑这两种极端情形更容易被人们理解。

  为解释这些概念，我们对部分有可能会引起人们普遍争议的企业组织进行了研究。不妨考虑合伙制企业的情形，我们的讨论意味着这些公司很可能是资本管理型或劳动管理型的，这取决于参与公司管理的权利的分配原则。根据投入资本多寡来分配董事会选票的房地产合伙公司，就是一个资本管理型的公司；由专业人员组成的、根据每个合伙人一张选票的原则来分配董事会选票而不优先考虑资本对公司的贡献的合伙制公司，就是一个劳动管理型的公司。美国西北胶合板合作社给我们提供了另一个有趣的案例。在该公司，所有成员都有权参与公司管理，并且成员的资格与其对公司的劳动供给相关。毫无疑问，可能会存在一个"成员资格市场"，在这个市场上工人可以从外部人员或公司本身（如果现有成员想扩张公司的话）那里买到成员资格的"股份"，这些股份的出售将有助于为购买固定资产筹措资金。因此，人们可能会认为，控制权事实上来源于通过购买成员资格而为公司提供资本的行为。但是，任何成员都不能获得多于一张选票的份额，董事会选票按工人的贡献大小分配，而非按购买单位成员资格的支出分配。由此，我们认为胶合板合伙公司属于劳动管理型的公司。

  大公司似乎提供了最直接的例子，但它们也产生了一些实际上的难题。用正式术语表述就是，高级管理层对董事会负责，董事会反过来由大多数股东选举产生，这就构成了资本管理型的公司。即使有部分股东也为公司提供了劳动，但结果仍然如此，因为选举权由资本的贡献决定，而非由劳动的贡献决定。但是，公司的难处在于其所有权和控制权的分离。正是在那些股份普遍分散的大公司中，个人或团体不能单方面地替代现任的董事会。况且，组织大多数股东这一行为的成本会很高或极高。此外，现任董事会成员通常很可能是高管的密友，因此他们以自身的喜好来经营公司，而几乎完全忽视了外界的干预。[7]人们可能会认为，由于现任管理层提供了一种劳动模式，所以公司事实上是属于劳动管理型的，尽管是由公司的劳动供给者所组成的一个非常有限的小集团来行使管理权。我们排除了这些特征，把该类公司划分为资本管理型的公司，在该公司中，其最终控制者

第一章　为什么总是资本雇用劳动？

在有效行使正式权利时将面临严重的阻碍。

从公司控制权由某个群体（不管是投资者群体还是工人群体）共享的意义上说，在该控制团体内部，通常会存在相当大的集体行动成本。这些因素在经验上可能是较为显著的，正如我们在后文将讨论的那样，它们和控制权是否归属于资本或劳动这个问题有一定关联。但是，在控制团体所面临的复杂的激励问题和高昂的集体行动成本之间并不能画等号，在面临适度的激励问题和较低的集体行动成本之间也是如此。不管怎样，过去几十年中美国大规模接管的历史表明，由股东所有的潜在控制权在公司治理中未必是微不足道的因素。

我们不妨回顾一下劳动管理型公司在现代工业化经济中的一些基本事实，来作为这一部分的总结。在发展中国家、苏联和中国，已经出现了许多令人欣喜的由工人控制公司的实践经验，这些试验性的制度背景迥然异于西欧和北美，因此人们必须对由这些经验所推出的涉及发达资本主义经济的案例结论保持谨慎。出于类似原因，我们略去了关于经济史上较早时期出现的经验性尝试的讨论。这里我们考察的所有假设默认为：相关的法律和市场框架是20世纪后期资本主义的一个特征。

即使在这个有限的范围内，劳动管理型公司也是一个多样化的现象。事实上，几乎每个关于劳动管理型公司的经验总结似乎都有明显的例外，因此必须对特定因素保持警惕，它们有助于我们解释个别不同寻常的情况。这些公司包括一些专业性的合伙制公司[8]：美国西北胶合板合作社，其在20世纪50年代的顶峰时期，曾占有25%的市场份额；[9]许多从事小规模手工加工或制造的欧洲工人合作社；[10]以及从事低技术劳动密集型行业的合作社，例如废物搬运、出租车服务和再造林合作社。[11]越来越多在开始时属于资本主义企业的大公司，做出了让其雇员拥有大部分股票所有权的转变，这其中包括威尔顿钢铁和联合航空等一些知名的美国公司。相反，几乎很少有劳动管理型公司会从事资本密集型的制造活动。此外，有些资本管理型公司选择出钱以使其雇员放弃公司控制权，主要例子是西班牙的蒙德拉贡合作社体制，它包括西班牙最大的耐用消费品生产商和出口商。[12]

意大利的合作社公司似乎是西方最多的，1981年就拥有大约11 000家公司、428 000个工人。其次是法国，1986年拥有1 300家合作社，雇用34 000个工人。就西班牙来说，仅蒙德拉贡合作社就提供了19 500个就业岗位。[13]总体而言，欧洲国家在1976至1981年期间创造了超过14 000个合作社，雇用了223 000个工人。[14]在美国，胶合板合作社在1982年总共拥有2 600个工人，再造林合作社在当时有650个工人。英国合作社在制衣产业曾有上佳表现，瑞士在小工程公司方面、意大利在建筑业方面、法国在建筑业和咨询业都有过规模达到最大的繁荣状况。随着时间的推移，美国经历了合作社形式的风潮，但它不同于工业和密集区的风潮。[15]

合作社的规模大小也不尽相同，从大到拥有2 000个工人的意大利建筑公司到蒙德拉贡工业企业，再到平均大约有230个工人的美国胶合板合作社，再到平均60人左右的法国建筑公司、29人的美国再造林合作社，以及平均不足10人的英国制衣合作社。20世纪80年代，英国合作社成员的个人资金账户一般不超过200美元，意大利为500至2 000美元，法国为1 900至6 000美元。而在1983年，蒙德拉贡合作社的个人资本金账户达到了50 000美元，美国胶合板合作社的股份销售额则高达90 000美元。财务结构、成员资格以及投票规则也相应改变了。通过这些介绍，我们可以勾勒出五个重要的假设前提，以试图解释为什么总是资本雇用劳动。

工作激励和监管

第一个支持资本管理型公司的通行论点，借鉴了阿门·阿尔钦和哈罗德·德姆塞茨在1972年所写的开创性文章，该论点从团队工作通常比个体单独开展工作更有效率这个前提出发进行讨论。然而，要观察个体在团队中的努力和贡献程度是较为困难的。除非报酬和个人的贡献挂钩，否则团队生产中获得的潜在生产率提高的收益也会丧失掉，因为每个工人会试图在其他人做出的贡献上搭便车（free-ride）。按照阿尔钦和德姆塞茨的观点，解决这个问题的办法是委派一个专家去估算每个工人的努力，并制定与之相对应的工资水平。阿尔钦和德姆塞茨指出，如果监管者是生产团队的剩余权利索取者，那么他们可以防止推卸责任的现象；也就是说，监管者可以在收益和成本之间做出明确区分。

但是，为什么监管者（剩余权利索取者）必须是资本提供者，而不是其他人，比方说由工人从他们自己的团队中民主选举出的团队成员？阿尔钦和德姆塞茨提出的主要推论是：如果实物资本的使用没有得到其所有者的密切监管，那么它们将被滥用：

第一章 为什么总是资本雇用劳动？

一个不会被破坏的、容易测量其边际产量的锤子的用户成本为零。但是，假设锤子是可被破坏的，粗心使用（比细心使用）更容易使锤子被滥用，并导致更大的贬值。另外，假定通过观察锤子被使用的方法，能比只通过观察使用后的锤子或测量一个工人使用锤子得到的产出更容易监测到滥用。如果锤子被出租，并且在主人不在场的情况下被使用，那么这会比在主人观察下使用，且对用户的收费与所引起的折损相一致时的贬值幅度更大。[16]

团队需要实物资本的拥有者，这样才会有强有力的激励来监管实物资本的使用。并且，由于这个原因，它对监督工人努力工作而言，也是一个合理的备选策略。

这种说法确实留下了一个模棱两可的结论悬念：为什么不用某个工人自己所拥有的实物资本以及监督它们使用的劳动管理型公司，来代替资本管理型公司呢？事实上，阿尔钦和德姆塞茨通过对经常拥有某种工具的使用者的观察，已开始沿这条思路去考虑问题。"修理工、工程师和木匠往往都拥有自己的工具，特别是当工具便于携带时。与其他同样昂贵的团队投入要素相比，卡车更有可能为工人自身所拥有，因为对司机来说监督卡车的使用情况相对更为容易。"工人的表现通常有几个方面，如在生产产品的同时保养好设备，这种思路后来在霍姆斯特朗和保罗·米尔格罗姆的研究中得到了拓展。这两位作者探讨了工人在哪种情况下应该拥有他们工作中要用到的实物资本，以及使工人自己在产出和资产贬值之间获得适度平衡的制度安排。[17]

我们不确定这种推理应该止于何处。如果需要对资产进行维护能解释个体工人（例如木匠）的工具所有权，那么诸如石油精炼厂、钢铁制造厂或汽车装配生产线等大型可分资产，或许就应该由使用它们的工人集体拥有，因为这些工人拥有者能够对这些实物资产的使用实施最适当的监管。但是，按照阿尔钦和德姆塞茨的分析框架，我们应该指出，单个工人有可能会倾向于过度使用他只拥有部分所有权的资产。因此，与工人工作的努力程度相关，并与共有资产的贬值相关的搭便车问题都可以通过中央监管者（剩余权利索取者），也即资产拥有者来解决。[18]

从公司组织的这些问题中已经产生了许多理论和经验方面的研究课题。首先，一个工人所有者的外部垂直监督并不总是优于一个合作团体内部之间的横向监督或相互监督。[19]其次，通过使用集体奖励或惩罚（而不必监督单个工人)来激励团队成员高效工作是可能的,虽然这种体制会使工人容易遭受一个不诚实的雇主的虐待。[20]再次,我们已经表明了工人团队(或合伙企业)能够达到努力水平接近于有效均衡的状态,但这种结果取决于某些不太现实的假设,即对个体所能实施的惩罚的范围不受限制。[21]最后,还有一个理论问题是由重复博弈分析提出的,重复博弈表明,只要所有工人对未来工资足够重视,推卸责任的行为就可以通过随后的报复性威胁来制止。[22]这些考虑并未推翻阿尔钦和德姆塞茨的假设,但它们确实强调了那些仍待阐释清楚的假设的理论依据。

在用于假设检验的经验证据中,有一小部分通常会表现出和上述描述相反,至少就其标准观点而言是如此。首先,当公司实施严格的中央监督并把报酬和其所测量到的个人努力的贡献度紧密结合时,根据阿尔钦和德姆塞茨的理论,人们可以预测出一个较高的劳动生产率,这与公司依靠同事监督和收入分享或利益共享来激励工人努力工作的方法所得出的结果正好相反。但是时间序列数据中存在令人信服的证据表明,在资本主义大企业中采取利益共享制能使劳动生产率增加 $4\%\sim5\%$。[23]这些结论或许只适用于某些特定环境,或者可以用不同的因果关系来解释(例如,期望劳动生产率外生增长的公司更倾向于引进利益共享制),但是这个研究结论同阿尔钦和德姆塞茨的假说相悖。

计量经济学研究或许能表明劳动管理型公司没有严重的劳动生产率问题,相反,它们在这方面表现得相当好。[24]事实上,增加相互监督和使用较少的监督人员是劳动管理型公司和利益共享制公司的普遍特征。[25]当然,这里可能会存在一个如何选择的问题:劳动管理型公司也许只有在激励问题不重要的情况下才会出现,而这种公司的数量之所以很少仍可归因于激励的影响。但是,对同一行业中采用相似生产技术的资本管理型公司和劳动管理型公司(例如,美国胶合板产业或欧洲建筑合作社)而言,这种反对理由难免有些牵强。

最后,人们并不清楚激励假设能否充分解释资本管理型公司和劳动管理型公司在行业中的分布状态。劳动管理型公司在资本密集型活动中貌似并不常见,人们可能会认为,一个涉及大规模可分割性资产的行业中的公司特别容易出现设备滥用问题,因此这可能需要资产所有者密切监督工人的行为。这表现为在资本密集型行业中,公司所有者必须支付给工人一个较高的工资(其他条件保持不变),此外,人们还建议采取或许能够防止误用贵重设备的效率工资支付。但是，这种证据是含糊不清的。在资本密集型产业中，支付给工人的工资可能更高，这是出于减少劳动力转换和使专业设备充分运作的愿望，也可能是工人们获得了和这种资产有关的部分准租金。[26]

在理想情况下，人们希望获得能够证明资本管理型公司在工人对实物资产的滥用成本更高且更容易被检测到的行业中更为普遍的证据，而非表明资本管理型公司往往产生于实物资产规模庞大且可分割，或资本相对于劳动而言是一项更为重要的成本的行业的证据。那么，将有一种令人信服的理论能够解释，在建设团队时，与在集体资产拥有权和使用者本身监督两者间任选其一相比，为什么与资产维护相关的免费搭便车问题更容易由资产拥有者之外的人来解决？对使用者自我监督而言，这有助于得出垂直分级监管的成本事实上比同事之间横向监督的成本更低的证据。同理，人们希望能得出以下证据，即对具有给定资本密集度的行业而言，当垂直监管的努力程度更高或资产使用相对更廉价时，资本管理型公司通常更为常见。目前，我们并不清楚和这些预测有关的系统性经验证据。

工人财富和信贷市场

对劳动管理型公司普遍稀缺最常见的解释可能是，工人们通常是较为贫穷的，因此他们不能筹措资金来创立自己的公司。当然，工人们原则上可能会借到他们所需的资金，但银行难以克服怎样挑选那些有潜质的工人所有者从而向其提供信贷的信息问题。不管怎么说，任何资金出借方都不会愿意完全以债务的方式为某个公司提供资金。借款人需要作出一些产权方面的安排以告诉资金出借方，以此来表明借款人不会推卸责任或冒太大的风险，从而使债权人独自承担不属于自己的全部责任。此外，工人们可能更愿意多样化他们的有价证券组合，而不会把他们的大量资产都投资于自己就职的公司中。[27]不过，在文中下一部分我们再去讨论风险和多样化，这里仅集中讨论工人在风险资本中碰到的种种难题。

工人财富假设是对和工人激励相关的部分观点的补充。与工人激励相关的一个观点是：如果个人承担无限责任，那么团队很可能会让有效努力程度接近任意的理想状态。但是，如果工人财富有限且没有采取罚款或其他必要的惩罚措施,那么采用成本高昂的监督或引进一个外部管理者来强制实施团体惩罚可能是理想的。这样,对一个资本管理型公司而言,公正可以被视为通过不平等财富分配来监督工人工作的努力程度与不完全金融市场的一种结合。[28]

慕克什·伊斯瓦兰(Mukesh Eswaran)和阿什克·科特威(Ashok Kotwal)提出了有关财富和工作努力激励相互作用的一种稍有不同的说法,他们认为资本家操纵公司是以下两个因素相互作用的结果:企业家有限的个人财富以及企业家借款人通过贷款融资投入来替代他们自己在生产过程度中付出艰辛努力的诱惑。[29]对这种观点的一种解释是,它概括了避免设备滥用的激励思想:正如工人用机器服务来代替自己的努力(除非受到监督)是危险的一样,工人和企业家用借来的资金代替自己的努力同样也是危险的。但这种方案将导致以下结果,即借款人会使金融资本家和公司决策者集于一体,这是一个远未有定论的预测。毫无疑问,尽管存在一些和这种现象相关的例子(例如,在一些规模较小的初创公司中,由风险资本家来担当管理者角色),但作为一种对工人为什么不自己去管理公司的一般性解释,这类机制似乎并不合理。因为它没有考虑到,即使集借款人与管理者于一身的人也不能避免一线生产车间里的监督(和设备滥用)等激励问题。况且,在大规模的开放型贸易合作社中,投资者参与企业的日常生产活动并不恰当,直接参与车间劳动则更是少之又少。

工人财富假设也具有一些超出与工人激励的相互作用的意义。我们把对资本的解释拓展一下,以便能够纳入金融资本的供给因素,而不只是早已存在的实物资本(例如,机器)所提供的服务。只要资本需求被用于为购买当前投入以获得未来产出的生产过程进行融资,工人财富假说就会发生作用。当然,运营资本需求的数量依赖于生产规模和资本密集度,以及其他各种各样需要被考虑的辅助性事项,例如,实物资本能否被用于出租?它们能否在竞争性的旧货市场上买到或再转售出去?或者,这些资产对一个特定的公司而言,是否具有高度专用性?这些质疑一次又一次地涉及资产专用性问题,它们将在下一节中得到解决。这里,我们只是想当然地认为公司在获得其最终的收益前,必须预先为某些支出筹措资金。

工人们可能会受制于他们在信贷市场上能得到的信贷数量,这主要是由于两个原因:一个是道德风险;另一个是逆向选择。[30]道德风险问题是指当贷款合同签订后,借款工人倾向于采取一些会把成本强加给贷款资本家

第一章　为什么总是资本雇用劳动？

的行为。例如，借款人可能会选择风险过高的项目。假设由于借款人的个人财富不多，他们可以宣布破产或对损失承担有限责任。但是，利润主要归属于拥有剩余索取权的借款人，而贷款者主要遭受损失。[31] 这种讨论也暗示了借款人可能更偏好和具有单一支配权的不民主的公司做生意，因为此时，通过防止过高风险的项目被采纳或促使工人管理者承担足够多的风险，来影响这些公司的政策将变得更为容易。[32]

使工人们筹措足够资金困难重重的道德风险问题，因不同类型的资本之间的不对称性而不断加剧：实物资本和金融资本在其所有者之间（相对而言）能比较容易地进行转换，而人力资本却较为困难。工人们的人力资本是不可剥夺的，因此他们轻易就能从失败的投资项目中脱身，但资金出借方却不能轻易就收回他们的资金。[33] 更为普遍的是，不存在契约劳役和债务人监禁是现代资本主义的一个主要制度特征。[34] 当然，在某些情况下，用特定的实物资产作为贷款抵押也不容易，特别是当相关资产具有大规模的沉没成本且没有其他用处时。这个问题我们将在后面关于资产专用性的讨论中继续提及。

在逆向选择的情况下，信用市场中的其他主要难题和危险因素并不是贷款合同签订后借款人会把风险转移给资金出借人，而是出借人不能事先准确预测借款人偿付的可能性有多大。但是，资金出借方知道低风险借款人只愿意支付低利息，而高风险借款人将愿意承诺支付高利息（尽管他们后来有可能并不履行责任）。权威分析表明，这种情形可能会导致一种均衡——资金出借方对这种信息问题的反应是对他们在市场利率下愿意借出的资金额加以限制，因此某些借款人将不能够为其优质项目筹到资金。[35] 显然，在这样的均衡情况下，高质量的借款人将有动机用各种方法向资金出借方传达他们的真实情况。借款人传达这些信息的一个常见形式是，投入他们自己的一部分资金以表明他们对该项目的价值满怀信心。但这种解决方案代价较高，而且，在工人们有适当的项目但个人财富有限时很难实施。资金出借方甄别贷款申请人的另一个补充性办法是对那些被提议的投资进行调查（但这同样代价高昂）。由于这些原因，包含逆向选择的市场均衡可能是非常没有效率的。[36]

工人财富假说得到了一些经验上的支持。大部分劳动管理型公司是通过工人成员的存款和未分配利润来提供资金。[37] 这个事实与劳动管理型公司无法进入信贷市场的思想并不矛盾，尽管对小规模的资本管理型公司而言情况可能更为复杂，但我们仍缺乏资料去对比资本管理型公司和劳动管理型公司的外部融资成本。工人财富或筹措资本能力的缺乏，也往往与劳动管理型公司不存在于资本密集型产业和具有大规模经济的产业这一事实一致，这些产业的筹资需求是非常巨大的。

但是，经验证据中也存在一些反对工人财富假说的例外情况。如果工人财富的确是劳动管理型公司是否能成功组建的强制性约束，人们很可能希望能够看到更多的工人用他们的个人财富来创建自己的公司。例如，职业运动员可以购买雇用他们的职业球队；电影明星或电视明星可以自己拥有制片公司。这些安排并非鲜为人知，但关键在于它们为何没有成为一种更普遍的情况。况且，没有太多个人财富的工人可以通过工会抚恤金来共同控制大量的企业资本，有时，这些工会抚恤金很可能会超出公司的融资需求，甚至在整个产业中这样的工会也是很活跃的。我们的直接反应是工人们很可能是风险厌恶的，他们不愿意把所有的鸡蛋都放在同一个篮子里。这表明信用配给一说不足以作为一种独立的解释，我们还需要考虑风险厌恶和保险市场的不完全性，下文将讨论这些问题。

另一个例外是，失败的资本管理型公司越来越普遍地被它们的雇员所买下。[38]这些"买断"在某种程度上都涉及外部筹资，这就产生了一个问题：如果工人能买下失败的公司，为什么他们不在公司濒临破产前，就去说服资金出借方资助他们买下该公司呢？事实可能是这样的：在这些情况下，工人们主要依赖他们自己的存款或工会资源，一旦公司进入财政困难时期，这些存款和资源恰好足以买下公司，而在公司业务比较景气时却不足以买下这个公司。然而，在雇员买下公司的行为中，如果有实力强大的私人出借方的资金参与进来——特别是在缺乏贷款担保或其他政府拨款资助的情况下——那么，这应该被看做是和工人们筹资困难这一观点相违背的例证。因此，经验研究可以用来检测现实中雇员买断某公司的资金安排的本质。

最后一个问题更大程度上是个理论问题，而非经验问题。如果雇员买下公司的最主要障碍是财富约束，并且，如果一个公司由工人们经营可能更有效率，那么我们可以据此推断：通过让当前资本主义企业的所有者寻找一个有助于工人克服其融资约束的办法，更有可能会产生一个使双方都能获益的机会。例如，当前的公司所有者可以把普通股的股份逐渐转让给雇员，并相应减少支付给他们的工资，直到雇员作为一个团体拥有大多数的董事会选票份额为止。本质上说,现在雇员为股票拥有权计划的贡献筹措资金也是采用同样的机制,尽管通过该计划雇员所持有的公司的小部分股票远不符合大多数要求,且他们通常无权进行投票。毫无疑问,这种针对工人的企业所有权转移需要工人和公司所有者之间进行交涉,但是,只要任何一个公司买下另一个公司,就必然会遇到类似的问题需要解决。人们甚至可能会认为,在这种情形下,评价一个公司的资产比在传统的收购和兼并战略中更为容易,因为在由工人接管公司的情形下,管理层和公司未来的工人所有者都具备了有关该公司优劣情况的第一手资料。[39] 这些论述意味着财富约束在一个公司生命周期的早期阶段可能是举足轻重的,而其他因素通常要在公司完全建成运转后,才变成对劳动管理型公司的转换更为重要的障碍。

风险厌恶和保险

对资本主义企业如此盛行的第三种普遍解释是:工人通常比投资者更厌恶风险,或者他们不太可能在公司中从事多样化的生产活动,或者因为他们没有那么富有。沿着这些思路,我们可以得出以下常见观点:由于工人们大多是风险厌恶型的,他们所需要的只是公正的稳定工资,而不太想得到公司的利润份额,因为这种利润份额可能为零,也可能相当不稳定。但是,由于工人们不享有公司的额外利润,他们也就没有特别的激励去努力工作或参与管理决策,因为损失是不成比例地由其他人来承担的。支付激励计划试图缓解这个问题,但不可能完全克服它。把控制权从工人那里转移出来,并授予那些愿意承担风险并能确保工人薪水相对稳定的团体,是另一种解决办法。

这种论述不能被单独用来解释为什么给工人保险并做出管理决策的团体必须也是公司的资本提供者,而不是诸如某个碰巧不太厌恶风险的富有的局外人。我们可以借助一个由阿尔钦和德姆塞茨引出的关于设备维护的辅助假设来弥补这个缺口:资本提供者已经开始重视保护他们的资产价值,从而他们必须要对工人的活动进行监督。同样的监督行为对于确保工人的工资稳定,以及要求监督他们的努力程度的一方是有价值的。因此,把资本提供与保险提供捆绑在一起是有意义的。这样,我们便"组建"了一个资本管理型的公司，其中，工人们得到固定的工资收入，资本家管理生产的过程。[40]

这种解释至少存在一个理论上的漏洞。总体来说，给工人提供完全保障，也就是说，保证他们得到完全固定的工资而不考虑其他任何因素，包括劳动努力程度，不是最理想的做法。[41]但是，只要工人们仍然承担了某些剩余风险，他们就会关注公司是如何被管理的。由于只是部分保障，所以应该由工人还是投保者来行使控制权，或公司的控制权在某种程度上是否应该共享仍然不够明确。可以推测的是，工人们越是厌恶风险，他们越希望得到更多的保险，从而更有可能是投保人而不是工人来拥有公司控制权。但这个问题需要做进一步的分析。

正如前面部分所描述的那样，风险厌恶假说的一个变量与工人为他们自己的公司进行筹资时可能存在的困难纠缠在一起。我们从下述观点开始讨论，即，如果未来的借款人想获得信用，他们必须先对公司承担一定数量的股权融资，来表明其认为这个方案有投资价值。但是缺乏公司控制权的局外人一般不太愿意做这样的股权投资，因为他们不能完全保证自己的投资的安全。（当控制权被具有相同利益的其他投资者拥有时（如同在大规模的合伙公司中一样），会出现重要的例外；一个小投资者可能会对较大的股东的监督和控制活动采取搭便车的行为。）为此，如果控制权必须限定在产权提供者中，那么公司就不可能是由工人控制的，除非工人们提供劳动和股权投资。而因为受到流动资金的约束，工人们很可能不会这么做；或者因为工人们厌恶风险，他们可能也不愿意这么做。但是，很少有工人会选择把他们所有的资产都投资给他们的雇主（的确，把你的金融资金投资给你的雇主意味着你把自己所有的金融和人力资本都置于同样的风险之中），这意味着风险厌恶和多样化的意愿是很关键的。[42]

风险厌恶的基本理论能说明这样的事实，即劳动管理型公司不常出现在资本密集的行业中，因为在这种行业中工人们需要做出大规模的股权投资，这会迫使他们放弃多样化的行为。此外，"盛产"劳动管理型公司的产业，与"盛产"资本管理型公司的产业相比，未必是以低风险为特征的。例如，由工人拥有的西北太平洋胶合板合作社在投资和产出价格方面面临大幅度波动，但是尽管如此，它还继续存在着并在这个世纪的大部分时间里吸引了新的成员。[43]这些劳动管理型公司与类似的资本管理型公司相比，展现出了更大的就业稳定性，通过变动收益而不是解雇工人，在市场环境中能承受波动性更大的冲击。[44]劳动管理型公司和资本管理型公司在胶合板产业的持久共存可能代表了一种情况,在这种情况下,具有较大风险承受能力的工人们转入到合伙公司中,而那些对风险比较厌恶的工人们则留在传统的工厂中任职。[45]但是对工人而言,把控制权从股东转移到劳动人员中并不必然会引起风险增加,因为劳动管理型公司的工人们不容易受到以牺牲工人利益为代价而有利于股东的单方面决策的伤害;例如,劳动管理型公司不太可能会牺牲劳动租金而把公司经营转移到马来西亚,但在某些情况下资本主义企业会这么做。[46]

因此,对风险厌恶假说的完善描述需要包括以下几个方面:(1)在传统工资合同下,当前收入减少的风险;(2)工人拥有控制权时减少裁员的风险;以及(3)在劳动管理型公司中,如何承担或管理风险是由工人自己决定这一事实。很可能是由于受雇于高度周期性的行业,具备相对高的专业技术的工人(包括有关某个行业,如胶合板行业的特定技术)从劳动管理型公司提供的稳定职业中获益较多。从这一点看,在下列情况下:(1)工人们很穷;(2)他们的技术不具备特殊性;(3)公司要求每个工人做出大量的股权融资;(4)在资本主义企业里裁员风险较低,风险厌恶更倾向于出现在资本主义企业中。

尽管如此,由于在利益共享、补偿工资方面的差异,以及农业工资合同结构方面还有其他各种结论,风险厌恶假设在某种程度上仍会受到质疑。乍一看,利益共享制策略在资本主义企业中[47]的日益盛行代表了风险厌恶假说的一种异常现象,因为这些策略与传统的工资合约相比,可能使雇员转向较高的收入和资产风险水平。[48]当然,如果利益共享制有足够高的生产率效应,那么工人们会被支付足够高的工资,以用来补偿他们的额外风险,同时仍留给投资者一定的剩余收益。

关于补偿工资差额的文献也和风险厌恶说法相关。假设风险厌恶是决定组织形式的主要因素,那么这个因素在解释资本主义企业中的雇佣合同的本质时应该是非常重要的。例如,在裁员对雇员而言代价高昂且裁员概率较高的行业中的公司,应该给它们的雇员支付包含适当风险保障金的工资。部分证据表明,在一些对生命有严重危险的工作中,工资将会包括风险保障金,但是关于工资差异与工作收入和工作时间不确定相关这一观点的证据却相当缺乏说服力。[49]

最后,存在大量有关将风险厌恶作为农业合约安排的决定因素的文献。

让佃户给地主支付固定租金可以最大化他们的动机，但其代价是把工人们推到所有和农业有关的技术和市场风险中去。另一种方法是支付给佃农固定的工资来最小化他们的风险，但这会使他们的动机最小化（或监管成本最大化）。在佃农耕种的形式下，佃农给地主支付他们所生产的固定比例的产品，这既保留了部分促使他们工作的动机，也把一些风险转移给了地主。然而，最近的经验研究对这种说法提出了质疑，表明与特定农作物或农场位置相关的风险不能解释在北美农业中观察到的合约安排。[50]另一种假说表明，农业合同的形式更通常地是由那些不是农场拥有者给土地带来的潜在危害决定（和前面描述过的设备滥用问题相似）。但是，对加工制造业而言还没有类似的证据存在。

资产专用性与投资激励

对资本管理型公司盛行的第四种解释是：劳动管理型公司难以处理高度专用型的实物资产。假设实物资产是公司特有的，并且在其他任何使用中的价值很低，而工人们的技术一般，对这种技术而言存在一个竞争性的市场。在一个劳动管理型的公司中，工人们做出实物资本投资以获取报酬（不然的话，这些报酬可能会作为对资本提供者的支付）后，便能利用他们的控制权。如果资本提供者预期工人将通过这种途径来利用他们的控制权，则他们会首先勉强在公司特有的实物资产上投资。[51]资本管理型公司通过把控制权判定给公司特定的投入要素所有者来避免这些问题。这样，当实物资本具有专用性而人力资本不具有专用性时，资本管理型公司就出现了。而当人力资本具有专用性而实物资本具有通用性时，则会形成劳动管理型的公司。

资产专用性假设也以其他的形式出现，这可归功于桑德福·格罗斯曼、奥利弗·哈特和约翰·穆尔。[52]其关键性假设之一是合约的不完全性，即财产权给了资产所有者一种行使剩余控制权的能力。换句话说，资产所有者有权对合同中没有明确界定的资产使用剩余做出任何决策。如果非合同约束的管理决策的收益或费用主要对资本提供者自然增加，而劳动提供者的报酬不受这些决策的影响，那么资本管理型公司就是有效的组织形式。[53]在相反的情况下，则意味着劳动管理型公司更具优势。

第一章　为什么总是资本雇用劳动？

怎样才能从这些结论得出关于资本管理型公司和劳动管理型公司是否盛行的经验预测，这并非显而易见。但是，假设某些专用性实物资产的生产率或其未来的价值特别易受公司内部管理决策的影响，那么当实物资产具有专用性时，资本管理型公司更有可能出现。类似地，如果对专用型机械设备的投资比对工人技术的投资更重要，那么把控制权授予资本提供方将是理想的，因为这使资本家处于一个更有利的契约地位，并且提高了他们从机械设备投资中所得的收益。相反地，如果专用型人力资本技术的生产效率对管理决策很敏感，或对这些技术投资比非合约式的对实物资产的投资更重要，那么把控制权授予工人们将更有效率。

因此，所有这些描述的模型远不是想当然地认为资本和劳动是由不同个体提供的。但是，针对这些和资产专用性有关的问题存在一个显而易见的结论：让工人们拥有生产所需的专用性实物资产，这可消除任何和对这些资产的支付有关的讨价还价。事实上，当涉及两套具有互补性的实物资产时，人们总会假设所有权通过垂直统一管理来整合。[54]但问题是，如果工人们确实共同拥有公司的实物资本股份，可能会引起哪些问题呢？

第一个问题是，工人们将不得不为这一所有权筹措资金，而当资产具有高度专用性的时候，这可能会变得特别困难。奥利弗·威廉姆森一直认为：通用资产能通过借债筹资，因为具有很多其他用途的资产可以作为贷款合同的抵押品，而公司特有资产大多需要通过股权筹资，因为具有大量沉没成本特性的资产不容易被重新用于别处，因此它们不能作为贷款抵押。[55]这可以被看成是对工人财富或风险厌恶假说的改进，它取决于人们是强调工人在筹资时的困难，抑或工人集体所有权的主要障碍是缺乏多样化的行为。这里的新办法是威廉姆森认为的可重新配置的资产可以由借债筹资，所以只有企业专用型资产才会给工人所有权带来问题。然而，在融资和控制权之间仍需形成一个链接。威廉姆森主张股权资本的提供者需要代表董事会的利益，因为公司董事会是工人的代表，例如，公司雇员可能会浪费价值不确定的项目的股权资源。注意到，这个观点非常类似于以下主张，即股权投资者往往会拥有控制权，以避免一旦控制权被某个其他团体拥有时将会引起的激励问题。

这一连串的论述引出了几个问题。首先，我们不清楚为什么股权投资者比雇员具有更强烈的防止管理滥用的需求。毕竟，如果投资者对公司的政策不满意，他们可以轻易就卖出他们的股份，而雇员的命运却与他们工作的公司的命运更紧密地结合在一起。而且，人们会认为投资者作为一个社会等级受到名誉机制的保护，即使在缺乏正式控制权的情况下，例如，公司对红利的相机支付似乎受到名誉因素的合理驱动。名誉的影响也可以通过管理型劳动力市场（managerial labor market）或由市场对共同控制实施的纪律来起作用。[56]但是，这仍可能是正确的，即对于那些良好运行的纪律机制而言，在年度会议上选出的董事的有限控制权仍是一个必要的先决条件。名誉制裁不是完全有保障的，因此支持像接管这样的体制有时可能是必需的。而且，即使某个个体投资者因管理的机会主义而损失的只是一小笔钱，而对作为一个团体的股票持有者而言，其总损失将会相当大。

还存在一个相当不同的观点，该观点忽略了威廉姆森强调的融资问题，认为对实物资产的集体工人所有权是理所当然的，有必要研究这样的情况，即此时劳动管理型公司对投资实物资产有特定的激励。我们把这种方法置于"资产专用性"的标题下，因为，首先，普通资产可能不需要被集体拥有。普通资产的出租应该是相当简单的。这里的关键问题是劳动管理型公司是否愿意为积累内部资本而牺牲当前的工资。[57]劳动管理型公司的成员按计划（例如，由于重新分配或退休）离开公司后，将不会从自然增长的投资收益中获益。这已经成为众所周知的"基准问题"（horizon problem）。一种紧密相关的观点是：当前的劳动管理型公司成员将不愿意做出新的投资，因为这些投资会要求他们接纳新的工人们，而如果根据平等原则这些新成员将一同共享早期的投资利润。这被称为"公共财产问题"。这些问题都不会在资本主义企业中产生，因为股份持有人可以通过把股份出售给公司新的所有者而获得预期的未来利润。

20世纪70年代早期，劳动管理型公司研究文献中的基准问题引起了相当多的关注。雅洛斯拉夫·瓦纳克（Jaroslav Vanek）——工人管理思想的一个热心拥护者——认为把个人资本所有权与工人民主管理相结合，对劳动管理型公司的成功非常重要，这种安排的缺乏解释了过去合作尝试的失败。尽管瓦纳克和其他人赞成一种"个人资本账户"的方法，但是沿着西班牙蒙德拉贡合伙公司[58]的思路，其他人注意到基准问题和公共财产问题可以被消除，至少原则上可以通过在劳动管理型公司创立一个成员资格权利市场得到消除。[59]当成员资格权被售出时，这样的一个市场将允许从劳动管理型公司中离去的成员获得当前投资价值的补偿，就像一个股票市场为来自一个资产主义企业的投资收益流提供资本一样。当劳动管理型公司扩张，从而需要额外的工人时，作为对有权参与现在的或将来的投资收益流的一种报答，新成员将对当前的成员支付费用。因此，资本管理型公司和劳动管理型公司之间关于投资行为的所谓的不对称就消失了。

然而，在资本和劳动的投入之间似乎存在一些更深层的不对称，使劳动管理型公司成员资格市场充其量只能不完全地替代资本主义股票市场。大多数工人在某时只有一个工作职位，并且很少在工作之间变动。为此，在任意既定的劳动管理型公司中，成员资格市场可能都是很稀有的。而且，在现任的成员和新应征人员之间的商议过程也可能是复杂的，因为新应征人员几乎不了解公司未来的前景，而现任的成员对应征人的真正能力也可能一点都不知道。相比之下，资本主义股票市场会考虑公司中大量的多样化行为，并且本质上同意即时和匿名交易，这就导致了可以很好地为每个公司的股份确定竞争价格的拥挤市场的出现。在最坏的情况下信息问题是单方的（投资者对公司未来的获利能力不确定），而不是双方的（公司通常不关心其股票的个人购买者有何特征）。那些仍存在的信息不对称将由于市场中某些消息灵通的商人的存在而得到减弱，因此，大量的关于公司的信息作为不可或缺的部分通过市场价格得到反映。

劳动管理型公司的成员资格市场会陷入更复杂的情况。因为劳动力是高度不同质的投入，劳动管理型公司的现任成员和任何离去人员及其替代者之间的交易都具有直接的个人利益。当出售一个成员资格时，人们可能期望现任成员要求优先取舍权（即，有权买回离去成员的份额然后卖给他们挑选的申请人），或有权禁止把该成员资格权出售给不受欢迎的新加入者，因为离开的人员可能由于卖给错误的替补人员而给现任成员带来高昂的成本。但是，尽管劳动管理型公司的成员资格市场中的交易包括复杂的多边交易问题，但股票市场中的小笔交易对第三方的重要性微不足道，因为金融资本是同质的。因此对一个股份拥有权在大范围内分散的资本管理型公司来说，类似的问题将不会产生。

现在，假设劳动管理型公司成员资格的市场价格系统地低于成员实际享有的当前价格。这可能是正确的，例如，如果信息问题事先阻止现任"好"公司的成员把成员资格的全部价值提取给新的申请人，而新申请人并不能确定这个公司是不是一个好公司。那么，劳动管理型公司与类似的资本管理相比，将对集体拥有的资产投入较少，并且发展得更慢。[60]事实上，对劳动管理型公司现任成员把股票卖给资本主义投资者可能存在不正当的激励,即使一个劳动管理型公司生产的总盈余超过资本管理型公司生产的总盈余。原因是向资本管理型公司的转变,能使现任成员以预期的未来劳动管理型公司成员的利益为代价,来挪用更多的现值——他们加入一个资本管理型公司将得不到同样多的租金。

这里,与不能多样化行动以及转换工作成本有关的资本投入和劳动投入之间的动因是不对称的,最终导致了共同拥有资产的劳动管理型公司对投资的阻碍。这个复杂的因果链在正式的理论层面上还没有得到真正的解决,更谈不上与其他包括工作激励、财富约束和风险厌恶在内的可能解释进行综合。然而,这些其他因素中的某些因素也可以被视为劳动管理型公司中成员资格市场的障碍,会间接地降低这种公司的投资动机。例如,工人的财富约束和信贷配给阻碍了工人们为一个需事先支付给劳动管理型公司的成员资格费进行筹资,并且,如果多样化行动是理想的,工人们将不愿意为公司的成员资格权支付费用。因此,这里描述的推理思路,强调了成员资格市场的信息问题,是对早期假说的一个补充,尽管它也不能作为一个可供选择的方法单独存在。

劳动管理型公司的成员资格市场甚至比劳动管理型公司本身还要少。仅有的相当突出的一个关于技能型成员资格市场的例子似乎是美国太平洋西北胶合板合伙公司的情况。[61]有证据表明,在这些合伙公司里成员资格关系份额定价偏低,尽管不知道这是否反映了风险厌恶,以及商谈成员资格价格过程中的信息问题或其他因素。人们也认为胶合板合作公司相比其他的资本家对手使用了资本不那么密集的生产方法,这或许是由于在集体资产上的投资不够,但这个发现仍然具有争议性。[62]

我们在这一部分中描述的预测与整个行业的劳动管理型和资本管理型公司的实际分布非常一致。特别是,与资产专用性及投资激励相关的假说可以解释为什么我们总是在小规模的劳动密集行业中见到劳动管理型公司,在那里即使需要也很少有专用型实物资产。

然而,仍然存在一些问题。首先,有必要解释大多数真正的不依赖一个明晰的成员资格权市场的劳动管理型公司如何生存下去。或许这些劳动管理型公司不要求强大的投资激励,因为它们参与劳动密集型活动或相关的实物资产能被出租。也有可能不动产劳动管理型公司已经设计出有效替代公开的成员资格市场的机制,例如,每个工人拥有者的个人资本账户(西班牙蒙德拉贡合作社所使用的一个概念)。人们可以预测,随着资产专用性变得很重要，这些取得成功的劳动管理型公司将设计出有效的程序，从而使个体成员可以把从集体投资中得到的未来利润转化为资本。人们也可能预测，某种程度上这些程序运行并不完善，当预期的成员资格周转较慢时（即，当大多数工人是年轻人或是不流动的时），集体资产所有权会支持在专用工厂和设备上高比例投资，所以这会弱化基准问题。我们不知道目前这些预测是否正确。

另外一些经验检验可以基于以下概念提出，即一个劳动管理型公司应该能租赁多种用途的资产，即使它必须购买更多的专用性资产。这意味着资本强度在本质上或绝对规模上应该不是影响组织形式的关键因素。只有包含了大规模沉没成本的资产才会发挥因果作用。确实存在一些因果证据表明，对劳动管理型公司而言，普通资产不是主要的障碍。在运输行业的劳动管理型公司（如联合航空）中，使用了具有多种用途的资产——飞机，而飞机具有一个广泛的旧货市场和租赁市场。沿着这些思路，我们得出一种经验方法，即可以从构建一些用于行业抽样的实物资产沉没成本的相对重要性的估计入手，然后调查这些具有较高沉没成本的行业中劳动管理型公司的出现率是否较低。类似的跨行业资产专用性测量方法，已经被研究产业组织和国际贸易的经济学家设计出来了。

另一个考虑的问题是如何处理专用型人力资本。各种各样的研究都表明，当人力资本对产业或公司来说更专业化时，若能保持实物资产的专用性水平不变[63]，则劳动管理型公司更可能产生。这个命题至少原则上是可验证的。不清楚资产专用性假说是否与这种情况下偶尔观察到的情况相一致。毕竟，劳动管理型公司在各种专业领域中相当常见，但是医生、律师和其他专业人员可能看起来具有相当通用的技能。人们可能会认为随着时间的推移，这类人通过"干中学"（learning-by-doing）或通过与客户和同事建立联系积累了大量的企业专用型经验，但这种说法有一种特别的意蕴。较好的跨行业人力资本专用性的测量方法比类似的实物专用性的估计更难构建，但原则上说这会提供另一种检验资产专用性假说（的某些变量）的方法。

集体选择和管理决策制定

关于资本管理型公司的优势的第五个论述来自一个小的但是重要的文

献,该文献认为,劳动管理型公司很难达成集体决策,因为工人之间的目标与那些资本提供者之间的目标相比往往更不一致,即资本提供者只关心最大化利润的现值,而工人们对努力程度、收入风险、工作安全、保险、社会环境及工作场所等其他方面的态度各不相同。因此,对劳动管理型公司来说,以一种有效率的、及时的方法达成管理决策更困难,代价也更高,这样,与他们的资本管理型竞争者相比,它们就会处于一种不利地位。一种解释强调集体决策的交易成本,而另一种则关注另一个可供选择的组织形式的相对稳定性。

关注公司集体决策的交易成本问题的最杰出代表是亨利·汉斯曼(Henry Hansmann),他认为工人偏好的异质性增加了劳动管理型公司中为达成管理决策而付出的成本。[64]这些成本的性质取决于所使用的特定的决策机制。如果通过协商做出决策,那么人们会知晓以下事实,即在不完全信息下协商往往是代价高昂的。[65]如果通过投票来做出决策,常见的问题是"循环投票"(voting cycles):对任何可能的决定,总有某个被大多数投票者偏爱的其他决定。

有各种方法来避免这些问题,但是这些方法有它们各自的成本。例如,公司可能筛选即将上任的公司成员以确保偏好的持续统一;它可以避开大面积的劳动分工、大范围的技术差别或大规模的工资差异;或者它可能保持在一个次优规模,以约束决策群体的大小。然而,另一种解决办法是用某种方法限制企业的民主范围。这可以通过限制工人们把某些提议搬上议事日程的机会;通过选派代表参加而不是直接民主决议;通过剥夺与控制方利益不同的某些群体(例如专业合伙企业中的文书工人或门卫)的权利;或通过委任一个具有独裁权力的领导来实现。但在每种情况下,基本的观念都是:对作为一个团体的工人们而言,用一种意见一致的普遍方法加总他们的偏好在某种意义上比作为一个团体的资本家更难。品哈斯·祖斯曼(Pinhas Zusman)已经开始更详细地说明这些交易成本,他认为公司中的集体选择规则将使谈判成本和成员的风险酬金最小化。[66]他用一个包含三个工人和两重选择的例子来阐述这些观点。

对集体选择论的其他解释集中在由工人们管理的公司的潜在不稳定性上。混合的股份所有权模式,其中工人们和外界投资者对他们的股份有相应的投票权,当股份交易不受约束时通常是不稳定的。[67]关键问题是大多数投票可以被用来重新把公司利润从小部分股东中分走,这样大多数人都可以是经常变动的。这总会和前面讨论过的循环投票密切相关。吉尔伯特·斯考曼（Gilbert Skillman）和道集中讨论了工人们偏好不同质的原因，以及当个体可以自由出售他们的所有权股份（以致他们的选票）时，一个劳动管理型公司为什么可能是不稳定的潜在原因。[68]在他们的模型中，一个公司的总体资本要求可以通过让许多投资者每人贡献少量的资本来达到，这会导致投资者无一例外地支持利润最大化。然而，一个工人通常会为一个公司提供大量的劳动时间，因而会对那个公司做出的管理决策有不同的偏好。斯考曼和道认为劳动管理型公司是一种不稳定的组织形式：资本家投资者可以在谈判中提出买断劳动管理型公司的工人所有者，其中具有现任成员资格的人中有51%可能会接受这点。但是，因为资本和劳动投入的分配存在不对称性，工人们不可能对称地买断某个资本主义企业。

顺便提一下，应该注意到汉斯曼的论点与斯考曼和道的论点都例证了较早的观点，即所观察到的经济中的资本管理型公司和劳动管理型公司出现概率的不同，应该追溯到两种生产要素本质上的潜在不对称性。在集体选择的情况下，资本和劳动之间的差别表现得很显著。第一，工人们必须亲身出现在工作岗位上，但对资本提供者来说并不是这样。"工人需要在现场"的事实解释了由汉斯曼指出的工人问题中的大部分异质性问题。第二，对工人们而言，与资本家多样化其公司的资产组合相比，工人多样化其工作更困难，金融资本投入在投资者中的分割比劳动时间投入在工人之间的分割更容易。斯考曼和道非常依赖于这种因素来解释在均衡时为什么资本家会有相同的偏好，而工人们却没有。

存在一些经验证据支持以下观点，即集体选择对工人管理型公司来说代价相对较高。[69]正如已经提到的，劳动管理型公司可以通过保持较小规模、仔细筛选成员，或者使用技巧控制议事程序来减少集体选择问题的严重性。所有这些现象都可以在真实的工人合伙公司中观察到。而且，现存的劳动管理型公司在成员之间的劳动分工通常很有限，技术和任务安排也无甚差别，并且，成员资格权通常限制在一个相对同质的劳动力的小集体里，而其他人则作为雇佣工人。不太清楚在一个劳动管理型公司里较高的集体选择成本是否能够解释其他的重要模式，例如，劳动管理型公司不可能重新出现在资本密集产业，或实物资产专用性很重要的产业（保持其他有关因素（如公司规模）不变）这一现象。

我们没有意识到与劳动管理型公司中的集体选择导致不稳定的所有权

这一论点直接相关的证据。当然，存在很多情况，在这些情况下，资本管理型公司通过工人的买断被转换为劳动管理型，如我们已经提到过的联合航空、威尔顿钢铁和其他公司的情形。[70]也存在一些例子，其中劳动管理型公司把它们的股份卖给私人投资者，正如某些胶合板合伙公司和投资银行合作公司的情形一样。然而，本章所描述的模型并不试图解释这种转换的原因，相反，只是给出一些关于特定组织形式持久均衡的背景条件。[71]

有关资本主义企业优势的其他说法

刚刚讨论的五个假说在文献中已经引起了充分的注意，我们认为每个假说都具有逻辑上的一致性，并至少具有经验上的合理性。但是，我们也发现了其他各种各样的说法。我们对这些假说粗略地抽样并不意味着它们是微不足道的或错误的，也不是因为它们在文献中还没有引起更多的注意，还没有得到同样详细的分析和拓展，或者在某种意义上依赖于已经讨论过的概念。

劳动管理型公司的无效的供给和需求反应

关于劳动管理型公司的最早分析认为，这些公司将最大化每个工人的净收入。大量基于这种假设的文献表明，除非在长期竞争的环境下，否则寻求每个工人收入最大化的公司将不会像利润最大化的公司那样运转。[72]特别是这些公司为了抬高每个工人的收入，有动机约束工人的总数量。这会产生以下结果，如：一种对价格变化过度无弹性的供给反应（有时甚至向后弯曲）、当市场环境改善时不愿意引进新成员，以及整个公司的无效劳动安排。我们一直认为这些无效率会使劳动管理型公司与资本管理型公司相比成为一个劣势竞争者。

我们只是把这种无效供给和需求看作是对劳动管理型公司相对较少的一个不充分解释，这主要有两个原因。第一，这些问题的严重性总是受到质疑，并一直是经验争论的一个主题。[73]无论如何，这个理论已经发展得更像是一个评估劳动管理型公司的期望的标准工具，而不是作为一种用正确的术语来解释为什么劳动管理型公司的数目不是很多。这里的差别与认为资本主义垄断是无效率的和据此预测它们将不存在这二者之间的区别相类似。

第二，由这些理论描述的无效率会随着劳动管理型公司中成员资格的完全竞争市场的出现而不复存在，这会起到与在资本主义经济下的劳动市场同样的配置作用。[74]因此，文献不能提供劳动管理型公司较少的解释，除非人们附加上一种关于劳动管理型公司成员资格市场不完善的原始资料描述，就像前面所讨论的那样。但是如果有这样的描述，那么关于劳动管理型公司对价格变化反应的文献可以被认为是对某些从成员资格市场中涌现出潜在缺陷的阐述。

组织的生命周期

人们一直认为成功的劳动管理型公司经过一个组织生命周期往往会变成资本管理型公司。[75]主要观点是在能盈利的劳动管理型公司中，现任成员更偏好通过以外部机会工资雇用新职员的方式来进行扩展，而不是作为将同样享有公司利润的正式员工把他们招进公司。另外，如果存在一个稳定有效的劳动管理型公司成员资格市场，那么这个问题就会消失，此后一个新的申请人不得不对现任成员支付费用，这个费用正好抵消现任成员在和新同事分享利润时产生的损失。这样，我们又回到了起初关于劳动管理型公司成员资格市场的摩擦根源的问题。

组织声望

也许是出于声望方面的原因，投资者应该来管理公司。这个论断表明，在一个契约不完全的世界上，公司声誉对出售优质产品或公正对待供给者而言，是一种有价值的商品。这种声誉价值可能会遭到旨在从短期机会主义中获益的管理决策的损坏。如果当公司控制者离开公司时，能轻易地把他们的职位转卖给替代控制者，那么这些无效决策就不太可能会出现。这样一来，现任决策者将考虑公司声誉的全部现值，因为他们势必会考虑公司（或他们在公司的职位）将来可出售的价格。保罗·米尔格罗姆和约翰·罗伯特认为，如果控制权被授予股权投资者而不是工人，这样的可能性将更大，因为后者不得不改变工作，以改变他们对公司的权利。[76]

这可以看作是对前面所讨论的"基准问题"的一种解释，在那里，我们指出这会使内部临时投资问题通过一个劳动管理型公司的成员资格市场而完全得到消除。实际上，米尔格罗姆和罗伯特现在认为，这样的成员资格市场就声誉而言是对传统资本主义股票市场的一种不完全替代，因此，主要论题与前文讨论过的相类似。

企业租金的挪用

人们一直认为，通过建立一个资本管理型公司，企业家能比一个劳动管理型公司更容易从变革中获得租金[77]，这里潜在的问题是显而易见的：一个改革者必须与工人合作伙伴分享随后的利润，而在资本管理型公司里，工人可能在一个竞争工资率下受雇，从而使所有租金流入企业所有者。而且，如果人们试图把成员资格权卖给工人们，则会存在一个严重的信息问题：未来的劳动管理型公司成员如何知道企业家的想法与企业家的所有权一样有价值？在某种意义上，这是在劳动管理型公司建立成员资格市场时的一个最极端的信息问题。最终，任何正在考虑实施某项改革的潜在价值的企业家，都必须注意到扩展可以接近有价值的思想的人数将会增加未来竞争者的数量。这样的企业家有动机不向其他人揭示这种商业理念的价值。相比之下，在一个资本管理型公司里，企业家不需要把新观念传给任何其他个人，企业家只是在一个竞争市场里雇用劳动，并直接控制生产过程。情况也可能会是这样，即，尽管创新的总收益对企业家而言很可观，但如果广泛分享的话，将会变得非常少，甚至无法引起个体工人的注意。[78]

尽管私人所有的资本管理型公司在挪用创新的收益时可能比劳动管理型公司有更多的优势，但我们不确定这种因素是否具有一般性。至少乍一看，与长期组织均衡的过程相比，它似乎和创立一个公司的过程更为相关。一旦某个资本主义公司成为了一个大规模的、建设完备的公司，我们将不太清楚为什么工人买断会失败，或者为什么一个劳动管理型公司不能代替大规模公共交易合作公司内的企业家激励。

这个假设的确具有经验成分。例如，它预测资本管理型公司常见于以高技术创新为特征的产业中，劳动管理型公司则往往出现在生产方法稳定、发展已久的产业里。尽管这种预测似乎与胶合板、制衣、建筑和再造林领域工人合作公司的存在相一致，并且也没有和观察到的专业合伙企业的盛行相矛盾，但我们并未试图去系统地验证这个命题。我们也不清楚，这个命题是否也与高技术公司的利润和股权融资的广泛采用相一致。[79]

宏观经济的外部性

我们通过概述大卫·莱文（David Levine）和其他许多作者提出的假说[80]来结束对这一部分的讨论。在这个假说下，衰退时保留工人的共享资本主义企业在一个大部分由较少共享的公司组成的经济中将处于劣势,当总需求下降时这些较少共享的公司会解雇工人。可以为完全劳动管理型的公司建立一个类似的或许是更尖刻的论断。[81]假定当需求下降时,劳动管理型公司会继续保持它们工厂的现有规模,因为员工更愿意通过收入调整来削弱需求的波动,而不是把员工投向外界的劳动力市场(或通过驱逐同事)。如果衰退长久且深远,那么这种保持成员资格的措施对公司而言将会代价高昂,甚至可能会威胁到企业的生存。换句话说,假定资本管理型公司使用补偿计划,而商业周期中的正常工资保持不变,那么需求不足的衰退将通过裁员得到缓解。如果资本管理型公司是主要的组织形式,由于一些和工资刚性等相关的宏观经济原因,它们的就业行为将会加重商业周期,从而导致比在劳动管理型为主要组织模式的情况下时间更长、程度更深的衰退。因此,我们这里存在多种均衡的可能性:如果资本管理型公司已经占主导,那么劳动管理型公司可能不太吃香。但是,如果劳动管理型公司已经普遍存在,那么随之发生的对商业周期的抑制可能会使个别劳动管理型公司兴旺发达。

上述论证的宏观经济基础还没有完全形成,特别是与劳动管理型公司有关的宏观基础。但是,我们相信外部影响对不同组织形式的作用是一个重要的话题,虽然它还没有得到充分探讨。这些外部性将通过资本和劳动市场,以及上面描述的宏观经济需求来发挥作用,它们可能会以某些当前我们在研究产业特征时尚未把握的方式,逐渐破坏劳动管理型公司的生存能力。试图单独、具体地说明资本管理型公司和劳动管理型公司的相对优劣,目前条件可能仍未成熟。但是,我们必须研究公司在总体经济系统内部的均衡分布,并且在制度层面上去发现一些潜在的重要反馈信息。

结 论

在市场经济中,为什么绝大多数生产都出现在资本提供者而非劳动提供者行使管理控制权的公司内?这个问题不仅具有浓厚的学术意义,而且具有重要的政策意义。与此相关的政策问题,包括是否通过税收或补贴来鼓励雇员的股票所有权或利益共享计划,如何对公司治理作出改变以促进欧洲式的共同决策制,如何对雇员买断经营不善的资本主义公司进行不同形式的管理奖励。[82]

资本主义企业为何如此普遍盛行？如果经济学界能提供一个有充分证据的解释，那么经济学家对所有这些问题提出积极建议的能力将会大大增强。然而，正如本文讨论所表明的那样，尽然众多不同的答案已被提出，但目前关于这个话题仍未形成一致意见，而且在解决这个问题的经验方面，几乎没有任何进展。由此，我们显然很有必要做出进一步的理论提炼。本文讨论的许多假说，只是比那些得到偶然的经验支持的故事案例稍微高明一点而已。但是，我们认为，一个更深入的问题是，依据数据系统地检验竞争假说的研究工作已经被推迟得太久了。在这方面，合理的第一步是确定代理变量，在本文与资本管理型公司或劳动管理型公司出现概率相关的五个重要假设中，作者提出了这些变量。这样一来，我们将有可能对既定行业的公司样本进行计量经济学检验，或者从一个包含与行业中工人控制盛行有关的信息的多行业样本中进行取样，或者获取具有行业控制影响的公司数据。

这项研究并非很容易就能完成。在理论层面上，可得出的假说在各种影响因素之间的因果关系和潜在的相互作用上通常是失真的。不同的假说有时具有类似的经验建议。相关的代理变量是什么并不是显而易见的。我们需要的数据可能不会很容易获得。尽管存在这些难题，但我们仍然相信这里提出的一些问题将确保经验研究者的关注会多于目前。事实上，本章的目的之一在于系统化这个问题，并试图进一步引入某些相互抵触的观点，这些观点通常被人们孤立地提出来。但是，经验研究最终还需要确定哪个偶然因素对公司内控制权的分配具有最大影响。

【注释】

[1] 见 Mill (1848 [1936]，p. 792)。

[2] 对这个观点的更全面阐述，参见 Putterman (1993)、Ryan (1987)。

[3] 在这个观点上，我们是步下列作者的后尘，如 Coase (1937)、Williamson (1975，1985)、Grossman 和 Hart (1986)、Hart 和 Moore (1990)。

[4] 见本书 Rock 和 Wachter 一文中对雇员和资本提供者在公司通常具有重要的（尽管不同）控制权的讨论。

[5] 具体的讨论可参见 Aghion 和 Bolton (1992)。

[6] 见 Hansmann (1996)。

[7] 20 世纪 30 年代，这种观点首先因 Berle 和 Means 而变得重要，此

后，其他许多人详细阐述了这个观点。

［8］见 Hansmann（1990a）。

［9］见 Craig 和 Pencavel（1992，1993，1995）、Pencavel 和 Craig（1994）、Pencavel（1996）。

［10］见 Defourny、Estrin 和 Jones（1985），Jones 和 Svejnar（1985），Estrin、Jones 和 Svejnar（1987），Ben-Ner（1988a），Estrin 和 Jones（1992）。

［11］见 Russell（1985）。

［12］见 Bradley 和 Gelb（1981，1987）、Whyte 和 Whyte（1988）、Wiener 和 Oakeshott（1987）。

［13］见 Bonin、Jones 和 Putterman（1993）。

［14］见 Ben-Ner（1988a）。

［15］见 Jones（1984）。

［16］见 Alchian 和 Demsetz（1972，p.792）。

［17］见 Holmstrom 和 Milgrom（1991，1994），也可参见 Alchian 和 Demsetz（1972）。

［18］关于外部资产所有者的作用，同样的看法可参见 Williamson（1980）、Alston 和 Gillespie（1989）、Barzel（1989，chap.4）。

［19］见 Putterman（1984）。

［20］对集体奖励或惩罚的提议，可参见 Holmstrom（1982）；对不诚实雇主引起的问题，可参见 Eswaran 和 Kotwal（1984）。

［21］见 Legros 和 Matthews（1993）。

［22］这种情况下的重复博弈理论，参见 MacLeod（1984，1988）、Weitzman 和 Kruse（1990）、Putterman 和 Skillman（1992）、Dong 和 Dow（1993）。著名的 Folk 定理（Fudenberg and Tirol，1991，chap.5）表明，重复博弈中可以产生大量的均衡，包括从帕累托有效分配到高度无效率陷阱，其中所有的工人在每一阶段都逃避责任。

［23］Kruse（1993）通过美国的数据得出了这样一种结果；Wadhwani 和 Wall（1990）研究了英国的数据；Jones 和 Kato（1995）研究了日本的数据。

［24］见 Estrin、Jones 和 Svejnar（1987），Craig 和 Pencavel（1995）。

［25］见 Weitman 和 Kruse（1990），Bonin、Jones 和 Putterman（1993）。

［26］Holmstrom 和 Milgrom（1991）提出了效率工资在防止设备滥用中的作用。然而，MacLeod 和 Malcomson（1998）解释道，为了使设备得

到充分利用，也需要设置类似的差额工资。

[27] 见 Bowles 和 Gintis (1990, 1993a, 1993b, 1996)。

[28] 见 Legros 和 Newman (1996)。同样地，Newman (1994) 指出，当资本市场较不完备而且财富分配较不平等时，与自我经营相比，雇佣关系更流行。

[29] 见 Eswaran 和 Kotwal (1989)。

[30] 见 Stiglitz 和 Weiss (1981)。

[31] 见 Hansmnn (1988)。

[32] 见 Gintis (1989)、Bowles 和 Gintis (1993a, 1993b)。

[33] 见 Hart 和 Moore (1994)。

[34] 见 Fitz Roy (1980)。

[35] 见 Stiglitz 和 Weiss (1981)、Stiglitz (1987)。

[36] 特别是，即使是次优效率检验，他们也可能失败，如 Mas-Colell、Whinston 和 Green (1995, chap. 13) 所示。

[37] 见 Bonin、Jones 和 Putterman (1993)。

[38] 见 Ben-Ner 和 Jun (1996)。

[39] 但是，Ben-Ner 和 Jun (1996) 认为，信息不对称在雇员买断失败的资本主义公司中起了重要作用。

[40] 这种说法的基础可追溯到 Frank Knight (1964)，而且近期有几个作者又对这个观点进行了发展。(Meade, 1972; Kihlstrom 和 Laffont, 1979; Dreze, 1989)。

[41] 这是委托—代理理论中的一个标准结果。可参见 Sapington (1991)，Mas-Colell、Whinston 和 Green (1995, chap. 14)。

[42] 这是 Putterman (1993) 的明确论点，与 Meade (1972) 的观点是一脉相承的关系，与 Neuberger 和 James (1973) 的分析也非常一致。Schlicht 和 Weiszacker (1977)、Gui (1985) 以及 Bonin、Jones 和 Putterman (1993) 把它看做是似乎最合理的对由工人控制企业的情况较少的解释。

[43] 见 Hansmann (1990a)。

[44] 见 Pencavel 和 Craig (1994)。

[45] 见 Pencavel (1996)。

[46] 见 Miceli 和 Minkler (1995)。

[47] 可参见 Krese（1993）。

[48] 的确，当随机冲击是由于经济周期因素而不是某个公司自身的因素时，可以看出：利润共享使工人能够把消费转向世界上更多可能的国家，资本主义公司对利润共享的机会将供给不足。具体可见 Dow 和 Skillman（1994）。

[49] Murphy 和 Opel（1987，第130页）认为，每年工作周数的方差增加一个标准差（4.75周），要求的每年收益的平均补偿仅仅大约45美元。关于补偿差异的进一步的参考资料可参见 Filer（1993）。

[50] 见 Allen 和 Lueck（1999）。

[51] 见 Dow（1993a）。

[52] 见 Grossman 和 Hart（1986）；Hart 和 Moore（1990）。非正式的说明同样也可在 Hart（1989，1991）中找到。而且，Hart（1995）提供了广泛的调查。

[53] 证明参见 Grossman 和 Hart（1986）一文中的命题1（B）。

[54] 见 Klein、Crawford 和 Alchian（1978），Williamson（1975，1985），Grossman 和 Hart（1986），Hart 和 Moore（1990）。

[55] 见 Williamson（1988）。

[56] 见 Fama（1980）关于管理劳动市场和 Manne（1965）关于公司控制的论述。关于这些问题的更多讨论，可参见 Putterman（1987，1988a）。

[57] 关于工人治理公司的投资激励问题，首先由 Pejovich（1969）提出；经由 Vanek（1970，1977a，1977b）、Furubotn（1976）、Jensen 和 Meckling（1979）等人发展。

[58] 可参见 Ellerman（1984）。

[59] 可参见 Dow（1986）。

[60] 见 Dow（1993b）。

[61] 见 Craig 和 Pencavel（1992）、Pencavel 和 Craig（1994）。

[62] 关于索取权，见 Berman 和 Berman（1989）。然而，Pencavel（1996）指出较低资本强度的研究结论对劳动投入测量的方法很敏感。

[63] 具体可见 Williamson（1980，1985）。Dow（1993a）主要关注行业层面，而 Grossman，Hart 和 Moore 等人在他们的不同著述中关注公司层面。

[64] 可参见 Hansmann（1988，1990b，1996）、Benham 和 Keefer（1991）、Milgrom 和 Roberts（1992，第562—563页）。

[65] 见 Kennan 和 Wilson（1993）。

［66］见 Zusman（1992）。

［67］参见 Ognedal（1993）。令人吃惊的是，Ognedal 发现工人的最初控制是混合所有权稳定的一个必要条件。

［68］见 Skillman 和 Dow（1998）。

［69］见 Hansmann（1990a）、Benham 和 Keefer（1991）。

［70］关于联合航空的案例，参见本书中戈登（Gordon）一文的相关讨论。

［71］解决组织改革问题的最有用的尝试可能是 Ben-Ner 和 Jun（1996）的努力，他们研究失败资本主义公司的工人买断。然而，他们的模型处理的是秘密信息而不是投票机制条件下的商议，因此关注的问题与这里考虑的那些问题稍有不同。

［72］早期的研究可参见 Ward（1958）、Domar（1966）。关于这种文献的总结，可参见 Bonin 和 Putterman（1987）。

［73］见 Berman 和 Berman（1989）、Pencavel 和 Craig（1994）。

［74］见 Sertel（1982）、Dow（1986，1993b，1996）、Fehr（1993）、Kleindorfer 和 Sertel（1993）。

［75］见 Miyazaki（1984）、Ben-Ner（1984，1988b）。

［76］见 Milgrom 和 Roberts（1992，第 331－332 页）。

［77］见 Marglin（1974，1982）。

［78］见 Putterman（1982）。

［79］见 Smith（1988）。

［80］见 Levine 和 Tyson（1990）、Levine（1993，1995）、Levine 和 Parkin（1994）。

［81］见 Levine（1993）。

［82］关于成败难料的政策问题的概述，可参见 Blair（1995）和 Levine（1995）。

第二章　企业专用型人力资本和企业理论

玛格丽特·M·布莱尔（Margaret M. Blair）

对一个漫不经心的观察者而言，公司和雇员之间的关系似乎是公司本身所具有的一个主要的、也可能是定义性的特征。但一直以来，经济学家和法学理论家却有研究公司本质以及与之相关的产权和管理结构这一问题的倾向，他们分别从公司与雇员之间、公司不同雇员之间的关系结构和条件出发，来开展研究。也有例外情况，比如将研究集中在某个雇员小团体（管理层）上，并利用委托—代理分析来探讨管理层（被看成是代理人）和股东（被看成是委托人）之间的关系。这个观点以一个潜在假设为前提，即"公司"基本上是从属于股东的一组资产，这组资产由股东聘用的管理者来管理。

但是，另一个替代性的观点（这里，参与公司生产活动的人们之间的关系是公司本身定义的核心）在经济理论中正逐步成形。然而，这种替代性的观点还没有完全具体化，所以它至今尚未对有关公司治理的法律辩论产生任何影响。这些关系到公司本质的不断演变的观点和"人力资本"投资——特别是由公司内部员工投入的人力资本——所起的作用，构成了本章讨论的主题。本章的中心论题是"公司应该被并入到对公司治理的法律辩论中"这一新观点。(59)

最近几年的法律辩论过多地依赖于一种契约主义者的观点，这些辩论通常把公司看做一个"契约关系枢纽"，通过这个关系枢纽，生产型企业中的所有不同参与者彼此之间签订契约合作关系，而不论这种契约关系是隐性的还是显性的。尽管"契约关系枢纽"这一观点似乎主要关注公司中所有参与者之间的关系，但是绝大多数法律学者却只强调了其中的一种关系，即股东和管理层之间的关系。我们发现一种从某种程度上看略有差异的方法——法律实体论观点——在20世纪中期开始不断彰显出来。该观点认为，根据法律规定，当一个公司形成时，就产生了一个具有独立"法人"地位的新实体。但是，"契约关系枢纽"这种分析方法的鼓吹者们却反对这个观点，他们把公司当做股东（委托人）和管理层（代理人）之间签订契约关系的一种机制，并据此来进行分析。基于上述有关公司本质的新经济理念，我认为公司的法律实体这一观点应该重新回到公司法的中心地位上来，因为创建一个独立法人的法律机制对于保护由公司参与者（包括雇员和股东）做出的企业专用型投资而言，可能是一项非常重要的机制。

一些理论背景

越来越多的经济理论认为，专用型投资（指在某个特定企业中的投资价值远远超过在其他企业中的投资价值的一种投资行为）在决定企业的边界以及公司内部的风险分担、奖励和控制权等方面起着关键作用。根据这一理论，这些投资需求应该得到正确的激励和保护，特别是要通过具有激励作用的报酬，这种激励报酬要能够从对公司资产或公司本身的控制权的分配流向做出此种投资的个人或团体手中。但是，早期许多关于专用型投资的文献只是涉及了实物资本或其他可转让资本。

劳动力市场理论是一个例外，几十年来它已经认识到了企业专用型人力资本的重要性。可是，直到最近，企业理论仍然很少去处理由这些专用型投资所带来的问题。在开始考虑企业专用型投资在企业理论中是如何被处理的之前，我们先回顾一下劳动力市场研究者对企业专用型"人力资本"投资的相关论述不无裨益。

劳动理论

1964 年，加里·贝克尔（Gary Becker）创造了"人力资本"（human capital）这一词汇，专门指从事某项工作所需的大量技术和知识，这些技术和知识只有通过漫长的时间和资源"投资"才能获得。贝克尔考虑了以下事实的含义：雇员获得的某些知识和技术在一个给定的就业关系中比在其他潜在的就业关系中具有更高的价值。他认为，这种专有化的知识和技术在通常情况下可能会提高生产力，因此可能是现实就业关系的一个重要组成部分。但是他也认为，类似于这样的人力资本要素在有关工资、培训投资和其他就业关系的简单模型中引入了一个复杂因素。特别地，掌握专门技术和劳务的雇员不再能够被模型化为无差异的、普通的投入，因为劳动力的均衡价格（工资）和数量（雇员人数或工作小时数）由供给和需求曲线的交叉点所决定。一旦雇员被认为掌握了专用型劳动技能，那么哪个雇员将为哪个公司做哪些工作将变得非常重要。而且，"如果某公司曾为某个选择辞职却从事另一份工作的雇员支付了专门的培训费，那么该公司的资本支出从某种程度上看可能是被浪费了，因为它不再能从该雇员处获得更多的投资回报。类似地，一个为专门培训支付费用后却被解雇的雇员也不可能再获得任何报酬，他同样会遭受资本损失"。这里，专用型技术投资很重要，贝克尔推测，"公司的劳动力是否总是包含拥有同样技能的雇员还是包含一个迅速变化的雇员群体"不再是一件无关紧要的事。[1]

虽然贝克尔的主要兴趣是研究培训和教育的投资激励问题，但是沿着这种思路他引进了一个概念，这个概念为公司和雇员之间的长期关系提供了一个基本原理。彼得·德林格（Peter Derringer）和迈克尔·皮埃尔（Michael Piore）根据这些见解形成了他们自己的内部劳动力市场理论。他们认为，公司在专业培训方面的投资将使它们把其他旨在稳定就业和减少人员流动的制度安排置于适当位置。由这些措施导致的组织稳定性反过来又将促进公司进一步开发其雇员的专业技能。德林格和皮埃尔进一步指出，大规模生产技术的应用和劳动工种的细分需要专业劳动技能，并且使稳定的就业关系变得更为重要。[2]

贝克尔认为，雇员和雇主可能会共同分担由专业培训带来的成本和收益，从而给双方保持这种关系提供了某种激励。[3]这意味着雇员在就业关系的早期阶段（如正在培训时）通常会挣得小于他们机会成本的收入，而在后期他们将获得多于机会成本的收入。这种收入特征会导致一个"向上倾斜的工资—任期曲线"（upward sloping wage-tenure profile）——一个贝克尔之前的劳动经济学家曾观察到的、在随后许多学者的研究中也做了详细记录的经验规律。[4]与"企业专用型人力资本"假说相一致，劳动经济学家也已观察到长期职位雇员（long-tenured employee）所得收入一般要比他们的短期机会成本高得多。这种经验模式在有关解雇的研究中得到了证实，表明在通常情况下，拥有长期职位的雇员由于非自身原因（例如，工厂倒闭）而失去工作的，在下一份工作中的收入要比现在低15%~25%。[5]这些估计和其他与工作有关的估算表明，在企业专用型人力资本投资上获得的总收益可由该公司部门发放工资总额的10%或略高于10%的数目（一个和公司所有收益同等数量级的数字）来表示。

尽管工资看起来的确会随任期增长，而且任期较长的雇员的工资通常超过短期的机会成本，但这些证据并没有使所有劳动经济学家相信：雇员具备了大量的公司专用型人力资本。或许劳动力市场的其他特征可以解释这些经验特征。例如，强调搜寻一份特别好的工作的"匹配"过程的劳动力市场模型，也预测了工资在最初时可能会很低，而如果该匹配是个好的匹配的话，则工资在随后将会上涨。同样，在"效率工资"模型中，如果工人被解雇了，他们的成本也将十分高昂。因此，雇主通常会通过支付一个超过雇员机会成本的工资——即雇员下一份工作的工资，来激励他们好好表现。在这种情形下，雇员在公司中具有实质价值的东西便会处于风险中，他们会遭到雇主剥削，或者一旦雇员丢掉他们在现任雇主处的工作时，将变得一无所得。对收入递增型工资—任期（wage-tenure）的其他解释，也意味着劳动力市场将呈现出非自愿失业的特征。因此，这些问题在对劳动力市场出清程度的讨论中显得特别突出。[6]但是，这些替代性的理论通常并不排除以下可能：企业专用型人力资本是决定许多就业关系结构的一个重要因素。实际上，绝大多数劳动经济学家都认为这些投资在很多情况下是非常重要的。

专门用于某个特定企业的知识和技术，以及为企业实现既定目标而付出的努力，都是处于风险中的"资产"，恰如股权资本一旦被委托给某个给定的企业时就会存在风险一样。正因如此，它们必定会给雇员和公司提出一个缔约问题（contracting problem）。如果公司预先给雇员支付一定补偿，并且完全补偿雇员做出人力资本投资的所有开支（或学习和利用这些资产的成本），那么雇员在得到补偿后原则上仍有可能会退出公司，从而使公司无法得到这项人力资本投资的收益。

但是，假设公司事前并没有完全补偿雇员的人力资本投资成本，相反，公司在开始时给工人支付一个较低的工资，并许诺在以后支付一个较高的工资。那么，该雇员在该公司就会存在一种不可收回的投资成本，除非公司能给他们一个超出双方未来关系所产生的经济盈余的报酬。这种投资很难通过明确的契约得到保护。一方面，公司不可能强制执行一个要求雇员留在公司并充分利用这些专用型技术的劳动合约。另一方面，我们这里所讨论的技术和特定努力很难被准确界定，更谈不上如何测量。因此，雇员也不可能强制执行一个要求公司为其在学习和利用专用型技能过程中所付出的努力或花费的开支付费。

概而言之，从劳动理论中得到的经验教训是：雇员在企业专用型人力资本上的投资并不能通过明确定义的完备契约得到很好的保护。我们需要一些能把雇员和公司的命运结合在一起的其他的制度安排。

企业理论

在关于公司性质的早期思考中，罗纳德·科斯（Ronald Coase）主要讨论了金字塔式的层级关系——使部分人有权决定其他人员和资源如何使用——可能被市场交易所取代的原因。科斯写道："在企业之外，价格变动决定生产，这是通过一系列市场交易来协调的。在企业之内，市场交易被取消，伴随着交易的复杂的市场结构被企业家所替代，由企业家指挥生产。"[7]他的一般性论点表明：如果处在关系中心的资本家群体能和公司的每一个要素提供者分别签订合约，那么他们在某些情形下将能更有效地协调经济活动。

从科斯的最初观点看来，经济学家在两个不同的层面上接受了他的企业理论。一种方法主要关注企业内部组织生产的成本相对于市场交易而言可能会更低。这里的主要问题是，哪些因素可能会引起通过市场交易来组织生产活动的"交易成本"增加。专用型资产投资引起了人们的特别关注。

另一种方法主要强调了联合生产技术的重要性,其中,如何衡量和奖励相互关联的团队成员的生产效率这一问题由企业负责解决。

交易成本理论。奥利弗·威廉姆森（Oliver Williamson）曾指明了那些使得在非个人的、互不关联的市场中相互交换的成本极其高昂的交易的几个特征。他认为,在适用这些特征的地方,交易方可能选择通过层级管理安排来实施这些交易。[8]一个主要的特征是他所谓的投资"专用性",意指把资产重新安排于其他用途的困难程度。根据威廉姆森的说法,促成层级管理而不是市场交易的其他特征包括资产的使用寿命（随着时间流逝它将会在什么程度上产生收益）、交易的不确定性和复杂性——当资产使用寿命较长时这个问题会更严重。交易方的"有限理性"（bounded rationality）使他们不可能预测到所有的潜在结果和复杂性,不可能就每种情况下将发生怎样的"完备"合约写出具体说明,也不可能预测到交易方的机会主义倾向。在这些因素中,资产专用性可能最为重要,因为根据定义,可以被轻易替换的资产在一个给定的关系中是没有风险的。只有当资产满足专用性时,其使用寿命长短的问题、不确定性和复杂性、有限理性和机会主义等才显得重要起来。

威廉姆森的研究产生了一系列和满足资产专用性合约问题相关的文献。例如,本杰明·克莱因（Benjamin Klein）、罗伯特·克劳福德（Robert Crawford）和阿门·阿尔钦（Armen Alchian）认为,当合约双方各自做出符合彼此关系专用性的投资时,每一方都可以采取措施威胁另一方,从而掠夺从这些投资中获得的收益。[9]他们推测,潜在的"敲竹杠"问题会使合约双方将自身行为进行垂直一体化,即要素提供者拥有顾客,反之亦然。假设某个交易参与方拥有一个煤矿,另一个交易参与方拥有建在煤矿出口处的一个电厂,并计划使用矿中的煤发电。那么双方可能会发现他们将就煤被卖给电厂的价格和条件进行频繁争论。除非某个单一的交易参与方同时拥有煤矿和电厂,此时他将最大化联合收益,而不会浪费无谓的资源去对双方之间的贸易条件进行讨价还价。

有一些经验研究试图验证威廉姆森和克莱因、克劳福德及阿尔钦假说,它们普遍证实了企业专用型投资在决定所有权结构和垂直一体化程度中的重要意义。但这些研究产生了一个有趣的问题,即它们暗示,相对于企业专用型实物资本投资,企业专用型人力资本投资可能是公司之所以进行整合的一个更合理的原因。

第二章 企业专用型人力资本和企业理论

柯克·蒙特费德（Kirk Mnoterverde）和大卫·蒂斯（David Teece）曾对汽车行业中的零部件生产做了研究，他们对"在哪些情况下公司可能选择内部生产，而不是和一个供应商签订外部合约"这一问题提出了质疑。[10]他们认为，如果用于生产汽车零部件的专用型资产仅仅包括实物资产，例如工具或金属模具，那么垂直一体化管理可能是不必要的。在这种情形下，如果汽车集装公司拥有专用型工具，并把它们租给生产零部件的缔约方，那么就可以避免敲竹杠问题。两位作者把这种安排称为"准一体化"（quasi integration），它通常可在汽车配件的生产过程中看到。但是，蒙特费德和蒂斯认为，如果在生产零部件时涉及的专用型投资使用的是不可专利化的技巧和技能，那么"准一体化"将不会解决任何敲竹杠问题。他们推断，要完全的一体化才能使这种情形下的交易成本最小化。同样，马斯藤（Scott Masten）、米汗（James Meehan）和斯奈德（Edward Snyder）的研究发现，在对专用型知识投资和专用型设备投资都用来解释垂直一体化的回归测算中，专用型知识投资具有更强的解释力。[11]

但是，这些作者既没能就企业在组织生产中为什么需要以及如何解决与多方参与者相关的敲竹杠问题给出一个具有说服力的见解，也没能就企业中的多方参与者中哪个参与者应成为一体化企业的理想"所有者"提供任何洞见。格罗斯曼（Sanford Grossman）和哈特（Oliver Hart）提出了这个问题。[12]格罗斯曼和哈特的模型考虑了企业诸多参与方必须就可实施合约中很难或不可能界定的公司专用型投资作出规定的情形。他们的模型推断，企业所有权应归属于这样的参与方，即这些参与方的企业专用型投资给企业带来了最大价值，但却很难或几乎不可能就其签订合同。企业所有权为必须做出该类投资的参与方提供了一定保证，即他们有权享有从这些投资中得到的租金，从而使这些租金不受其他参与方的掠夺。

在关于企业因何存在的交易成本争论背后，隐藏着以下假设，即单个企业是被良好界定的实体，其利益只是它的所有者利益的延伸。通过这个假设，雇员可以与公司签订合同，而其本身并不作为公司的一个组成部分。例如，在格罗斯曼和哈特理论的表述中，公司被定义为公共所有权下的一组资产，这里的所有权意味对资产使用和处置的控制权。[13]

承认企业专用型人力资本的诸多交易成本的研究文献，一般倾向于得出一个非常相似的问题，但它们却避而不谈这些问题对公司治理的意义。威廉姆森给出了一些组织特征，例如团队适应、非正式程序创新以及规章和程序知识,这些因素往往会使现有雇员比在实时交易市场上雇用的工人对雇主的价值更大。他指出,在某些交易中,专用型人力资本的投资很重要。因此,这些交易必须包括对该类投资的特定保护,尤其是要注意到,在这些交易中,"企业和工人之间的一致性很重要"。威廉姆森论及,企业专用型人力资本必须"嵌入一个保护性的治理结构(protective governance structure)中,以免当雇佣关系被无意切断时,生产价值打水漂。"[14]

但是,威廉姆森几乎没有指出存在于雇员和公司双方关系中的"保护性的治理结构"。确实,他提到了有可能会鼓励和保护雇员在企业专用型技术上进行投资的解雇费和就业保障,以及作为一种防范机制的、阻止具备专用型技能的雇员辞职的退休金制度。他还指出,工会集体谈判和"内部治理结构"(例如,不公平的程序和支付规模)可能有助于给雇员的特殊投资提供一个保护性的治理结构。尽管他注意到,具有平均主义倾向的工会可能不是安排这种支付结构的最好体制,因为这种支付结构是根据雇员的企业专用型人力资本多寡来支付劳动报酬,这将导致雇员之间产生差异。[15]这点和其他鼓励企业专用型人力资本投资的机制在本章后面将进行更为详细的讨论。这里我们只是预先给出一个与之类似的提示,我们假设这些保护是充分的,足以给做出企业专用型投资的雇员提供保护。这种假设并不明显,例如,在威廉姆森关于公司治理安排的交易成本收益分析中,他只把选举董事会成员的权利分给了股东,而不是(或加上)其他投票人。他断言,"股东作为一个团体,和企业之间具有一种特殊的关系"。"他们是仅有的自愿支持者,他们同合伙公司之间的关系不是为定期回馈出现的……股东……为公司的存在进行投资。一旦公司被迫进行清算,他们的权利排在最后面。"[16]

这种理论思路和前文讨论过的劳动力市场理论家的传统相符,即它认为在劳动力市场关系和公司治理之间存在一个不受外界干扰的隔离。但根据定义,企业专用型人力资本的投资不能被重置,因此雇员也是在做出终身投资。雇员可以撤除他们在某公司的专用型技术,但他们并不能从中受益,因为根据定义他们的专用型技术在其他地方只有较小的价值。在人力资本上做出企业专用型投资的雇员,可能会希望他能够从未来的生产率上得到补偿,也就是说,从公司未来的"剩余"收入中得到部分补偿。尽管他们依赖于自身和公司之间的持续关系,但雇员并不对公司的未来拥有明确的权利——至少不能只依靠这种双方之间的雇佣关系,尽管雇员本身也有可能就是股东。在德国，雇员的养老金权利可能是和他们公司的长期成功运营相联系的。虽然我们没有关于企业专用型人力资本投资总价值的精确估计，但它毫无疑问是非常庞大的，很可能和产权资本的总价值具有相同的数量级。在承认企业专用型人力资本具有潜在重要意义的同时，人们通常含蓄地否认它和实际公司治理（例如，选举董事会成员）之间存在重要关联，这种否认已经得到很多法律学者（特别是企业契约理论的鼓吹者）的认可。[17]

团队生产。此外，公司之所以存在，还有一个主要理由，那就是组织团队生产。阿门·阿尔钦和哈罗德·德姆塞茨把团队生产描述为"生产中（1）要用到几种资源；（2）生产不是单一合作资源的各部分产出的总和；以及（3）团队生产中用到的全部资源不同时归属于某一个人"。[18]根据阿尔钦和德姆塞茨的分析，团队生产导致的问题是如何去测算产出（此时，任何个体的产出不能与团队的产出相互分开），以及如何找到刺激团队成员努力工作的分配方法。如果团队成员协同工作能获得比单独工作更多的产出，那么团队生产将更具优势。如果额外的产量超出了监管和促使团队成员努力工作的成本，那么团队生产将比个体生产方式更为可取。阿尔钦和德姆塞茨进一步论证，在偏爱团队生产的地方，测算问题和分配问题可以通过某个团队成员得到解决，但该团队成员必须精通于各种监管办法、被授予雇用和解雇其他团队成员的权力，并且有权从给其他要素提供者（团队成员）的企业净支付（假定这种支付被当做机会成本）中获得收入。

上述论证旨在为资本主义企业的所有权和控制权提供一种解释。但就其本身而言，它并未提供任何解释"团队成员资格为什么不能天天改变或时时改变"的特殊原因。事实上，阿尔钦和德姆塞茨曾表示，"雇主和雇员之间的长期契约不是我们所谓的企业组织的本质"。相反，他们认为公司和雇员之间的关系相当于一系列短期契约："雇主不断卷入到使劳资双方都能接受的合同条件的重新谈判中。"[19]但在大公司中，超长期的契约关系是正常现象，而不是一个例外。因此，他们的说法对解释大公司通常的运行情况而言，看起来至少是不够完整的。

通过将企业专用型人力资本投资或其他可能使某个特定团队保持合作优势的因素考虑进去，我们可以改善阿尔钦和德姆塞茨的最初论证。在最近的研究中，德姆塞茨已朝这个方向做出了改变。他论述道，组成一个企业的"契约关系枢纽"的一个重要方面，是"同种投入要素的所有者之间预期合作时间的长短……劳资双方签订的协议是否主要是考虑暂时的、短期的关联（其极端情形是现货市场的交易）？或者，这些协议是否考虑相同参与方持续合作的可能性？那些被看做团队生产的企业，其同种投入要素的所有者之间明显表现出再合作的特征。"[20]

接着，德姆塞茨把企业定义为"关于技术、员工和方法的一系列承诺，这些承诺被包含在一个公司特定的信息'绝缘层'中，受其约束，且不易被迅速改变和模仿。"[21]因此，在具备专用型人力资本的团队生产中，专用型人力资本和其他团队成员的人力资本一起使用比它们单独使用更能创造价值。特定个体的生产率不仅取决于作为团体的一部分，还取决于从事某项特殊任务的特定团体的一部分。如果某个成员在这个团队中很重要，那么这就会使阿尔钦和德姆塞茨的最初论证复杂化，因为做出专用型技术投资的团队成员和知道被指派到该特定团队时将具有特殊价值的团队成员将愿意接受只相当于其短期机会成本的工资这一点变得不再一目了然。因此，监管者能获得企业的所有经济剩余不再是显而易见之事。

但是，阿尔钦和德姆塞茨把主要注意力放在公司内部参与者之间的缔约关系上，他们提供了一个关于层级结构的解释。一开始，许多其他作者已经提出所谓的委托人——阿尔钦和德姆塞茨论述中的企业家或主要资方代表——与代理人之间的缔约问题。

在委托—代理模型中，雇员被看成是公司的代理人，公司管理层被看成是股东的代理人。这里的签约难题在于，如何指明双方之间一种特定的关系条件，这些条件能使代理人以一种有利于委托人的方式制定决策或采取行动。在1976年的权威论文中，迈克尔·詹森（Michael Jensen）和威廉·麦克林（William Meckling）把委托—代理方法引入企业理论中。他们提议，公司应该被看做产权资本提供者（委托人）与管理层（代理人）之间的一种缔约机制，其目的是使双方关系的代理成本最小化。詹森和麦克林认为，组织"只是作为个体之间一整套契约关系枢纽的法律陈述。"[22]

因此，詹森和麦克林通常被人们认为是把企业看成"契约关系枢纽"的首开先河者，他们的企业概念被选入有关公司治理的法律文献中，用来支持企业契约主义者的企业理论（而非企业实体论）。对当前讨论更重要的是，它通常深受标准化状态的影响，并被当做有关管理层应服务于谁的利益的一种陈述。最近几年来，委托—代理模型对公司的劳资关系研究也产生了较大的影响。但是，公司治理和劳资关系的研究文献通常以一种互不相关的方式而存在。

标准的委托—代理问题涉及参与者双方之间的交易，由其中一方所采取的行动必定会影响到另一方。但是，由于某些原因，委托人不能直接向代理人的行为提供补偿，这可能是因为该行为本身对委托人而言是不可观察的，也可能是因为委托人没有评价这种行为的必要信息或知识。无疑，代理人的行为影响或该行为可观察到的结果并非委托人行为的决定函数。否则，委托人很有可能通过观察代理人的行为结果来推断其所采取的行为。在委托—代理问题中，行为结果被假定为是代理人行为的一个随机函数，或者假定这种计算存在误差。因为委托人不能给代理人的行为支付报酬，所以委托人的问题是如何根据其所收集的报酬组合，来选用一种方法激励代理人采取有利于委托人自己的行为。

通常会出现以下这种情况，即代理人是风险厌恶型的，他们担心因运气不好或测量不准而使委托人认为产量过低，从而导致他们支付的报酬也较低。（如果代理人不是风险厌恶型的，并且因坏运气或测量不准导致的潜在损失被好运气或高效管理的潜在收益所抵消，那么最优合同将只给代理人支付一个所观察到的产出水平。）对于一个风险厌恶型的代理人，最理想的激励结构是在代理人和委托人之间分担风险。例如，委托人可能会同意支付一个和产出结果无关的最低工资，在这个基础上再加上一个和代理人实际绩效成一定比例的工资提成。和风险厌恶型代理人被完全暴露在风险时的效用相比，采取风险分担所获得的效用更高。但是，由于代理人只获得部分额外产出，所以和代理人获得全部额外产出的情形相比，风险分担合同的激励强度也较低。

另一种能被用来诱导代理人付出努力的策略是固定报酬（flat fee），如果代理人被发现逃避责任，那么他将面临终止代理关系的威胁。关于公司治理激励补偿机制的大量文献，讨论了风险分担比例问题。固定报酬伴随着终止代理关系的威胁，在将公司控制市场作为一种引导管理努力的文献和劳动力理论中得到了陈述，在这些陈述中，它们形成了"效率工资"理论的基础。

在某些方面，由企业专用型人力资本投资引起的问题类似于委托—代理问题。雇员必然会采取某些公司不能直接测量的行为（例如，获得某些技术、积累某些专有知识、付出某些特别的努力，以及和同事形成一些特定的关系），因为公司不能给予雇员直接补偿。公司只能观察（可能是不完全地）这种投资的结果。正如肯尼斯·阿罗（Kenneth Arrow）曾注意到的那样，"一般情况下的职业关系是这样的：通过培训和自我提高获得的努力和能力不容易被人们观察到。"[23]斯蒂芬·维金斯（Steven Wiggins）强调了委托—代理问题与企业专用型投资问题之间的相似性：只要"某个参与方首先采取行动，他就会有效地做出对交易关系而言具有专有性质的投资，即在专用资产方面的投资。在投资以后，他只能依赖其他参与方去执行。问题在于，另外的参与方只能做出特别的承诺——承诺去执行。"[24]

但是规范的委托—代理问题严格来说不同于企业专用型投资问题，因为它是不对称的。在规范的委托—代理问题中有一个暗含的假设，即一旦报酬比例表（fee schedule）被决定后，委托人的行为对报酬比例表和与之相关的变量结果将不再有更多的影响。当结果（承诺给代理人的报酬一定是该结果的函数）变成了现实，代理人很快便会得到支付。因此，一些关于参与方信用及其制度安排的可执行性的强有力的假设便被嵌入了简单的委托—代理理论之中。[25]

然而，在企业专用型投资的情况下，参与双方的行为可以影响从投资中得到的支付。雇员采取了一种会影响公司支付决策的行为，但是公司反过来也可以采取某些不仅会影响雇员得到的报酬，而且会影响由此产生的租金和准租金流的行为。例如，公司可以决定关闭雇员工作的工厂，因此意外地不去支付应该兑现的支付。或者股票持有者可以把公司卖给其他某个人，这个人可能会解雇经理或分解公司。[26]

委托—代理模型在描述某些类型的合约问题上一直是有用的。但是，如果企业专用型人力资本是合伙企业的一项重要投入，那么典型的委托—代理模型可能会过于片面地描述职业关系的基本特征，或公司本身的本质。

企业专用型人力资本引起的合约问题

企业专用型资本的确是关于公司本质的理论的中心。它与交易成本和团队生产都有联系。尽管对于所有权结构应该如何被安排，以保护企业专用型实物资本的投资，已经进行了周密的考虑，但是很少说到关于合同应该如何被拟定或者其他制度应该如何被安排，以用来保护企业专用型人力资本。

第二章 企业专用型人力资本和企业理论

许多研究已经提及了合伙方式有利于劳动分工，因为在合伙关系中，公司经理专门制定决策而外部投资者专门承担风险。[27]但是，这种方法本质上忽略了具有企业专用型人力资本性质的雇员所承担的风险问题。一项企业专用型人力资本投资会存在风险，不仅因为潜在的敲竹杠问题和相关的资产侵占风险，而且因为一种特定技术在某个给定的公司内可能不再有用，还因为要么经济情况良好时公司本身表现很差，要么整体经济情况可能十分恶劣。外部股东可能会拟定出某种程度上保护雇员免受该类风险的合同，但肯定不能避免所有这些风险。雇员不可避免地要承担某些企业风险。

很多学者曾经认为，雇员得到保护免受侵占的风险是由于公司必须关心它的公平声誉这个事实。好的声誉能使它与未来的其他雇员在友好的关系下签订合同。威廉姆森写道：

> 因剥削现任雇员而名声不好的雇主此后将不能说服新的雇员在同样的条款下接受工作，可能要支付工资溢价（wage premium），或可能要对工作任务再加以界定以排除具体交易的特征，或可能需要提供反对未来滥用的合约性保证书。考虑到这些可能性，剥削现任雇员专用投资的策略将受到有效约束，只可能在以下情况中实施：（1）公司属于不可信任的一类；（2）公司只开展一次性的交易活动；（3）代际的学习可以忽略不计。[28]

在实践中，同样没有给雇员有效的保护，使他们免受企业专用型技术贬值的风险。只要公司拥有拒绝工资上涨或完全终止工作的最终权力，在任何一个公司的扩张时期都很难想象出如何来提供这样的保护。实际上，在一个工作协议中更难强制实施"公正"，当公司面临的经营条件改变时，合同中协议好的条件可以被重新协商。就像保罗·米尔格罗姆和约翰·罗伯特提到的一样："公司管理层可能很想夸大财政困难，以便有理由付给工人一个较低的工资。"[29]此外，使雇员完全避免风险可能会阻止他们从事某些受控于他们的事情，即从价值较低的投资中抽出资源来，把它们转移到价值较高的投资中（例如，通过再培训）。

有些保护雇员免受专有化投资固有风险的机制的消极影响可能会与强化监管相抵消。但是，监督人很可能集中于可以测定的行为范围内，这可能会导致雇员专注于那些"被监控的"范围，而忽视那些可能对生产效率也很重要但却不被监督的领域。[30]最终，监督企业专用型人力资本投资的尝试可能会导致诸如测量、核实和评价无效等严重问题。

然而，由人力资本投资引起的另一种合约问题是如何理解和量化所有投资能带来的收益形式。尽管实物资本投资的收益通常可以用货币形式测量，但对人力资本投资的某些收益的测量却是采取其他形式。例如，人力资本可能不会随使用而贬值，相反还可能会升值。被使用的知识和技术可以不断提高和完善，从而变得更有价值。如果这样的话，任期收益可能远超过某个特定时点从技术中累积得到的收益，而且，人力资本与工作岗位过早分离的损失甚至会超过工人的直接收入损失。职业关系中可能也包含了选择权这样的因素。如果雇员与当前的雇主合作，雇员将来会有机会获得比今天的技术更成熟的技术。那些技术将在现今积累的技术的收益流的基础之上产生一个额外的收益流。如果职业关系过早地中断，那么选择的价值就丧失了。

米尔格罗姆和罗伯特注意到：人力资本收益的复杂本质可能使"确定（在公司内）谁是具有唯一剩余索取权的个人或团体，或实际确定某一决策所产生的收益和成本，并以此计算剩余"成为不可能。[31]计算和分配剩余权的困难使任何雇员和公司之间关于剩余权的分配协议变得复杂化，或者使对可能用来鼓励关系中的参与双方把一方决策对另一方的影响考虑进去的支付计划的商议变得复杂化。总之，企业理论方面的研究文献往往意味着，明确的合约不能被用来有效地保护由雇员提供的企业专用型人力资本投资。

解决合约问题的制度安排

因为围绕企业专用型人力资本投资的合约问题是如此普遍，所以我们毫不奇怪发现人力和财力资本的提供者形成了关于鼓励和保护企业专用型投资的非合约机制。这些机制中的一些已经被劳动经济学家研究过，其各种版本可以在大多数的大规模合伙公司中发现。然而，总的来说，他们还没有与公司本身的制度本质相联系，或与公司治理相联系。

鼓励长期雇佣关系的惯例和实践具有支持，或者可能补偿企业专用型人力资本投资的种种好处。根据米尔格罗姆和罗伯特的说法，这些好处包括"有利可图的企业专用型人力资本投资机会的增加、效率工资激励合约在长期关系中所获得的更大效益，以及通过较长时期的监督来对一个雇员对长期目标的贡献做出精确评估的能力的改进。"[32]长期关系也促成了名誉的形成。毕竟，合约双方的时间跨度越长，好的声誉越有价值，因此，在一个长期关系中，双方会有更强的激励来充分执行该关系范围内的任意给定交易。

工作提升、职业路径与资历规定

职业路径和工作提升据说是鼓励雇员做出企业专用型人力资本投资和确保公司与雇员共享由这些投资产生的租金的重要机制。[33]资历规定是一种给雇员提供某些保护的机制，使他们免受公司可能对这些固有协议食言而造成的损失，即在雇员晚年支付他们较高的工资，甚至是超过他们工作时期生产率的一种工资，以补偿雇员的企业专用型投资。资历规定要求公司首先解雇低资历的工人，来保护高资历的工人。

资历规定和工作提升都有助于确保雇员的企业专用型投资随时间推移将得到适当的补偿。当然，如果雇员不相信在相关期间雇佣组织会持续存在，那么这样的承诺可能无法起到激励作用。因此，这些机制本身是没用的，只有根植于持续经营的实体中一种被认为会长期存在的关系中时，才是有用的。

工 会

工会的影响之一是保护雇员免受解雇等事件的影响（除非"事出有因"）。在一般的共同商议的协议中，其他条款反过来会有助于阻止公司在实际上不解雇他们的前提下驱除不想要的雇员。这些表现为旨在保护工资、救济金和工作安排以及保护雇员免受解雇的制度形式。然而，这些保护类型将给有效适应不断变化的环境带来负面的影响。[34]但是，这些代价肯定不利于工会协议可能会提供的企业专用型资本的长期投资激励（或其他利益）。

"抵押"或履约保证

"抵押"即是有价值的东西，由参与一方对一笔交易进行担保，如果某参与方不能按照合同执行，它将被另一参与方没收。例如，效率工资理论的一种说法是基于某种抵押观点，即，工人在职业关系早期接受比他们机会成本低的工资，作为待在公司的一种承诺，而到职业关系晚期被支付较高的工资。另一种关于抵押观点的说法是"履约保证"，在这种情况下雇员把保证金记入受雇期限上，如果雇员打算离开或表现不好，肯定会被没收。然而，行为保证金协议的管理和实施要求第三方能够观察到，并且核实某些行为测量和某些触发事件。因此，履约保证金本身似乎是一个解决专用人力资本积累所导致的合约问题的没有说服力的替代解释,除非它们根植于鼓励诚信或声誉具有价值的制度安排中。

雇主提供的抵押包括解雇支付承诺和其他相关的附件条款等,这使得雇主中断雇佣关系成本高昂。对合约条件中某种变化的处罚可能表现出类似的功用。例如,米尔格罗姆和罗伯特认为,工作合约可能用来对雇主实施某种惩罚,因为在困难时期雇主会试图通过协商来降低雇员的工资。因此,在协商中雇主不会轻率地利用这种权利。[35]

公司文化、准则和目标

"可使用的原则和惯例……给公司成员创造了共同的期望"。正如米尔格罗姆和罗伯特所提到的那样。这种原则的优点是它们"有助于引导经理做出决策","为组织中的每一个人提供了一系列明确的期望",并且"提供了一套判断正确行为和解决不可避免的争端的准则和程序。"[36] 按照大卫·克劳普斯(David Kreps)的说法,公司文化的这些方面可以作为"焦点",围绕这一焦点,公司的参加者可以达到一个稳定的相互作用的帕累托状态,优于在没有共同准则情况下可能会出现的状态。[37] 因此,通过培养诚信,公司文化有助于支持企业专用型人力资本投资。

公司文化本身也可以被看做是公司的专用型资本,就像组织资本一样。理查德·纳尔森(Richard Nelson)和西德尼·温特(Sidney Winter)认为,做事情的方法通常暗含在组成公司的人们的日常活动规范中。[38] 同样,这种认知既不能被明确说出,也不能被相互转让,它只能体现在人们身上和彼此之间的相互关系中。桑福德·雅各比(Sanford Jacoby)写道,另一种类似的机制,是"工作场所本身的社会化,这取决于双方认可的反复灌输的准则和目标方法,例如某些意识形态或权威(如果它们是令人信服的,那就必须被看做是合法的)。"[39]

所有权和控制权

另一种保护企业专用性投资的非合约机制是"所有权"或"产权"。奥利弗·哈特(Oliver Hart)和其他学者提醒我们:"所有权"包括"剩余"控制权的占有,做出所有决策(至少那些没有通过合同委托给其他人)的权利和接受所有由合同规定的已支付后的任何剩余。哈特特别提到:"事后的剩余控制权是很重要的,因为它们会对资产使用产生影响,由此影响事后的商议权和某种关系中事后剩余的分配。这种分配反过来将会影响参与者在该关系中做出投资的激励。"基于这些理由,哈特认为"共同的专有"资产应该共同拥有。如果不是共有资产,那么拥有每项资产的单个参与方有理由担心其他参与方会侵占过大的得自于资产的租金份额,并且很可能倾向于投资不足。[40]

但是,当然,公司和公司下属企业中的任何其他参与者都不能"拥有"可能与公司的其他资产共同专用的人力资本。在这里,企业专用型人力资本是很重要的,关于财产权作用的讨论在某些情况下可能指雇员对企业的控制权,或者至少是参与管理权,而不是指资本所有权和控制权。例如,在表明合伙企业组织形式的优点时,米尔格罗姆和罗伯特指出,"人力资本不是易于交易的,如果资本的剩余收益属于拥有它的人,那么关于所有权的一般观点也认为剩余控制权应该分配给他们。"[41]把所有权和控制份额分配给工人有几种可能性——从雇员拥有产权到工人参与管理再到劳动者直接拥有公司。

用公司的股权(equity stakes)作为雇员酬金可能会鼓励和保护企业专用型人力资本投资。雇员的股份所有权作为一种抵押,有助于使公司共享租金的承诺具有可信性。它也给了雇员某些控制权(依靠其所持有的股权而非他们作为雇员的地位),同时,这有助于把他们的利益与外界股权持有者的利益联系在一起。并且,如果股权代替企业专用型人力资本应该产生的工资酬金,那么工资将会更准确地反映机会成本,从而把正确的经济信号传递给公司内的决策者,以指导雇佣和解雇决策。有大量的证据表明,基于薪酬制度的股权运用在美国的合伙公司中越来越多,尽管没有定性的经验研究把公开交易公司中雇员的所有权与企业专用型人力资本投资联系在一起。[42]

在日本和欧洲,劳动力直接参与管理更为普遍,公司治理体制似乎给提供机制的制度安排一个显著的地位,通过这种制度安排雇员在管理上具有直接发言权。日本学者特意把这些安排归功于提供激励和保护雇员在企业专用型人力资本上的投资。[43]德国的共同决策制也引起了人们对这方面的注意。

就经验而言,雇员控制(employee-controlled)的产业公司仍然很少。[44]但是,许多学者受20世纪60年代南斯拉夫劳动管理型公司经验的启发,考虑了以这种方式来组织生产的优点和缺点。这激起了活跃的学术辩论,在辩论中，一些新古典经济学家认为，雇员控制型公司由于多种原因可能是无效率的，例如，这样的公司可能会最大化每个工人的净收入而不是利润，它们可能没有正确的激励以充分维护公司的实物资本，或者因为需要依赖等级制度来有效处理大量的信息而变得无效率。[45]其他学者回应了这些批评，他们指出，在每种情况下假设中的无效率都是由批评家做出的特定模型假设的产物。[46]但是，没有明显的法律约束反对这样的公司，经济学家通常借助这类公司很少或不存在这一事实，来表明这种形式因各种原因从经济上来说是不可行的。例如，亨利·豪斯曼（Henry Hansman）曾经认为，由不同的雇员共同制定决策的缺点可能很容易超出共同拥有资本和劳动投入的优点。[47]根据其他学者的研究，资本家比工人拥有更多财富，他们更容易进入信誉市场，资本家比工人能更好地把风险多样化，这些事实反驳了雇员在他们工作的公司的股权中拥有相当大份额的个人财富。

关于企业理论的新思考

认为公司是一种合约关系的观点，在过去是一个重要的观察事实，它有助于使学者将公司中不同参与者的关系条件考虑进去。但是，在探讨公司和公司治理的本质方面，仅考虑股东和经理之间的关系，并假设双方之间的雇佣关系是一个不同的话题是远远不够的，企业专用型人力资本投资所起的作用及其所引起的问题表明：职业关系的性质对制度安排的本质尤为重要，这些制度安排是现代大规模公司的精华。

经济理论现在已经开始承认雇员参与公司方式的复杂本质。少数人甚至把公司定义为用来诱导雇员对联合生产成果作出贡献的制度安排。如果所需要的全部贡献都可以通过市场关系或明确的合同被充分诱导出，那么情况可能如此。但是，情况并非完全如此的事实正是引起复杂组织形式（如，现代公司）出现的原因所在。当前理论针对这种复杂性的处理提出了几点建议。

把公司当做一个激励体系

霍姆斯特罗姆和米尔格罗姆认为，公司是一个激励体系。他们提出了多任务的委托—代理模型，来解决当工人被要求从事的任务是多方面的，且在某些或所有方面其行为都不易测量时所引起的问题。当代理人必须执行许多任务，且他们关于精力和时间分配的选择能影响公司绩效的许多方面时,一个大大激励某些方面的绩效而忽略其他方面的绩效的强有力的激励结构,会大大扭曲代理人的行为。[48]

当然,区分公司内部代理人与那些仅仅和公司签约的外部代理人的关键一点是薪酬协议的结构。霍姆斯特罗姆和米尔格罗姆的模型探讨了为什么"职业关系的特征在如此多的方面与签约者关系的特征不同。"签约者的薪酬通常要给具体任务提供支付,所有违约风险由代理人承担。对雇员而言,这样的风险一般由公司本身积聚和产生,因此,在工作期间,公司支付给代理人一个常规的工资或薪水,而不考虑执行的实际工作任务。霍姆斯特罗姆和米尔格罗姆的模型暗示,在特定条件下,一个理想的激励结构"可以要求削弱或取消在市场关系中过强的激励。"因此,他们认为"公司内部弱激励的使用,尽管有时被沮丧地认为是内部组织的重要缺陷,但仍然是鼓励合作和协调的一种重要方法。"[49]

例如,当把内部保险销售代理人通常运行的条件与独立的销售代理人一般操作的条件进行比较时,霍姆斯特罗姆和米尔格罗姆注意到,职业关系往往包括弱激励(如,固定的基本工资和较低的佣金)、由雇主(而不是雇员)提供的主要资产的所有权以及关于雇员操作模式的更多约束。他们发现,选择把这种关系建构成一种职业关系还是一种独立的签约关系,似乎取决于测定主要绩效的相对难易程度,而非取决于企业专用型人力资本的投资程度。

但是,不可能在所有职业中,上述因素都促成了这样的选择。我们不妨考虑生产线上的工人们。假设在大规模的、高度资本密集型的自动化集装线上,工人们通常按小时来支付工资,并且,公司可以利用各种其他制度安排(如,养老金和集体商议)来阻止人员调整。相比之下,在服装工厂的工人更有可能按计件工资获得支付,人员流动率通常较高,并且旨在减少人员流动的制度安排。换句话说,支付给服装工人的报酬和对待他们的措施往往更像是对待转包商而不是雇员。在这两种情况下,工人的行为应该很容易被测量。但是,在服装工厂中,单个的工人们能调整他们的步调,以便与各自的缝纫机运转保持一致。而在大规模的自动化工厂里,单个工人必须学会按照机械和团队其他成员为他们设置的步调来运转。霍姆斯特罗姆和米尔格罗姆的模型可以用来检验以下假说,即在自动化工厂的工人和制衣工厂的工人之间,薪酬体制和制度安排的差别可以用以下事实来说明:在自动化装配生产线上的工人必须做出较高水平的投资(即付出尽可能多的"努力"），学习与工厂中特定的设备合作以及与装配线上的特定队友们合作。

霍姆斯特罗姆和米尔格罗姆指出了考虑工人所面临的整个激励组合的重要性。他们不是把公司看作"资产束"，而是把它们看作旨在提供适当激励的一系列制度安排，其中合作和协调尤其重要。

然而，他们的建模方法属于委托—代理范式，并且具有委托—代理模型通常会存在的问题，即没有考虑委托人面临的违背承诺支付情况下的激励问题，或者当代理人已经做出企业专用型的投资后，委托人如何改变工作方案来减少给代理人的支付问题。这个模型也没有解释区分职业关系和独立签约关系的其他两个特征，以及曾经被用来引证企业专用型人力资本投资是很重要的这一观点的证据特征。在和独立签约关系相联系的职业关系中，以及和任期有关的工资提升中，往往可以观察到这种持久性。

把公司当做专用投资关系的枢纽

按照拉格拉姆·拉詹（Raghuram Rajan）和路易吉·津加勒斯（Luigi Zingales）的说法，一个公司不应该被定义为合约关系，而应该被定义为"专用投资关系的枢纽"（nexus of specific investments）。拉詹和津加勒斯利用的最优合约模型，类似于格罗斯曼和哈特早期讨论中所使用的方法，并以此为基础。[50]他们的方法是对青木言昌（Aoki）所使用的方法的回顾，青木言昌把公司定义为"一个持久的企业专用型资源的联合"，并认为公司应该被看做专用劳动和资本的结合，而管理则应该被视为，在做出关于产出水平、投资和共享公司租金的决策时对这两者之间利益的协调。[51]

在拉詹和津加勒斯的模型中，企业需要有专用的实物资产和两个不同的个体。如果两个个体做出企业专用型人力资本投资，那么将会最大化企业的总生产率。但是，每个个体必须有权使用实物资产以便"专业化"。如果两个个体都没有专业化，那么一个非专业的外界人很容易就能替代那个个体，而且不会损失公司的总生产率。

拉詹和津加勒斯区分了"所有权"（ownership）和"权力"（power）之间的区别。在他们的模型中，企业的"所有权"使所有者有权排他性地使用实物资本，有权把实物资产卖给某个第三方参与者。在协商好的对租金的最终分配中，这些权利给予"所有者"重要的"权力"。但是，参与者也能通过另一种方法获得"权力"。双方中任一个体在企业专用型人力资本上的投资也会赋予该个体在关系中的商议权,因为他的人力资本投资意味着如果他留在该契约联合体中,并在企业中运用他的人力资本,将会获得更多的总租金份额。

其他经济学家认为,关于实物资产的所有权增加了所有者做出最优人力资本投资的激励。[52]但是,拉詹和津加勒斯指出,即使所有者没有做出企业专用型投资,实物资产的所有权也能够使所有者卖掉这些资产或分享企业的租金。因此,对实物资产的所有权在这个模型中具有双重效应。它们强化了所有者的商议权,因此通过使工人确信由企业产生的租金份额不会被没收而增加了"专有化"的动机。但是,它们也提高了所有者的专有化机会成本,因为所有者即使不专有化也可以提取租金。

拉詹和津加勒斯认为,当任一参与方的所有权的负面影响主导了正面的激励影响时,如果潜在的"专用资产"双方的任一方拥有实物资产,那么就不能实现最优投资决策和生产水平。但是引人注目的是,如果实物资产被其他的消极的第三方参与者所拥有,那么最优投资决策和生产水平仍然可以获得。在这种情况下,想要参与公司的双方个体将形成一个联盟,以试图去共同掌握资产和在生产中使用资产的权利。对实物资产的第三方控制有助于双方做出最优企业专用型资本投资,因此,实际上它能使双方都做出具有约束力的承诺,即在战略上不利用对资产的控制权去掠夺另一参与方的租金。

因此,拉詹和津加勒斯转了一圈又回到了团队生产的重要性上,正如阿尔钦和德姆塞茨所强调的那样,需要由第三方来监督团队成员的投入情况。但是,因为他们认为团队中的个体成员不是一种普通的投入,而是决定要学习某些知识的专业人士,这些知识只有在被这个特殊团队使用时才有价值,因此他们得出了和团队生产租金分配,以及第三方"监督"所起作用相关的迥然有异的结论。

拉詹和津加勒斯在第三方如何在联盟中的双方之间分派工作上没有特别的认识或见解,在他们如何分割租金上也是这样。假定第三方得到了总租金的任意一小部分,团队仅有的任务是从多个寻求获得对实物资产使用权的联盟中进行挑选。第三方自然会选择能产生最高租金的联盟,大多数的租金不是流向第三方监督人(如阿尔钦和德姆塞茨所说),而是流向那些做出专用人力资本投资的联盟成员。"(专用人力资本)投资发生之前,公司由拥有生产所需的实物资产所有权的人及有权处置这些实物资产的人界定",拉詹和津加勒斯认为,"做出专用投资之后,公司出实物资产所有权和做出专用投资的那些人所获得的权力来界定。"

拉詹和津加勒斯把他们的"第三方所有者"(third-party owner)理解为给被动的外界投资者或股东对公司的"所有权"提供了一种解释。然而,这是一种高度不真实的解释。在他们的观点中,第三方"所有者"只能接受一个任意小的收益,因为那个团队没有对生产提供任何重要的东西。任何其他人都可以起到这个作用,特别是企业中所有积极的参与者,或做出某些重要贡献的参与者。相反,第三方的作用是保持资产免受公司中任何积极参与者的控制,正是这样,那些积极的参与方才不会利用对资产的控制权,牺牲其他参与者的利益,导致联盟解体以获得对他们有利的策略优势。拉詹和津加勒斯的另外一种可信的解释可能是:它对根据法律创造一个独立的合法实体(公司),它汇聚了对生产中所用到的资产以及产出的全部产权,以及将对这一法律实体的决策权赋予对企业负有信托责任的独立董事会,会起到什么样的作用,提出了见解。[53]

未来的研究方向

拉詹和津加勒斯采取了有意义的一步,对把职业关系模型和由企业专用型人力资本投资引起的相关激励问题的模型整合成一个企业理论。但是,他们的模型仍然受这样的事实限制,即仍然受到大多数谈判模型的两期结构限制。[54]在这样的模型中,签订合同、做出投资决策、进行生产、获得租金和分配租金。由于模型中没有第二轮,更不用说第三、第四或更多轮,因此模型中没有余地建立声誉、吸取经验教训或在前一轮中进行投资,以便后面几轮的参与者能有更多选择。

具有这些特征的模型很快就变得难以处理。它们受到多重均衡的烦扰,并且常常对关于什么时候谁有什么信息的假设很敏感。[55]尽管如此,从无限重复的策略模型中得出的基本观点是,在未来,从一个关系中获得收益的机会能减轻处于这种关系中的团体在当前可能具有的试图侵占短期收益的趋势。

从重复博弈的观点来看,每一次对公司中部分参与者的自我约束行为都可以被看做是"企业专用型投资",如果联盟保持在一起,那么它的价值就能够实现,如果分离则不能实现。大量的这种自我约束行为累积的结果可以体现为某种可能被人们称作"信用"或"文化"的企业专用型资本的大量投资。公司可以被看做是这些投资的一个枢纽,为了实现投资的所有价值,必须包含公司的主要参与者。而且,对于包括个体联盟和专用投资的"公司"来说,有一个持久的独立于任何参与者的合法地位,汇聚声誉资本和主要产权是必要的。

结　论

在法律和经济学领域中,对企业理论的深入研究,可能长时间固定在一种特定的关系中(股东和经理之间),以及一种建立合作关系的方法中(委托—代理方法)。这种方法背后暗含的假设一直是:公司是属于股东的一束资产,因此,唯一重要的关系是资产所有者和受雇来管理它们的经理之间的关系。更深入的分析承认了其他关系的重要性,但由于假设它们受制于精细的、有条理的、完备的合约而忽略了它们对公司治理问题的意义,这样的合约有效地促进了参与者为企业贡献他们的想法、技术或努力,或者保护他们免受企业风险或完全补偿他们所承担的风险。

现在,我们把兴趣转向实际的合约困难和另一种可选的模型,更直接地处理公司人力资本投入的复杂性。这些模型给用来管理公司中参与者之间各种关系的非合约制度安排提供了大量的见解。尽管目前这些模型对法学界几乎没有影响,但是公司中雇员关系以及雇员和公司之间的治理安排,不再被看做是某种独立于公司治理之外的事情。

特别地,研究合同法的学者需要认识到,个体之间某种多边和多方位关系以及协议,只有在以下法律环境中才是可能的,这种环境能保证汇聚了关系中涉及的各种专有投资的实体独立的法律地位。从法律上说,把信托责任分配给负责管理这种实体的个体可能是必要的,不管是董事长还是经理。

换而言之,合同约束应该重新考虑下这一较古老的法律学科的优点,它强调了公司是一个独立的实体,而不只是其各个部分的总和。在这种公司实体观点下,公司不仅仅是它的每一个参与者的实体,且是不能通过合同保护它自身,只能通过信托责任和公司法来保护其免受任意一方可能的掠夺的实体。为了更好地理解包含在组织生产中的合约问题的全面性和复杂性,在法律中形成一种新的关于公司"实体"观点的解释应该是可能的。

【注释】

[1] 参见 Becher（1964，第 21 页）。

[2] 参见 Doeringer 和 Piore（1970）。Jacoby（1990）对这一推断提出了质疑。尽管雅各比承认经验证据支持从 19 世纪后期至少到 20 世纪 70 年代中期就业稳定性越来越高，但他认为（p.323）"几乎没有迹象表明这是缘自日益增加的对企业专用型技术和技能的依赖。事实上，证据表明相反的观点才是正确的，即，技术和工作技能随时间流逝反而会变得不那么具有公司专用的属性。"

[3] Hashimoto（1981）后来提供了一个正式模型，建议培训成本和收益分配应该按照某一公式分配，这个公式是有关解雇与辞职的相对概率、评和协商工人在该公司的生产率及其机会成本，或在另一个可选公司中的潜在生产率所产生的成本的函数。

[4] 对这个文献的最新贡献，参见 Topel（1990，1991）。

[5] 这些都是保守的估计。Topel（1990）在他所研究的所有换岗工人中发现，转换工作工人的损失从 14%（一般工人）到 28%（具有 10 年以上经验的工人）不等。Jacobson、Lalonde 和 Sullivan（1993）发现收入损失是持续存在的，甚至在转换工作的六年以后，在早期工作中年满六年多的工人所获得的收入仍然比没失去工作的同等工人要低 25%。

[6] 关于非市场出清工资争论的总结，参见 Krueger 和 Summers（1998）、Weiss（1990）。关于非市场出清工资和雇员实践的证据，参见 Katz 和 Summers（1989）、Dickens 和 Lang（1993）。

[7] 参见 Coase（1937，第 19 页）。

[8] 参见 Klein、Crawford 和 Alchian（1978）。

[9] 参见 Klein、Crawford 和 Alchian（1978）。

[10] 参见 Monteverde 和 Teece（1982a，1982b）。

[11] 参见 Masten、Meehan 和 Snyder（1989）。

[12] 参见 Grossman 和 Hart（1996）。

[13] 经济学家未必认同"所有权"的这个主要经济特征。例如，Hart 和 Moore（1990）强调，所有权意味着排他性地使用一项资产的能力。根据 Wiggins（1991，第 615 页），共享所有权意味着所有者能够从一个合约完成支付后剩下的普通剩余支付流中得到补偿。

[14] 参见 Williamson（1985，第 242-243 页）。

[15] 参见 Williamson（1985，第 246-247，254-256，265 页），也可见 Williamson、Wachter 和 Harris（1975）。

[16] 参见 Williamson（1985，第 304-305 页）。

[17] 参见 Romano（1996，第 3 页）。

[18] 参见 Alchian 和 Demsetz（1972，第 779 页）。

[19] 参见 Alchian 和 Demsetz（1972，第 777 页）。

[20] 参见 Demsetz（1991，第 170 页）。

[21] 参见 Demsetz（1991，第 165 页）。

[22] 参见 Jensen 和 Meckling（1976，第 310 页）。

[23] 参见 Arrow（1985，第 39 页）。

[24] Wiggins 进一步指出，在解决这些问题时，公司、合约和政策规制都是可以选择的机制。见 Wiggins（1991，第 604 页）。

[25] 参见 Wiggins（1991，第 646-647 页）。

[26] Becker（1964，p.21）清楚地意识到了这个问题。这点也接近于 Shleifer 和 Summers（1988）在他们对敌意接管的评论中提出的观点，即认为这种接管可能通过违背与雇员以及前任管理层所安置的其他利益相关者的隐含合约而为新的拥有者带来价值。尽管 Shleifer 和 Summers 没有明显要求公司专用人力资本投资，但是这样的投资将是对他们观点中的应该公开投标的准租金的一种解释。

[27] 构成这些争议的典型的文献，可参见 Fama 和 Jensen（1983）。

[28] 可参见 Williamson（1985，第 261 页）。另一例子可见 Milgrom 和 Roberts（192，第 331 页）。关于规范、声誉和公司文化的更一般的讨论，见 Kreps（1990）。

[29] 可参见 Milgrom 和 Roberts（1992，第 334 页）。关于隐性雇佣合约中风险共享问题的一个好的总结，可参见 Rosen（1985）。

[30] 可参见 Holmstrom 和 Milgrom（1991）。

[31] 参见 Milgrom 和 Roberts（1992，第 315 页）。对与团队生产相关的问题、通过打压团队个体成员"搭便车行为"来分配团队努力所获得的收益等问题的一般性讨论也可见 Holmstrom（1982）。

[32] 见 Milgrom 和 Roberts（1992，p.363）。对长期雇佣关系所起作用的典型讨论，见 Doeringer 和 Piore（1971）。

[33] 例子见 Koike（1990）、Predergast（1993）。

[34] 可参见 Epstein（1985，第 147 页），Klein、Crawford 和 Alchian（1978）。

[35] 可参见 Milgrom 和 Roberts（1992，第 334 页）。

[36] 可参见 Milgrom 和 Roberts（1992，第 334 页）。

[37] Kreps（1990）利用博弈论对公司文化的作用作了进一步的分析。

[38] 参见 Nelson 和 Winter（1982）。

[39] 参见 Jacoby（1990，第 332 页）。

[40] 参见 Hart（1989，pp. 1757－1776）。

[41] 参见 Milgrom 和 Roberts（1992，第 523 页）。关于雇员所有权作为保护公司专用人力资本的一种机制的讨论，可参见 Putterman 和 Kroszner（1996，第 20 页）、Blair（1995）。

[42] 在公共贸易公司中雇员所有权增长的最为全面的证据，可参见 Blasi 和 Kruse（1991），还可参见 Blair 和 Kruse（1999）。

[43] 可参见 Aoki（1988）。

[44] 人们可能会认为，在法律、会计、咨询、广告和其他专业服务领域，一种普通组织形式的合伙公司是一种雇员控制的公司。对共同管理学者来说，一个有意思的问题是，为什么在这样的领域中公司通常被组织为合伙企业，而工业公司通常被组织为公司。

[45] 这些争论首先由 Vanek（1970，1977）和 Meade（1972）提出，然后由 Jensen 和 Meckling（1979）以及 Furobotn 和 Pejovich（1974）提出，再后来由 Williamson（1975，1985）提出。

[46] 具体的例子参见 Putterman（1984），Wolfstetter、Brown 和 Meran（1984），Ellerman（1986），Dow（1993）。

[47] 可参见 Hansmann（1996）。关于雇员拥有公司的进一步讨论，可见本书第 1 章。

[48] 可参见 Holmstrom 和 Milgrom（1991）。

[49] 可参见 Holmstrom 和 Milgrom（1994，第 988－989 页）。

[50] 可参见 Rajan 和 Zingales（1996）。该论文的一个版本已经以"企业理论的权力"为题出版（Q. J. E. 1998，第 387－332 页）。在出版的这一版本中，作者把企业定义为"一个共同拥有主要资源、才能、思想和可以进入该资源的人的一个集合"（第 405 页），该版本中叙述了一些我想强调的重要争论。

第二章 企业专用型人力资本和企业理论

［51］参见 Aoki（1984，第 119 页）。

［52］例如，这个问题由 Grossman 和 Hart（1986）、Hart 和 Moore（1990）提出。

［53］Blair 和 Stout（1999）更详细地阐述了这个观点。

［54］从技术上说，在 Rajan 和 Zingales（1996）的模型中有三个时期，但那是因为他们由两个不同的个体做出决策，专用于序列而不是同时的情况。

［55］关于这些问题的一个有趣讨论，可见 Kreps（1996）。

第三章 工人与公司治理：政治文化的作用

大卫·查尼（David Charny）

工人和公司治理之间的关系一般可通过考虑如下公司情形来分析，即在该公司中工人们拥有绝对（或主要）的管理权力，或者在极端情况下，由工人直接拥有该公司。这里，我将采取一种不同的方法。我的目的是要充分利用工人影响和公司中公司治理结构之间的关系，其中工人作为行使管理权力的几个备选方之一。很显然，这是一种比工人主导或完全拥有所有权更为普遍的结构。而且，由工人实施管理权的结构和一般性的公司治理体制之间存在着重要的关联。

这里需要我们引起特别注意的是，在整个工业经济中，规范工人行使管理权的政治制度的多样化。我区分了三个典型的类型："强制参与"、"松散参与"和"非参与"制度。"强制参

与"制度。"强制参与"制度以工人参与公司治理的合法委托统治和管制机制为基础。其典型的例子是德国。"松散参与"制度通过不明显的由法律秩序委托管制的机制（而非由法律强制实施的合约）来发挥作用。法律既不明确指明这些机制应该是什么，也不强制实施那些的确存在的任何私下协议，日本即是范例。"强制参与"和"松散参与"制度又不同于以下体制：公司的参与机制是特殊的，或者至少在这种政治制度中没有标准的参与模式。在工业化国家中，美国是这些"非参与"制度最具代表性的例子。

在每个经济体中，就公司普遍存在的一些问题而言，这些政治制度都代表了三种不同的解决方案。如果把管理权授予工人的公司治理结构有助于提升公司的价值，那么它们必须提供解决工人本身之间利益冲突的方法，并为工人和管理层提供双方做出可信承诺的方法。显然，每种制度选择（强制参与、松散参与或非参与）都旨在解决冲突以及做出可信承诺。进一步来说，每种制度选择都有效地适应了工业和经济条件的变化。特别地，我分析了另外一些参与治理结构是如何对当前的工作组织转变（"新生产方法"）和福利国家权利的转变做出反应的。与当前的许多评论者不同，我不认为不同的公司治理制度会迅速趋同，正如每种制度都提供了一整套根植于其社会体制的相互抵消的优点和缺陷。但是，我认为，在当前的经济环境中，"松散参与"制度下的工人—管理主义制度（work-managerialist systems）倾向于削弱（或促进？）一种非参与的制度体系。

在任何有关这三者如何运作的比较中，"文化"这一概念必然起着一个重要的作用。在本章的分析中，"文化"是指那些共同信仰和社会规范对公司参与者行为的影响。这个论点提供了一个解释性的模型，它比基于一个有关参与者行为的理性行为人的严格描述的模型更为丰富，但它并不只是一种具有特定意义的解释。特别地，公司内部的文化影响——体现在公司治理结构中或通过公司治理结构起着媒介作用——能促使参与者在某些情况下采取合作举措，而这些合作举措在他们各自的理性思考下可能并不会出现。同时，政治文化背景将通过形成影响公司管理的社会福利权，间接地影响公司参与者。

分析问题：工人能否有效行使管理权？

在关于投资者所有的大公司的最简单、最熟悉的模型中，是由股东雇用经理作为他们的代理人的,并没有为雇员留下任何行使管理权的空间。在这些模型中,经理只对股东负责。通过拟定说明工人工作任务和薪资的具体明确的合同或保持一种慎重态度,经理们告诉工人他们应该做哪些工作。至少在美国研究者之间,这些观念的影响在把公司治理(尤其是公司法)从劳动关系结构中分离这一趋势中可以看到。这在课程安排和绝大多数法学院的课程分设中仍然得到了清楚的反映。在对公司治理——由代表投资者的剩余求偿权及管理者自身利益的管理层来执行——进行定义时,并没有考虑与工人的各种可能的关系。其典型假设是,无论管理结构如何,与工人相关的公司行为都大体相同。[1]

在这个框架内,工人们只能通过拥有公司来行使管理权,或通过促使所有者委派工人代表来作为管理者。研究文献主要集中在工人所拥有的公司中,因为对所有者而言,雇用其利益直接与所有者利益相反的工人(在这个框架内)担任管理者是不可能的。但是,在传统框架下,工人所有权本身也同样并不常见。从工业化美国经济中那些由经理和股东主导的公司的视角来看,这些工人拥有和管理的公司似乎是异类,是大规模工业企业常规形式的奇怪变体。它们作为偶然的新奇事物横跨了大量产业部门,或者作为特殊的经济生命体自我繁荣。这些研究文献通常以全球某个企业为例,这些例子各种各样且具有独特性,如太平洋西北胶合板合作社,但却不包括旧金山的收藏家、巴斯克人的蒙龙企业以及以色列的集体农场。在人们更为熟悉的领域中,这些文献强调,即使在发达的工业经济体中,某些经济环境也似乎有助于鼓励或至少容忍由工人或生产者拥有的公司:专业公司,如投资银行、律师事务所和广告公司;农场合作社;经济上受困的被工人买断的财富500强公司。

这些文献非常令人感兴趣,它们提出了一些重要的问题,即在哪种程度上,人们较为熟悉的组织形式是历史偶然事件或文化偏见的产物,而不是效率规则或"适者生存"原则的产物。[2]尽管人们认为这些例子是违背标准的"异类",但它们却能为标准提供强有力的解释。但在这一章中,在制造公司的"标准"模型中我将采用稍有不同的策略,即研究公司治理结构和工人对管理决策的影响之间的相互作用。在这里我主要关注的公司中,工人们除了仅能就协商一个合同而行使管理权之外,公司里的工人缺乏工人拥有公司这一情况中例证的主导控制权。

在这些中介公司中,工人行使管理权所利用的机制是什么?管理权包括对"策略"决策施加任何影响,例如那些属于投资、生产和市场范围的决策以及基本的工业关系政策。作为一个辅助性事物,这些分析包括了工人们获得管理决策信息所利用的机制,因为信息共享是工人参与机制的一个重要功能,能极大影响工人和公司之间的商议结果。

工人在三种情况下可以行使管理权力。首先,工人可以委派代表去社区法律正式认可的机构担任管理者。例如,委员会代表资格可以通过立法授权或基于一个共同商议的协议凭借股份所有权来获得。其次,可以在商店或工厂的层面上行使权力,这需借助工人委员会和工人问题解决小组(例如"质量环")。在某种程度上,自下而上的决策就决定了一个公司战略。再次,工人们可以通过合同协商来对战略管理决策施加影响。例如,符合共同协商的涉及投资水平或附带合同(或外部采购量协议)的条款。

一些新近的发展使公司朝着让更多雇员融入管理决策的方向转变。这种新发现的力量的来源之一是通过公司影响这一传统途径:由工人或工会直接共享所有权,通常是通过雇员股票所有权计划(ESOPs)或通过工人控制的养老金持有一组股票投资这种形式。在有些公司中,这些股份所有权(或影响)与工人自愿要求削减工作保障、工资或津贴明确相关。在另外一些公司中,雇员参与管理是金融中介机构积极监管的结果,在这些金融中介机构中,养老金问题显得尤为突出。在试图确定董事会的影响时,雇员股票所有权计划的组合、某些广为人知的工人买断、逐渐增长的工会势力和养老金似乎都表明了某些正在发生的变化,尽管它们至今还没有形成系统的模式。

更为重要的是,由于为车间工人提供生产方法和技术革新的具体的专门技术和公司对个体工人努力程度的依赖,工人对管理的影响得到了加强。采用这些新的生产方法通常需要一种新的雇员—公司关系模式,在这个模式中,"车间"工人团队(这里,可能是一个实验客户服务中心或金融后勤办公室)在问题产生时通过直接解决问题来做出决策,但偶尔也会与公司中的不同部门或其他公司的团队共同决策。这个变化也为工人参与治理可能具有诱惑力这一观点提供了一个理由:他们对生产条件有一个熟悉的了解,并且与公司具有长期的联系(由此产生了公司中的经济利益)。

然而,面对这些影响,至少有三个关键因素给反对工人拥有实质性的管理权提供了建议。[3]第一,工人们可能不会从参与管理中得到任何好处:

由于存在明确商议的关乎工资、工作时间和津贴等的协议，无限违约责任以及由习惯法、成文法和宪法设定的委托背景规则，人们一般认为工人处于保护他们基本利益的弱势地位。第二，因为工人之间、工人和其他公司参与者之间存在严重的利益冲突，所以让工人行使管理权可能会产生高昂的成本。依据工人在公司中承担的特定任务和他们的劳动市场选择，工人们可能会有多种利益排序；而股东（对他们来说管理权是最经常使用的）通常是相似的，他们在最大化产权份额价值上具有特别的兴趣。第三，股东宁愿处于弱势的地位，并通过合约手段来保护他们的利益。如果这些备选人订立合约，让工人拥有管理权，那么工人们将面临牺牲价值最大化的公司政策来把资金转移给他们自己的强大诱惑。

但是，因为工人参与具有上面所提到的潜在优势，所以寻找办法解决这三个问题仍然有益。这里特别关注的一个问题是利益冲突。尽管在工人小集团之间、工人和其他团体之间无疑存在潜在的利益冲突，但是有许多管理方法可用来缓解这些冲突。雇员参与管理这种治理结构可能具有重要的间接（或许是无意的）影响——可以充当解决这些冲突的机制。然而，我们缺乏非常可靠的分析框架来考虑什么时候和为什么工人部分参与管理决策可能是有效率的，以及这样的整合将如何体现在特定的公司治理制度中。下文将对这个框架展开基本推理。

雇员行使管理权的博弈理论概述

便于工人参与管理决策的公司治理结构有几个作用：它们给工人提供参与策略管理决策的切入点；它们提供了一套机制，通过这套机制工人或公司可以协调工人的投入，以便他们作为一个群体做出对工人来说理性的决策；它们可能同样会鼓励工人对公司做出心理承诺或使工人们更愿意对管理要求做出反应。不管追求哪个目标，作为一个实体，公司的问题是建立工人参与策略制定的机制，这种机制对公司参与者而言可能会产生理性上可接受的结果。也就是说，这些机制必定会增加由公司整体创造的价值，而不是牺牲公司的价值来给主导小群体创造收益。这个问题包括两个方面：第一，当工人们行使管理权时工人之间的相互作用；第二，工人们和管理人员之间的相互作用。

第三章 工人与公司治理：政治文化的作用

工人之间的协调问题

可以规定工人们有权参与或影响公司的战略决定，例如投资水平。现在，权力的确切形式（直接投票、董事会选举、单个合同或集体协议谈判中的商议权、威胁会违背针对努力或人力资本投资的隐性合同）并不重要。因此，工人小集团可运用两种方法中的一种来行使这种权力。第一种涉及把资源转移到团体成员的直接消费利益上。我把这称为"掠夺"战略。例如，小集团可能会增加他们自己的工资和津贴，或给小集团自身额外的补贴或装备良好的车间设施，或者在任何与技术有关的裁员中保护他们的职位，尽管淘汰这些职位会是更有效率的做法。掠夺行为也可能源自嫉妒、强烈的权力欲望或一种与人攀比的渴望。另一种选择是，小集团可能会利用它们的权力不去为其自身掠夺津贴，而是努力争取一个能通过增加公司总价值来提高工人整体利益的合作策略。

这个问题非常普遍，在经济转型时期尤为突出。例如，假设某公司正考虑是否在包括一个部署新资产和新工人分配的新生产技术上进行投资。这项新技术有利于整体工人阶层，但要求他们之间展开合作，因为所有工人都必须学习新技术、同意在重新安排的岗位上付出努力或操作不熟悉的设备。简言之，当前的工人需要做出人力资本方面的投资。同时，工人们对这种转变有部分"否决"或反对权，这样他们可能会因为一定量的津贴而试图阻碍公司向新生产技术做出转变。但是，如果工人试图阻碍公司发展，以增加他们对公司总收益的要求权，那么这个转变可能不会实现，而且工人们可能会失去在新技术中的投资优势。[4]

工人买断给出了另一种周期性发生的例子。从特征上来看，在这种交易中，公司面临的困难可以通过大量注入投资得到缓解。如果每个小集团能进行投资（以工资和养老金退还给公司的形式），那么公司可以恢复繁荣、雇员职位和养老金。然而，一旦小集团开始实行掠夺战略，公司会因缺乏充足的投资资本而很快成为一个没有生存能力的实体，工人们将失去他们的工作和未获得融资的养老金。[5]

是什么阻止了工人们对集体最大化策略做出承诺？常见的合约和协调问题可能会妨碍最优结果。在一个属于工会成员的公司中，每个小集团都有不同的工会代表，这种承诺将要求不同工会之间签订一个长期协议来寻求投资策略（策略可能包括了长期重复投资和薪酬决定）。但是，因为共同商议的协议仅持续一个短暂的时期,所以工会不能同时以与公司协商的方式进行再次委托,而且不能确定工会之间的合同是否能被强制实施。更为重要的是,很难拟定一套在法律上可实施的、涵盖各种可能会影响最优投资策略的未来因素的条款。

当然,人们可能会试图使所有工人转变成单个工会或一种单一的治理结构。尽管这种做法将把问题引入到单一组织中去,但它仍不能消除上述问题。随着时间的过去,由于人们持有一系列的选票来决定该工会的商议策略,小集团联盟可能会统一获得权力并寻求他们自己的"掠夺"策略,从而牺牲不包括权力获取联盟在内的少数人的利益。支持集体最大化策略的工人必须同样相信:在实际中,领导层会追求这种策略并经受住来自各种不同组织的压力。最终,由于单靠工人投票不可能使工会选举获得预期的结果,所以有可能会出现常见的集体行动问题,即,许多工人并不认为他们知道这个结果这一点是有价值的。简言之,单一的工会或工人治理组织对集体最大化策略而言并非一条捷径。

小集团所面临的对"掠夺"和集体最大化策略之间的支付不总是一种简单的囚徒困境问题。在工人配合问题中出人意料的情况是,配合的可能性会削减一些方法的有效性。配合可以帮助工人就集体最大化策略达成一致,或者可能会使某个工人小集团能够去进行"掠夺",或者可能使工人们一起采取行动来阻止新生产方法的使用。相反,不能进行协调却可能会阻止掠夺或阻碍生产的改进,但有时它也可能会促进生产的改进。考虑那些能调整其行为以抵制某种新生产方法的工人的情形,这可能是因为它能做出认知上的要求,或因为它施加了更重的责任,或者是因为它威胁到某种匿名或隐私权。但是,如果工人们不能相互合作,且每个人都害怕当其他人学会新生产方法时,自己会落在后面,那么缺乏合作可能会促使工人快速适应新的方法。

如果存在几种可选择的集体最大化策略,那么配合也可能是困难的。因为所有团体必须选择一种共同的策略,并且还需要某些配合机制。不属于工会成员的美国公司没有明显的制度机制来识别共同的工人策略。在其他体制下,工会或工人委员会则可能会起到这个作用。

工人和管理层之间的合作

这里的基本"博弈"发生在管理人员(代表不同投资者和其自身的利

第三章 工人与公司治理：政治文化的作用

益）和高层管理人员的下属工人之间。一旦管理人员和工人必须采取联合行动或连贯行动，因而易受下一时期其他方采取不合作行为的影响，以及当其他团队的未来行为不能由法律上可强制实施的合约保证时，就会产生合作的信任问题。在当前经济情况下，最经常发生的问题也许是遇到经济麻烦的公司：工人们必须接受削减工资或同意提高工作强度来使公司不欠债，但只有当他们相信管理层会利用他们的努力增进整个公司的价值，而非使管理层本身和股东更为富有时，他们才会这么去做。相应地，只有当投资者认为尽管降低工资，但他们仍然能使工人做出更大的努力且对公司保持忠诚时，他们才会继续为公司投入资金。[6]

双方都面临信用问题。管理人员和工人必须能对公司的福利最大化策略做出保证（而不是采取一种"掠夺"战略）。一般而言，合作结果将要求各方愿意和其他一方共享信息，并尊重他们对适应车间变化所做出的承诺。尽管某些类似行为（特别是管理人员做出的披露）可以由合同或背景规则来强制实施，但主要依靠法律机制显然不可能达到完美的合作程度。

政治文化的作用

如何解决工人小集团之间、工人和管理层之间的这些利益冲突？我所谓的公司"政治文化"之类的事物（对公司治理而言具有直接的含义）在这里起着一种主要作用。这里，"政治文化"表示公司参与者对于公司治理及影响其在公司里的行为表现的规范有关的共同信念。特别地，共同信念可以包括与自然或社会有关的因果概念，或是其结果将遵循某种既定规则的事物。只要人们的部分行为是基于对其他人将如何行动的预期，这些信念就会影响个体的行为。而且，文化包括了一系列的社会规范——个体遵循的行为标准，即使这么做有时会令他们不愉快，且成本高昂，或导致他们认为不受欢迎的结果。在这种情况下的行动规则由某个非法律的社会制裁强制执行，例如社会谴责、声誉败坏、内心的自我批评或"内疚"，以及罚款或惩罚的社会机制。（特别地，规范的力量可以解释为什么完全理性的个体可能会以一种看来与他们直接利益不一致的方法行事。）在一个特定的经济环境下，即使不是在绝大多数公司中，我们也能在许多公司中看到引起人们争论的共同信念和规范问题。总的来说，它们通常会以重要的方式与文化中被人们广为接受的信念或规范相适应。现在，我们考虑共同信念和规范以什么样的形式促进公司参与者之间的合作，即使在一个关于参与者行为的更严格的理性行为人模型将预测到不履行责任的情况下。[7]在劳动治理的框架下，为取得工人和管理层之间的博弈均衡，焦点、审议程序和违约责任这三个背景文化元素显得尤为重要。

焦点表面上是一个由传统或历史制定出来的任意参照点，它被集团用来解决合作问题。焦点可能会得出工人们会试探性地甚至盲目地遵守的策略，这些策略可能由一些已经嵌入工人们的行为习惯或意识形态的零散概念组成。焦点也可能暗示了当存在许多可利用的策略，且每个策略都对集团有好处时，解决冲突的机制。

工人行动的传统和意识形态提供了大量有效的焦点。例如，意大利劳工运动对于探索组织工作细节的其他方法具有长期的意义，组织工作细节是一个"点子计划"，有些至少可以追溯到葛兰西和他同时代的大人物。根据这个传统，在19世纪70年代和80年代，分散的工人和一些小群体决定投资改革车间结构。他们的方法与美国对这些关注的逐渐减弱截然不同，在美国，劳动力已经向美国劳工联合会和产业工会联合会（AFL－CIO）达成的战后协议中所规定的类型靠拢。当他们的策略选择对双方都有利时，焦点也可能会引导集团选择一个特定的机制来解决冲突。当然，焦点也可能会阻止合作而不是促进它。例如，他们可能会限定相互之间显然不同的子集团，正如在德国手工业群体间在管辖范围上的冲突一样。[8]

协商程序从交换角度来看是一项制度化了的程序，这会导致一个通过法律或社会制裁来强制大家进行合作的解决办法，抑或是关于焦点的明确表述。例如，我们不妨比较下德国和美国汽车行业适应新生产方法的措施。[9]当德国汽车工人着手一项非常有必要的、果断的对传统生产线的改革时，他们通过一套复杂的中间制度完成了他们的慎重考虑。在某些工厂中，工作委员会提供论坛来讨论如何利用最小的交易成本，同时又公平分配工作错位和新培训所带来的负担的手段，来应用新的生产方法。在另外一些工厂中，工厂工会（有时通过工作委员会代表发表意见，有时单独采取行动）起了主要作用。这些工会可以从国家工会运动中寻找精神和物质支持，除了国家工会运动的其他任务外，还能够引导行业对适应模式作详尽分析。所有这些都能使工人在采用新生产方法的过程中，积极主动地予以合作，特别是通过与经理人员共享生产过程的信息，并在工人中公平地分配工作

第三章 工人与公司治理：政治文化的作用

错位和再培训所带来的负担。相反，美国汽车制造商一直抵制工人参与任何有关长期投资或技术策略的讨论，在车间层面上，工会直接关注工资、津贴和解雇等问题，而不是与工作质量或生产效率相关的问题。这些狭隘利益自然会导致，当需要新生产方法时，会出现更多种类的"掠夺"而不是最大化行为。只有到了最近，吸取了19世纪70年代和80年代初适应失败的教训后，联合汽车工人们（United Auto Workers）和汽车公司经理才转向一种更多合作的决策模式。

对不履行责任这种行为的制裁，是公司文化中第三个可以促进公司参与者之间合作的因素。如果其他每个人都遵从集体的最大化策略，那么只有遵从集体的最大化策略才有意义，此时有效制裁将特别重要：如果对一个"掠夺"策略的支付产生了一个囚徒困境，那么只通过一个焦点将不足以获得合作。在这种情况下，必定有一些惩罚这些"掠夺"他们集团利益的小集团的方法，而不会去追求共同福利最大化策略。对不履行责任的有效制裁稳定了这个规范。

考虑这样的文化规范，在这种规范下，美国的养老基金放弃监管，或至少不干扰负责基金的公司经理决策。[10] 在那些可增加基金价值的情况下，基金经理可能从监督中获利。记住，当一个公司具有明确的利益计划时，雇主公司（employer-company）将获得所有养老金的上调收益，由此，需要支付给雇员收益人承诺的金额。但是基金经理（实际上，通常是雇主的雇员）受控于雇主公司，管理他们的基金。雇主公司的经理们希望避免被他们自己监督。这里惩罚机制就变得重要了。公司经理易受以牙还牙报复的伤害：如果他们允许基金经理们惹怒其他公司的经理，那么这些公司可能就会允许他们的基金不为他们所用。高层经理间的社交压力可能也会阻碍养老基金的密切监督。

在劳动影响治理的情况下，类似的制裁与有害的合作形式一样，仍然是有益的。英国和瑞典的工会运动以及劳动关系，就是这样的一个例子。一方面，英国的工人运动被描述为一个"宗派"，因为它的意识形态反映了高度的个人主义和唯意志论。团体的凝聚力来自一系列强烈的派系约定，这些派系约定会在组织内引起高度的派系主义，以及对外部人员，特别是公司经理的强烈敌意。[11] 这是一个小集团"掠夺"行为的秘诀。毫不奇怪，在这种体制下，英国对新生产方法的适应程度和工人参与经理决策的程度，比其他工业化国家要低。相反，瑞典强调工会之间的合作，以及工会加入到一个大规模的劳动组织中来。另一方面，这种方法抑制了小集团的掠夺行为，并且促成了它们与管理层和管理机构之间的合作。正如简短讨论所表明的那样，在公共政策中，这种强烈的社团主义有利于公司和行业层面的合作协商，尽管从这些成功的微观协商中涌现出的合作结构，反过来又会加强国家政策层面上有效社团主义所必需的组织。[12]

然而，即使在劳动小集团中，非常有效的协调和制裁机制显然也可能会失败。在瑞典，这种适当的社团主义者配合，特别是经济范围的"团结一致的协商"（solidaristic bargaining），现在正受到体制中大部分都会被肢解的威胁。瑞典汽车公司的财务压力，导致许多工会采取那些可能被描述为掠夺的策略：它们在时间较长的工厂中，设法保护好自己的工作和津贴水平，而不是让投资流入到比较创新的运作过程中去。在长期，这很可能对整个工人阶层更有益处。[13]

公司治理制度

因此，在允许工人行使管理权时，还需要制度来帮助识别焦点、提供慎重思考的机会和惩罚潜在的不尽职者。这些需要被考虑到的问题是如何整合进共同治理制度的分析中的呢？

我们考虑德国、日本和美国的工人参与战略决策制定的结构，这三个例子表明了公司治理结构与劳动关系结构相互作用的效果有多么不同。它们也说明了行业关系和公司治理之间的紧密联系，特别是政治文化在保持各种均衡中的重要性。

德国模式代表了法律上正式的工人—管理主义制度：工人参与管理的"强制"形式。[14]工人们通过一套由法律指令建立的制度，来行使管理权：法律明确了这些制度的类型，并界定了工人和管理者在每种制度下的角色，为他们该如何履行责任提供了依据。这不是说工人参与的形式总是强制的，例如，德国工人可以选择不要工作委员会，但是一旦工人需要它们，就必须按法律所规定的提供。相反，日本模式体现了非正式的工人—管理主义制度，或工人参与治理的"松散"形式。在这种情况下，一系列的传统提供了工人参与的方法，但是这些没有被法律正式化，并不是在法律上可强制实施的。第三种典型模式，就是我指的美国模式（当然，尽管美国公司在较广的范围内存在），它给出了一种介于正式与非正式之间的工人参与的制度机制。这种模式与把管理权和工作关系分离的古典模式一致。

当然，并不是仅有这三种体制。例如，在瑞典，提供管理权的制度由法律规定，但是它的实施是通过工会和公司之间可强制实施的法律合同。在其他背景下，例如意大利，工人具有类似的体制，例如工作委员会，但是直到最近，他们仍通过非法律的强制和不那么正式的体制来运作。尽管如此，德国、日本和美国的劳动关系和公司治理结构还是创立了一个有用的讨论框架。

德国：一个正式的参与体制

德国模式，正如它在第二次世界大战后的大部分时期所起的作用一样，在三种层次上提供了劳动参与管理决策的基础。关于工资条件的合同是在行业层面被协商的，社会福利国家以福利权利形式提供了一个重要的构成背景工资（社会工资）的部分。在公司内部，工人委员会（由相对有权力的工会支持）处理工厂级别的合约实施和法律权利，至少调节管理权在执行投资决策和决定生产方法时的行使。在最好的情况下，共同决定能使工人通过监事会的代表，在高级管理层面上做出投入，甚至更重要的是，它提供了了解管理决策的信息。

德国的三方机制的几个特征，对它全面有效地发挥作用，特别对解决各种各样合作的利益冲突非常关键。最明显的是，制度背后的法律命令加上工会的力量，有助于保证管理人员对公司参与者所承担的义务。工厂层面的商议论坛为工人和管理人员及其工人小集团提供了交换信息和达成一致的机会。委员会的工人代表（通常大部分是从工人委员会成员中选出）作为他们在工厂层面参与的结果，补充了工人可以利用的策略和管理信息。

当然，这种体制并不总是能平稳运行。有时，德国委员会进行商议对工人们隐瞒最初的信息，或在一个问题传至监事会之前，先举行会议以使经理对这个问题达成一致意见，而工人代表原本可以对这个问题发表他们自己的看法。[15]而且，工人们可能是监管委员会的一小部分。然而，德国体制成功地划分了车间制度的不同方面的责任：董事会代表给工人们提供了收集信息和向董事会传达他们观点的手段；部门和公众（立法机关）协商解决基本的工资问题；委员会可以处理工厂层面上的决策实施和工作结构问题。这种安排简化了工人在进行每一次讨论之前的议程，并且使得达成一致意见变得比较容易。制度的最低和最高限度是在于工人代表关注整个工人阶层的利益,并且强调那些在小集团中间不可能引起太多冲突的问题。这里的关键在于通过每个小集团都分别起作用的议题,来解决最具有争议性的问题(例如关于剩余分配的冲突)。

日本:在一种法律上非正式的政治制度下参与

日本的劳动关系体制,和德国体制一样,能使工人在车间和公司管理顶层共同参与战略决策,但是它主要通过非正式、非法律的机制来这么做。[16]日本的工业生产方法——他们强调灵活的工作队伍、工作轮换以及在车间层面上的问题解决和资源分配——本质上要求工人作为正在进行的生产过程的一部分来做出战略决策。然而,在19世纪70年代和80年代的经济危机期间,当时工会坚决要求在由石油冲击引起的连续重建问题上享有发言权,在此之前,工人在较高的管理层次上很少出现。

从第二次世界大战后时期劳工关系的解决看,日本工人在参与管理决策时似乎表现出集团最大化而不是掠夺行为。这种情况的一个制度上的原因在于日本的企业工会,企业工会代表整个工人阶层,而不是代表一个拥有特殊技能或集装线上的小集团,并且也认同强调对公司忠诚的思维方式。实际上,工会调节工资要求,以此换取公司的一种隐性承诺:可以通过终身工作,根据资历逐步增加工资,以及提高公司的盈利能力等途径让员工共同分享长期增长的好处。甚至当经济危机迫使公司进行再投资,以至于随之出现相应的工资削减和工作变动时,这种协议还继续存在。随着时间的过去,工作轮换、灵活升迁和变换层次消除了小集团的差别,从而解决了小集团的掠夺问题;每个小集团都明白"将来会轮到它"。

尽管缺乏直接的、正式的董事会代表或者其他高级的管理治理结构,尽管有时非常反对劳动者—管理层关系,日本还是实现了高度的合作。[17]这种结果可以归因于日本公司治理制度的几个特征。相对来说董事会不受来自追求最大化利益的股东的直接压力,并且它反而忠诚于由贸易伙伴、公司分支机构、银行和其他债权人构成的一个松散联盟。从信息通畅的团体中得出高水平工人合作的需要确保了在一定程度上对工人投入的责任感。日本管理精英包括处于支配地位的董事会内部人员承认那些通过公司等级升迁的人,这表明至少某些董事会成员有些亲身的联系并熟悉工人的利益。总之,日本企业工会的结构解决了小集团中共同行动的问题,而公司治理制度允许工会作为一个共同行为的方案参与策略制定。

美国劳工和公司治理

相比之下,美国工会往往是按严格界定的工作轨迹和晋升阶梯组织起来的。这种结构产生了都有自己特定的且与他人相冲突的利益的各种小团体。而且,因为协商是由行业部门组织而不是由公司组织的,所以协商策略一般会偏向小集团而不是公司。

这种公司治理结构在限制工人参与决策制定中起到了重要作用。管理自制的意识——阿道夫·贝利(Adolf Berle)和加迪勒·米恩斯(Gardiner Means)做了很好的记录——部分地挫伤了工人提高参与积极性(以牺牲管理自制为代价而获得的)的动机。关于这种行为最生动的例子可以在第二次世界大战后的汽车产业中找到,在美国,这是制定该工业关系模式的一个主要产业。例如,汽车产业成立它自己的养老基金(和控制这些基金的国会游说团体),用一些办法阻止工会把工人的投资转变成管理的权力。[18] 另外,管理人员拒绝工会的提议,把适当的支付增加与管理人员在生产技术改进上的再投资承诺相联系:这样一种交易应要求经理人持续披露关于投资的管理层策略,并且会受到给工人某些直接投入的威胁,这些投入不仅包括对投资水平的投入,还包括对管理层战略的特定方向的投入。

美国这种公司治理结构也产生了对合作解决问题这一办法的抵制。例如,充满敌意的接管者代表股东的利益来监督经理人员,会使股东从违背隐性合约中获利:股东可以替换那些与新管理人员制定合约的管理人员,新管理人员愿意获得违约所得利益。而且,如果它确实产生了许多批评者痛惜的经理人员的短期导向,依赖股票价格信息来测量合作绩效,那么这同样会阻碍工人和经理人员之间长期合作隐性合约的发展。[19] 接管机制和作为表现基准的市场意味着要经常从外界引进经理,而且经理时常是以财务而不是以生产为导向的。而且,新的重点在于通过大规模的财务制度进行监管(在公司治理文献中得到了大量关注),可能对促进工人参与治理不起一点作用:新的监督人可能仍然会关注股票价值,所以对工人的角色可能会保持标准的管理心态。

因此,公司治理结构明显会影响工人小集团之间以及工人与经理之间可能的博弈结果。一个指导性的管理结构能通过提供协商机会和约束"掠夺"行为来促进合作。

公共服务的提供和公司中合作之间的配合

合同违约的标准理论认为,职业关系的公共规则和私下协议的合约条件是直接替代品。毕竟,在两种情况下,随着时间的推移,公司总的一揽子的"工资—补助—津贴"可能由某个劳动力市场的均衡所决定。当然,在缺乏公司强制条件的情况下,工人和公司共同来承担协商的成本。但是,对个体工人来说这些成本可能很少,提供给他们的合约条件通常是去留听便的。而且,尽管社会福利物品的公共提供(如医疗护理),极大地激发了工会的讨价还价兴趣,工会肯定不会继续为这些来自公司的津贴进行讨价还价,公共供给能够以复杂的方式影响劳动力市场。工人从公共供给中获得的好处比由雇主提供的津贴更好的状况并不明显。

然而,一旦人们考虑到制度供给对治理前景的影响,公共和私人供给的区别就出现了。一个公开设定的条件在公司的层面上会影响协商议程,即不同团体协商的条件。例如,强制公共条件和慷慨的公共供给使德国公司免去了诸如健康保险、服务支付和获得策略信息等协商负担。和没有这些管制时所获得的整体薪酬相比较,公共供给这种津贴的主要影响并不是为获得较高的整体薪酬水平。相反,公共管制会改变工人的议程。例如,当一个国家提供一项基本的社会福利(如卫生保健)时,会缓解工人小集团为保护他们在这方面的权利而防止其他小集团在这个问题上通过合约条款努力把资源转移给其自身的需要。当然,如果工人们能够补充这些强制性的供给,他们可能仍会这么做,但是丝毫不会削弱强制性供给议程设定的力量。这种背景条件的存在可能会使雇主拒绝对这个问题做出进一步让步变得合理化。而且,规章制度(例如劳动退休金所得保障法)可能会直接禁止强制津贴的补偿或对这些额外津贴课征更重的税。最终,工人可能会满足于强制性的条件。在某种意义上,这些条件不仅适用于焦点问题,而且通过给他们一个"公正"条件的标准来影响工人选择;因此,在这些问题上,工人们将愿意放弃"掠夺"战略。

因此,某些物品的公共提供解决了这些问题(不然的话工人小集团可能会倾向于"掠夺"策略),从而更容易使工人们就集体福利最大化策略达成一致。在德国和日本的例子中,社会福利服务的公共提供与工人对共同治理的影响共同起作用,并且与制度而不是市场导向的管理体制联合起作用,从而推导出一个不同于美国的管理机制。特别地,这些特征的三方相互作用改变了工人之间以及工人和经理之间的协商结构。

适应问题

最近,发达经济体面临着几个和大规模行业适应密切相关的问题:生产能力过剩,部门收回投资,这种情况出现在某些基础性工业和制造业中;成长领域的发展,例如生物技术和信息系统;对新生产方法的适应,这些方法强调团队工作和车间问题的解决,而不是古典"泰勒主义"式的大规模生产;工人和退休人员的社会福利成本上升。这些因素极大地强调了工人管理决策作用体制的正式和非正式的两种观点。如何很好地对那些我曾分析过的体制进行调整,以便对这些调整压力做出反应?

大量研究依赖于工人管理权力的本质。在德国,公司发现,在就工资和津贴达成基本协议时,避免在全行业范围内进行协商是有利的。然而,具体的计划,特别是关于重新培训和再安置的计划,因为区域和部门的不同也会存在它们的问题。这些压力使当地工会和工作委员会负担过重,他们发现自己卷入那些过去常常受全面协议约束的工人小集团的冲突之中。在高层(董事会级别)适应同样困难,因为缺乏详细的关于生产快速变化的信息。在工厂一级,工作委员会的组织结构和正式程序,使其对当地团队生产要求的变化难以做出任何反应。简言之,面对快速的改变和不充分的信息,要求工作安排进行详尽的再协商的超负荷的议程困扰着这些制度。这些问题侵蚀了那些稳定的焦点问题,即使分散的、潜在冲突的工人们确信会公正解决他们团体的内部冲突,但这些问题仍会破坏协商的习惯形式,并且可能会使工人们相信:按他们更直接的利益行事,将超过从忠诚于已制定的解决方法中所得的收入。

因为日本的体制不太正式,因此提议一个可能瓦解的轨迹更加困难。最好先强调终身雇佣制度。部门中需要裁减工作的公司可能会非常想取消终身的承诺。反过来,工人对公司的承诺将逐渐销蚀,不再把他们自己看做是公司价值增长的最后受益者,工人们可能理性地决定:对他们来说,最好的策略是最大化个人或小集团的利益。减少合作反过来将提升公司成本，并增加使用纪律手段进行管理的压力，这些手段削弱工人参与管理决策的一致性基础。解决日本体制的另一种情况，始于可选择的投资资本资源的增长，这些资源至少使那些最成功的公司不受企业集团/主要银行联合体的霸权主义，并且不受它施加的管理约束和交叉补贴的影响。对工人们来说，这些约束的放松意味着管理层将更不急于追求利益最大化和管理层保护战略，这在过去常常受到主要银行监督和企业集团管理的约束。因此，工人反过来会通过掠夺行为来保护他们自己。

从德国和日本的"工人—管理主义者"（worker-managerialist）体制的角度来看，美国的体制似乎表现出令人羡慕的反应速度和灵活性。但是，权衡取舍关系也通常是明显的。一方面，美国体制不提供直接的信息交换或协商机制，这种机制可能会促使合作公司采取价值最大化行为。面对他们在工作、收入水平或权利上的严重威胁，具有经济权力和协商能力的工人自然会诉诸"掠夺"策略。另一方面，美国体制使小集团分裂，并且几乎不给工人行使管理权力的工具。结果，工人们发现他们需要配合经理的命令，因为在这种经济制度中不服从就会有失业的危险，或者只能选择在工资和地位急剧下降的情况下再就业。而且，由于无法大范围地把工人协调和组织起来，因此这可能会约束他们抵制新生产技术的权利，或者约束他们通过挟持要求从生产率提高的收益中获得剩余的权利。从美国得到的教训是，在没有"强制"和"松散"型工人—管理主义制度保护的共享措施的情况下，可能会导致工人获得新技术或做出新的"公司专用"投资。事实上，在生产迅速改变的情况下，"强制"或"松散"的工人—管理主义制度都可能会成为工人合作的障碍。

那么，什么才能造就出德国和日本模式中的工人—管理主义制度的适应性潜能呢？发展的方向可能不是朝着更有效的体制。如果在某些安排中经理和工人会违约，那么当前的安排可能会崩溃——背叛可能引起无效率的协调失败，这是一种与公司参与者之间的"掠夺"行为相联系的典型现象。

重要的问题是如何对向新的生产方式以及部门调整的转变过程进行管理，以避免这种无效率。这里，似乎有两个主要的答案：用生产车间和工人团队之间新的协调方式来补充现行机制，或者完全解散当前的机制，用新的机制代替它们或放弃工人—管理主义制度而采用美国模式。通过这种选择提出的分析问题很尖锐，因为那些可能会增加工人参与管理决策的压力的变化（例如转向新的生产方法）对公司治理同样有着广泛的但是不被充分理解的含义。[20]新的生产方法削弱了将董事会作为监督者这一模式的可信程度。例如，董事会可能不能得到它需要的关于正在进行的生产程序改变的信息，因为它并不能识别有关基准或消息最灵通的雇员。而且，公司之间以及公司内部的合作，将会使明确公司最大化的内容更加困难，小集团的忠诚也将变得分散而难以实施。这些变化直接转化为解释工人参与管理决策的问题。工人应该使用什么样的机制来行使他们所拥有的权力并不明确，而且我们不太清楚（如果工人权力的基础是改善的信息流或改进的合作）在公司的新模型中，哪些算作信息或合作。

然而，断言新生产方法的推广、新技术领域的繁荣或福利国家的衰落表明了诸如德国共同决策体制这样的协调机制的衰落可能有些太早，尽管它可能暗示着体制功能的一个变化。现存制度可能为收集关于突然出现的新合作形式的成功信息提供了机会，并且为关于如何分配转变的成本和收益达成一致提供了机会。在这些情况中，"强制型"工人—管理层模式享有明显的超过其"松散型"变量的优势。"强制参与制度"的背景法律体系提供了一种制度秩序，这种秩序设定了一个框架，在这个框架里，可能会进行某些特别的调整——它建立了基本的、可以被所有参与者依赖的程序。相反，在一种"松散型"工人—管理主义制度下，对参与者来说，体制的哪些方面可能在新的环境中生存下来可能永远不清楚。在这种不知情的情况下，参与者更可能去违约以保护他们自己。

当然，这些"强制参与"体制的"制度"特征可能会阻碍变化，特别是在短期看来。但是，在这方面，记住当代美国制度理论的基本教训是很重要的：基本制度的固定性与大范围重新考虑它们的目标和作用并不矛盾。事实上，把某些基本体制看作不变的，可能会通过围绕焦点进行协商而促进调整。那么，在目前大规模经济调整时期，对强制参与型工人—管理主义制度来说，可以被证明是一个法制建设的重要时期。这是一个重新考虑体制作用的机会，在法律上对这些作用进行固定，比起用背景社会规范来进行模糊不清的阐释或不确切的例证要容易得多。

结 论

或许使分析系统化的最好方法是解决四个主要的有关公司治理的问题：

工人—管理主义制度对整个公司价值做出贡献了吗？对这些体制的单个成分的贡献是可以追踪的吗？或它们是"系统性的"吗？哪些因素可以用来预测这样的体制是否会出现？在构建这些体制时法律的作用是什么？

工人—管理主义制度对整个公司的价值做出贡献了吗？这里的议题并不是很清楚。有时公司治理中雇员的投资有助于整体雇员并促进公司创造的总价值，正如当小集团同意为共同的利益而牺牲其自身的收益时。某些时候，合作会减少公司创造的价值，并且可能会伤害整个雇员群体，正如当工人小集团的合作（例如不易改变的手艺）阻碍革新，或当养老基金经理配合来阻碍管理监督时。在工人合作的增进价值优势和按照相对不受劳动强制约束的管理层行事的离散劳动力的更强的适应能力之间，也存在一个平衡。有时可能是比较倾向于确保工人的"发言权"，例如在日本工业公司中，工人具有的可任由他们处置的多样且大量的非正式权力渠道，实际上更有助于传达整体工人的精神，而更直接的渠道有时可能会转化为自利主义的不和谐的权利。然而，较为普遍的方法可能缺乏构思精巧的结构，并且需要适应新的技术和新的经济环境。在有意识地、条理清楚地考虑需要做出的改变时，他们可能缺乏一种至关重要的"反省"能力。

当然，工人参与管理可能具有其他超越工人收入或公司利润等经济利益的价值，例如，促使工人自我完善或自治，或重新分配财富。尽管在讨论中我通常把这些问题置于一旁，但值得注意的是，这里的框架的确说明了应该用来满足这些其他目的的治理结构的种类。例如，在各种自治理论或公正分配理论中，从一个有效的观点来看，允许一个工人小集团剥削另一个工人小团体（通过掠夺行为）的管理机制看起来并不令人愉快。掠夺行为也可能会破坏一个基于标准而非效率来说很理想的管理体制。最终，应该记住这些其他价值（即使真的是由工人参与管理决策提供的）也并非是绝对的，它们的确与我这里研究的经济结果相矛盾，取一个平衡点会比较合适。

工人管理的方法应该被视为"体制"吗？这里提出的这个问题表明，引入一个单一工人参与机制而不考虑它的配套成分，通常情况下将是无效的或是危险的。如果没有补充其他的允许工人之间达成一致意见的形式，那么投入或信息收集机制可能是无效的。作为选择，如果采用的机制以这样一种组织形式，即在这种组织形式中某些工人小集团被很好地组织起来以牺牲其他工人小集团或其他公司参与者的利益为代价来促进他们自己的利益，那么这种机制可能是危险的。例如，如果有组织的工人集团都不能

第三章 工人与公司治理：政治文化的作用

对管理形成一致的可表达的意见，或者如果董事会代表没有传播他所获得的消息，那么董事会工人代表将没有一点作用。或者如果一个小集团能够利用董事会代表来推进它自身的利益，或为得到能带给它超越其他工人的协商优势的信息而进行掠夺，那么董事会代表甚至可能是有害的。

然而，这里的分析也告诫我们，不要将"互补性"用在描述这些系统相互作用的模型中，在这种模型中，"互补"性被理解为构建一个集合，集合中的元素根据一致顺序给定。[21] 在当前的情况下，集合中的元素可能是促进工人参与公司治理的特定方法，而顺序可能反映了一种方法的出现将增强其他一些对公司价值有贡献的方法的效果这一事实。问题是，构建这种一致顺序也许是不可能的。促进参与的手段可能会增加或减少公司的价值，这依赖于提供的其他手段。在公司产量的层次上，分析似乎指向一种无差异法则：工人参与公司治理的形式尽管从现象上来看是重要的，但是并没有作为公司价值中的净因素表现出来（在长期中），因为每种合作形式都有可能会产生相互抵消作用。

什么因素可以用来预测工人参与管理的有效体制的出现？这种分析的一个含义是：有效体制不是通过任何一种直接方法"可以建立的"。公司治理的体制，例如，大量由外界投资人员拥有的所有权，董事会金融制度的代表或高级经理的工资激励，可以通过一系列合约甚至通过一个交易被轻易地修改。相比之下，工人在公司治理方面的有效行为要求一系列更复杂的社会调整。推动以工人为导向的治理可能要求不仅在规章制度上改变，而且要求一套积极的制度构建和文化构建方法——那些在相关背景下被标榜为"标准企业家能力"的方法。

是否存在一个长期的可能完成这些调整的选择机制：支持"好的"但不支持"坏的"合作，或保留某些文化均衡而不是其他的文化均衡？有一种方法有着极广泛的根基，有时还考虑了各种非正式的规范，这些规范涉及文化的前提条件、各种各样的组织形式，以及工业领域的发展等。马科思·韦伯是这一方法的先驱，并且他仍然是一个引人注目的榜样。在这个文献里，与美国的那些模式相比，日本和德国的车间合作模式可以追溯到日本或德国文化的"集体主义"。这类概括不断地由于历史的发展而被篡改。毕竟，就在不久前，日本和其他东亚文化的"儒家学说"还被作为一个对发展来说可能无法逾越的障碍引用，或者，同样，对现在广泛接受的车间革新来说，美国的"个人主义"也被引证为一个同样无法逾越的障碍。

而且，当他们试图解释主流文化模式和工业结构之间的因果联系时，这样的概括通常会遇到概念上的麻烦，正如厄斯特·盖尔纳挖苦地评论道，根据韦伯对新教教义的分析，人们可以预言：伊斯兰教国家将是现化工业发展的领导者。因为不同的文化的确具有调节经济组织常见形式的能力，讨论的主要内容通常会遇上麻烦。最终，人们会推测：那些源远流长、博大精深、历久不衰的文化都会有足够的资本来保持工业和后工业组织的基本特征（例如合作形式，高度自律地工作和仔细深入地思考认知的能力），或能通过改变它自己来保持这些特征。

一种正面的方法会产生文化或意识形态方面的影响，这种影响会在自利行为隐匿的边界上发挥作用。人们可能会说自利提供了"强制型"的相互作用和承诺，意识形态仅仅是"松散型"的东西。这种方法可以起作用，特别是在金融市场领域，在那里参与人可能凭逐利动机行事，而且特定集团的利益很容易就被识别。[22]然而，在工人参与治理的情况下，"强制"和"松散"力量之间的区别变得未知。工人对利益的感知将由现行制度结构和当前相互抵触的意识形态所界定的可选择办法的范围决定。结果，改变这些制度结构的公共政策（比如说，通过有权力的工会来促进"高信誉"）能够改变对利益的感知和行为规范。公共的制度要求，特别是那些修正工人之间的协商渠道的要求，将在界定工人相关利益和可利用的策略行动中起主要作用。特别地，重要的是某些内部和外部机制应当会抵补其他小集团权力的行使。例如，这种机制可能是一个区域经济发展协会，它的协助有助于车间内部的创新。或者这种机制可能只是更强烈的"解雇"威胁，这种威胁是由工人培训所引起的，因为工人培训会导致工人的工作变得越发复杂精妙。这些机制改变了最终的结果，但不是通过直接改变公司治理，而是通过改变公司治理博弈中的威胁点。

在构建工人参与体制时，法律的作用是什么呢？工人参与机制是否由法律或非法律协议和制裁界定，重要吗？一般情况下，对那些在他们之间能形成有约束力的合约且消息灵通的交易者来说，法律规范的强制可能会减少团体通过其他方式形成合约的成本，但是这些影响是次要的。特别是，大多数团体可能并不在意其承诺是否通过法律或非法律制裁得到实施，并且即使当法律制裁适当时，他们也主要依靠非法律制裁。[23]所有这些似乎表明，以法律上可强制行使的形式体现管制手段的决策是次要的。

然而，在团体信息不灵通或面临相互合作障碍的环境下，法律将会起到重要的作用。特别是在面临集团构建它们的协议时不曾预料的新情况时，相同的法律和非法律机制显然可起到截然不同的作用。如我前面所述，法律强制体制的优势在于：他们可作为研究未来的可能情况的固定参照点。但是，对制度的作用进行慎重修订仍然是非常重要的（如果被适当组织的话）。

通过把约束强加在自发性的合约上，以促成工人参与治理，法律也起到了重要的作用。甚至当工人治理策略可能会增加公司价值时，公司也会因为某些原因而不能采用这些手段。首先，在增加公司价值时，工人治理制度下也允许将较大份额的剩余转向工人团体，但这是股东或经理可能都希望避免的结果。[24]其次，对公司来说，长时期遵循治理策略可能是困难的：人们可能修改合约或违背合约，制度条款也可能会被修订。再次，最重要的可能是，工人治理策略的效果取决于一个高度网络化分布的支持背景制度，包括中间制度，如工会、财务监督机构和社会福利等公共机构或制度。单个的公司不能创造这些，它们是政策行为的产物。

【注释】

[1] 该文献的一个例外是识别产业结构和工会协商结果之间的联系，特别是，表明不受竞争影响的公司可能通过与工人共享垄断收益来使工人安于现状。

[2] 特别参见 Louis Putterman 的系列论文，包括本书中与道合著的第1章。

[3] 具体的例子可参见 Hansmann（1988，1990）；Williamson（1994）。

[4] 这种情况类似于当公司濒临破产时出现在债权人中间的"掠夺"（Jackson，1986）。

[5] 具体的例子可参见 Elhanan 和 Dekel（1992）。与这些思路一致的未来投资受阻模型，参见 Rajan 和 Zingales（1998）。

[6] 本书第10章详尽地研究了这种动态过程。Barenberg（1993）早期的工作已经识别了在鼓励最大化工人责任时工会与工人的相互承诺的类似的动态过程，关于工人买断的讨论，通常可参见 Hyde（1991）。

[7] 关于理性行为的识别和规范的影响，重要论述有 Sunstein（1996）和 Jolls（1998）。关于规范的文章，可参见 Charny（1990，1996）。应用这些观点解决公司中的决策冲突，可参见 Kreps（1992）、Greif（1994）。Ferejohn（1991）提出了关于文化和理性选择之间关系的一个方法论陈述，尽

管他的主题与当前读者讨论的内容相距很远。

[8] 参见 Kern 和 Sabel (1994)。

[9] 具体的例子可参见 Turener (1992)，Womack、Jones 和 Roots (1990)。

[10] 关于反对监管的强大压力的讨论，可参见 Roe (1994)。

[11] 参见 Douglas (1989)。

[12] 对瑞典模式的产业合作威胁的讨论，可参见 Kjellberg (1998)；Mahon (1991)。

[13] 可参见 Hancke (1993)。

[14] 我从 Wolfgang Streeck (1995) 那里借用了这个术语。

[15] Witte (1978) 在他对委员会决策的研究中认为，在这些情况下，工会和经理人员在监事会中拥有同样的席位，通过一个股东代表进行加赛投票，劳工代表的主要影响是把权力给加赛投资者。在公司中工人代表只占委员会的三分之一，一致决策的强大社会压力——特别是由某个激起劳工代表反对投票的决策引起的工人的不满——给了劳工代表一种与他们的投票力量不成比例的权力。

[16] 本文的内容特别受到 Grodon (1985)、Taira 和 Levine (1985)、Aoki (1988)、Sabel (1994)、Nakamura 和 Nitta (1995) 的影响。

[17] Gordon (1998) 有力地证明了，日本公司治理中的明显的合作均衡是作为对工人—管理层关系条件的激烈有时甚至暴力的争论的产物而出现的，见本书第 8 章。

[18] 参见 Roe (1994)。

[19] 这些现象为 Jeffrey Gordon (1985) 对重要决定和相关规制发展的分析提供了背景。

[20] 可参见 Sabel (1996)。

[21] 关于补偿模型基本特征的讨论，可参见 Milgrom 和 Roberts (1994)。然而，在一个公司管理的背景中应用这样的模型可能要求一种不同的结构。

[22] Roe (1994，第 26-49 页) 把人民主义对大规模金融集聚的敌意看做一种较弱的意识形态力量。

[23] 参见 Black (1990)。

[24] 这个问题以及工人理事会被引入了 Freeman 和 Lazear (1995) 的模型中。

第四章 经过调整的权利和治理：雇员和股东之间的相互适应

爱德华·洛克（Edward B. Rock）
迈克尔·瓦切特（Michael L. Wachter）

劳动和资本是公司的两种主要投入，但是它们各自与公司的法律关系却截然不同。为什么股东或他们的代理人似乎有权做出所有的决定？多年来，只有一个拘泥于形式的答案，即，股东"拥有"公司，而雇员为它工作，这就是为什么两者被区别对待的原因。但是，这种拘泥于形式的答案只是重述了这个问题。近来，出现了一种超越形式主义的答案。根据弗兰克·伊斯特布鲁克和丹尼尔·费歇尔的研究，股东控制公司的命运是因为他们是公司剩余索取权的受益人，而且他们有最大动机去选择具有最高现值的项目。[1]

尽管这个观点具有说服力，但却并不完善。假设这个论点的前提是正确的——股东是公司剩余索取权的受益者。那么，这个问题将变成：

为什么雇员不能同样地作为剩余索取权的受益人？[2]毕竟，如果公司运转很好，那么雇员可以通过较高的工资、晋升和较充分的工作保证来分享成功的果实。尽管权益资本的确是一种剩余要求权者，但是也可以这么认为：雇员同样具有许多"剩余要求权者"的特征，其作出的投资和股东是一样多的，抑或多于股东，因此可能同样有追求公司长期兴旺的良好动机。[3]正如斯利德·萨默斯（Clyde Summers）所论述的：

> 如果公司被看成是一种将所有生产要素结合起来用于持续经营的操作制度，那么其雇员……是与提供资本的股东同样多的企业成员。实际上，雇员可能通过他们多年的工作对企业做出了相当多的投资，他们可能难以退出，并且与许多股东相比，他们的利益与企业的未来更为休戚相关。[4]

对许多劳动法学者来说，雇员和股东地位的相似性与他们的权利和权限形成了对比，这构成了对雇员参与所有权和治理进行更深入讨论的基础。[5]此外，还存在以下事实，即除了在法律要求进行补助的地方，雇员所有权和正式参与公司治理还没有出现。许多公司法学者把这些事实看成是更多的雇员所有权将会导致效率低下（或不切实际）的一个原因。[6]

这两种看法都忽略了我们之前所分析过的主要问题。两种观点都把雇员已经不具有某些所有权，并且在他们工作的公司中也没有起到重要的管理作用看做是既定的。而且，两种观点往往都掩盖了股份有限公司的股东和上市公司的股东之间的实质性不同，而只把上市公司当成了范例。这些假设未免设定得过于简单。

在本章中，我们从对现代工业组织的认识开始，即对于理解公司结构、契约关系、产业组织来说关键的四个特征：匹配专用型或关系专用型投资、不对称信息、风险厌恶和交易成本。[7]我们把匹配专用型投资定义为，对局外企业而言，比对集团具有更多价值的投资。[8]我们用术语"匹配专用型投资"代替更常见的"公司专用型培训"有几个原因。首先，术语"匹配投资"包含了较广泛的产生一个良好合伙公司的多种行为，包括培训、边干边学以及适应彼此的相互影响。其次，这个术语更具有普遍性，而且并未限制公司内部投资的意义。再次，术语"匹配专用"使人们更易于识别由集团投资创造的或增加的专用资产。

我们利用这四个因素来说明关于公司和其资本及劳动提供者之间的关系。我们以公司在它与这些提供者的关系中所面临的问题开始，两者存在

第四章 经过调整的权利和治理：雇员和股东之间的相互适应

于上市公司的标准情况下，也存在于具有启发性的封闭公司（股东人数有限、不公开上市的公司）的情况（即使不常被讨论）下。我们的目的是要对公司和其资本及劳动提供者之间的关系作一个全面的、基础性的雇佣关系分析。

我们发现，股东的所有权在两个类似的轨迹间具有直接的、略微有别的相似性，两个相似的轨迹反映了集团从匹配投资中获益的能力、它们以高风险换取高收益的意愿及其对信息不对称和交易成本问题的解决之道。事实上，当人们使围绕这个特征的讨论条理化时会发现，具有相似工业组织特征的参与者具有同样的权利，无论他们是劳动提供者还是资本提供者。例如，在封闭公司中，劳动提供者与资本提供者在某些相关方面是相似的。然而，上市公司的两者与股东却显著不同。

这一章分为两个主要部分。第一部分，利用公司的程式化模型描述公司和其提供者所达成的"交易"，换言之，它们之间的关系协议和条件，包括收入流和管理权。第二部分，讲述集团投资的各种资产和根植于它们各自关系中的四个因素（匹配投资、风险厌恶、不对称信息和交易成本）以及程式化交易的相似之处和差异。

这个分析有两个重要的含义。第一，正如已经提到的，股东的所有权在雇佣关系中具有直接的相似物。第二，公司（股东）治理是一种特殊的管理类型，与雇员治理具有非常强的相似性。董事会和公司行政官员参与那些他们具有相应知识和能力来评估和影响其结果的议题。雇员也会这么做，参与管理他们的车间，在这个领域中他们有知识和能力评估和影响产出，即使在现有的公司结构中，双方也能参与一系列较为广泛的议题。事实是，他们没有反映参与决策的交易成本，即他们没有相关的信息。即使他们能获得这种信息，也会是代价高昂的。在某种意义上，双方都同意允许任何一方在他们的专用技术领域做出决策。雇员治理和股东治理不应该被认为是对立的，而是非常巧妙地互补的。

程式化关系

处在公司中心地位的是它的资产和核心能力，即公司的生产、技术和使它在竞争市场中得以存活的投资机会。为了利用这些核心能力和最大化公司资产的价值，公司一方面必须与投入要素的提供者建立关系，另一方面必须与客户建立关系。因为对公司来说，劳动和资本是两种主要的投入，与作为劳动提供者的雇员的关系和作为金融资本提供者的股东的关系，对公司能否成功运营具有重要意义。对雇员来说，传统的典型交易是给他们提供一个可预期的不定期的工资支付流，加上规定工作环境的协议和条件。同样，支付给资本提供者一个可预期的收益流，并规定这种关系的协议和条件。从这个观点看，雇员参与公司所有权和公司治理的问题就变成了，在什么环境下寻求雇佣关系的协议和条件对相关参与方而言是有效的，而且运行起来更像对权益资本提供的协议和条件？为了研究这个问题，我们必须首先描述雇员/公司问题和所有者/公司问题的本质。

雇员/公司问题和所有者/公司问题

劳动经济学家区分了两个根本不同的劳动市场。外部劳动市场是公司寻求补缺、工人寻找新工作的市场。外部劳动市场的供给和需求方都有很多的参与方，并且雇主和雇员都没有做出对这种关系而言属于专用型的投资。结果，外部劳动市场通常是竞争性的。尽管大多数公司不会一直依靠外部劳动市场，但有些公司确实会这样做，而这种选择也是行得通的。[9]临时工人、外部采购和转包合同也是外部劳动市场的例子，虽然在这些例子中，转包合同方通常是一个不同的公司。

相反地，公司内部的雇佣关系（内部劳动市场）却不一样。这里，公司和工人都做出他们的匹配投资，如果关系终止，那么这种投资就会丧失。这些投资包括在一个公司中识别和培训雇员，以及对工作组织进行联合投资。一旦内部劳动市场中的公司和雇员联结到一起，相关信息的分布就会出现不对称。一般而言，公司掌握着更多的关于产品市场、技术和匹配资产的收益等信息，而工人则掌握着更多与他们投入匹配工作的自身努力程度和在另一可选择工作中潜在工资有关的信息。结果，内部劳动市场不同于外部劳动市场，它并不是一个竞争的市场，在这个市场中工人们必须简单地接受市场工资。当然，最好把它作为一个双边垄断模型，这样便有可能会提供一些值得考虑的战略协商。[10]

当产生的利益超过那些在外部劳动市场可得到的利益，从而即使扣除由双方垄断所引起的成本之后双方仍有获益时，我们可以预料到雇员和公司会选择一个内部劳动市场。因此根据这个观点，雇员/公司问题可以直截

第四章 经过调整的权利和治理：雇员和股东之间的相互适应

了当地表述如下：公司和雇员如何利用从匹配资产创造的可得利益以及使用内部劳动市场增加那些资产的价值来构建两者之间的关系？

资本市场在对负债和权益之间的选择上出现了类似的问题。一个负债合同具有一个界定得相当好的预先设定时期的收益。相比之下，一个权益投资具有一个更不确定的收益和一个看起来更危险的状态。毕竟，一旦公司拥有了它的权益资本，在通常情况下，它对这些投资者不会有其他更多的要求（也许除了更多的钱之外），公司对机会主义行为的担心现在落在了资本提供者一方。

此外，这个答案必须是：当从长期资本投资中获得的可得利益——就像从一个"内部资本市场"——大到足以对双方有利时，即使考虑到机会主义行为导致的成本以及试图监督和阻止这种行为产生的成本，公司也会选择权益资本。所有者/公司问题可以用类似的形式描述：公司和资本提供者如何利用权益资本的利益，在一个可能包含相当大的机会主义行为的情况下，来构建双方之间的关系？

公司如何解决雇员和权益提供者的问题？

公司、雇员和公司的权益提供者必须决定是否以及如何建立一个长期的关系。为了理解已经出现的特殊解答，下面的讨论将借助通常情况下理解工业组织的四个关键因素：匹配投资、不对称信息、风险厌恶和交易成本。我们依据这些因素去研究三种关系：内部劳动市场中的雇员和公司之间的关系、上市公司中的股东和公司的关系以及封闭公司中股东/雇员和公司之间的关系。表4—1概述了这些关系的四个主要工业组织特征。

表4—1　　　　股东、雇员和四个主要工业组织因素

因素	内部劳动市场中的雇员	上市公司中的股东	封闭公司中的股东/雇员
匹配投资	大	小	大
不对称信息	双方	单方	双方
风险承受程度	高：人力资本	多样化	高：所有资本
高交易成本	是	是	是

雇员/公司关系。一个公司的定义性特征也许是在内部产生的雇佣关系。[11]美国大约有90%的私人部门工人受雇于非工会公司。[12]因此，我们用非工会部门作为雇佣关系讨论的基础，尽管我们也从工会部门更清楚的订

约中获取观点。我们主要关注与报酬如何变化和劳动如何参与公司治理相关的持久性特征。雇员的报酬可以被理解为雇员所持有的金融"工具",雇员何种制度安排影响公司行为很重要,因为他们通过权益持有者形成了一个有效的公司治理类似物。

这些支出、治理和其他特征通常不会被写入任何公司和雇员之间的合同中,并且参与方通常会避开任何第三方的强制,而非工会的内部劳动市场却是自我管理的。关于劳动分配的决策要利用等级管理机制来制定,但是,由于内部劳动市场具有重复博弈的基本性质,各参与方具有广泛的权力来实施制裁,信息共享将使参与方明白这种治理安排。这样,内部劳动市场——特别是非工会内部劳动市场——中的劳动关系就可以被描述为一种标准的治理关系。[13]

在这种程式化的雇佣关系中,雇员工资一般是稳定且缓慢增长的,以有规律的固定增长量反映出雇员与公司之间的关系的持续时间。[14]公司会定期准予高于平均工资的工资增长,这些增长一般情况下基于雇员的工作绩效或完美表现,且通常与增加雇员责任的晋升相联系。行为表现没有作为产出的函数被人们详尽、持续地测量出来。基于绩效的晋升可被管理人员观察和记录。在较高级别的职位上,相对来说晋升的机会很少、候选人群大,因此,晋升可被看做是"比赛",其中只有少数赢者才能得到晋升的机会和高工资支付,其他人则停留在他们当前的职位上。[15]

一般情况下,公司会保证在大多数情况下收入平稳,给予雇员病假和事假,承诺给他们支付工资。如果公司业务转淡,高资历的雇员维持他们的每周收入,对较低劳动需求的调整通过解雇后进的工人来完成。在特殊的情况下,如果公司保留年轻的工人,采取解雇较老工人的措施,那么它一般会通过自愿退休机制来这么做,这可以被看做是买断较老工人的"合约"。[16]如果某个雇员开小差被抓到,那么他/她就会被解雇,而不是降低工资,一般工资的稳定性仍将保持不变。[17]

雇员(包括非工会雇员)通常会在他们的工作单位参加工作组织。这种参与包括资产匹配技术如何被利用(即,围绕机械、计算机、绘图桌等的两个或三个人)、工人完成任务的速度、指挥周围人的人、资历规定、缓冲权利和晋升规则等方面。提供的信息适合增进雇员对他/她的特定工作环境的理解。借助于这些方法,雇员非常积极地参加与他们的工作协议和条件相关的话题。[18]在下文中,我们称这种参与为雇员治理。

第四章 经过调整的权利和治理：雇员和股东之间的相互适应

但是，和我们所观察的模型同样重要的是那些我们没有观察到的模型。首先，尽管车间内部的投票反对权是复杂精细和完备的，但实际上却从没有超出车间或小组。在偶然情况下，缓冲权是工厂范围内的，公司范围内的缓冲权很少。其次，工资不是直接基于绩效。据估计，86%的美国雇员按他们的工作时间得到支付，而不是按他们的产出。[19] 在一般情况下，公司并没有做出持续测量雇员产出的尝试，也没有按他们的产出支付工资。绩效支付只在界定很好的少数特殊情况下才出现——部分工资以职工优先认股权形式支付执行经理和时常按任务完成情况来支付的销售工人。雇员一般不会参与公司治理的广泛问题，而且很少被告知有关公司策略和计划等信息。

难点在于解释在内部劳动市场和那些非内部劳动市场中所观察到的实践模式。[20] 长期雇佣关系的主要理论基础在于匹配的专用投资。匹配投资包括工作专用培训、边干边学以及公司和雇员形成一个好的配合所依赖的其他因素。这种投资的结果是双方之间的匹配资产。因为卷入这个匹配中的雇员比他们在其他地方具有更高的生产能力，所以对投资集团来说，匹配资产比其对外人具有更高的价值。

对其中的某个参与方来说，当观察或监督投入、产出、技术或生产要素市场的数量和质量成本相对高昂时，信息不对称就会存在。例如，雇员可能会拥有较多的关于他们对匹配资产的工作努力水平的信息，而雇主则拥有更多的关于生产市场的状态、技术和由匹配资产所产生的收益的信息。信息不对称允许背地里行动，由此，集体中的任一参与方都能改变匹配投资收益的方向，以牺牲另一方的利益来提升自己的相对位置。与此相关的一种情形，可能是假装努力工作的一个雇员理所应当地得到较高的支出，或者假称生意前景暗淡的雇主使较低的工资成为正当。因为外部基准几乎没有测量绩效的价值，所以由于匹配资产的存在，信息不对称的情况也增加了。

高交易成本产生于工作任务的重复性本质、完成任务的长期性以及受变化着的环境所约束的工作任务要求。高交易成本根植于任何一个长期关系中。然而，它们比由频繁使用外部劳动市场产生的成本要低，或者可以这样说，通过写明合约条件涵盖了所有的可能性。

第四个因素——风险厌恶——有助于解释为什么雇员可能宁愿降低和他们收入流相联系的风险。因为雇员的工作努力在很多公司和生产市场上没有被多样化，所以和他们收入流相联系的变化必然是非常大的。

关于内部劳动市场的文献成功地运用了这四个特征来解释前面提到的雇佣关系的持久特征。[21]例如，为什么雇员的收入是稳定的？通常，匹配投资的生产率的变化或风险主要由雇主承担。第一类解释是个体雇员比雇主更加厌恶风险。事实上，风险厌恶是由劳动经济学家引用的第一类原因中的一个，它成了雇主和雇员之间"隐性合约"的基本理论。[22]公司金融中一个广为人接受的观点是，风险越高，也必须支付给投资者一个越高的预期收益。当劳动是由个体提供时，这同样是正确的。如果一个公司可以提供一个较低风险的工作，即一个工作具有稳定的工资，那么它就可以提供一个较低的工资率。事实上，随季节变化影响较大的行业的公司（如建筑业）或周期性较强的公司（如加工制造业），往往比那些没有周期性或季节变化的工作所支付的工资要高。

尽管雇员的风险厌恶有助于解释为什么收入是平稳的，但这远不是一个完整的解释。例如，它没有解释为什么收入是如此稳定，而不是波动较小。风险厌恶也没有充分解释为什么一个被发现开小差的雇员通常会被解雇，而不是用降低工资来惩罚；或者为什么雇员一般情况下不会降低工资要求，即使当有关的生产市场出现衰退时。

对收入高稳定性的完整解释需要考虑到信息不对称问题。雇主解雇逃避责任的人，而不只是降低他们的工资。因为关于工人们努力程度的信息是不对称的，而且监督雇员的成本非常高昂。如果一个雇主可以简单地宣告某雇员逃避责任，并削减他的工资，那么雇主将有动机夸大逃避责任的程度，以降低雇员的工资。强制雇主解雇工人的行为准则，消除了公司夸大逃避责任程度的动机，因为它会使公司不得不损失掉曾对公司进行投资的工人。[23]在通常情况下，公司会采取裁员的措施来应对产出的周期变化而非调整工资率的原因，具有一个与此相似的逻辑。如果一个公司可以降低工资以对其产品市场的衰退做出反应，那么它将有动机谎报其产品市场的情况。相比之下，一个解雇工人的行为准则意味着公司必须降低它的产出和收益，以此来约束公司谎报信息的动机。

四个主要因素不仅解释了参与方为什么会选择内部劳动市场，而且解释了那些它们力图避免的因素。这个讨论的重点在于公司很少把它们的支付直接建立在绩效考核上。这点很重要，因为对绩效的支付类似于雇员的所有权；它使雇员自己成为做出匹配投资和努力工作的真正的剩余受益人。

第四章 经过调整的权利和治理：雇员和股东之间的相互适应

一个可能（但并非正确）的解释是，雇员不会对由增加产量引起的支出激励做出反应。事实是，经验证据表明，一个适当设计的激励支付体制能使生产率提高10%～15%。[24]然而，人们很少发现绩效支付，而且雇员也非常抵触它。

支持收入稳定所引用的解释，部分地解释了一些对绩效支付的抵触。毕竟，在不同的绩效程度上，绩效支付会引起收入的不稳定。但是，对为什么绩效支付不经常被观察到的争论讨论得比较深。

更重要的是，绩效支付机制受固有的信息不对称问题的损害，这使它们执行起来成本高昂且效果不确定。任何绩效支付安排都要求监督已经实现的产出、把产出与支付联系在一起的一致方案、当商业环境或技术发生变化时对方案的调整及其导致的争论的决定。对大部分工作而言，其首要任务本身就已经很令人惧怕。在内部劳动市场的大多数雇员完成一系列相关任务后，他们每个人的劳动产出价值很难被测量——即使有可能被测量。执行这样一个体制的任何一次尝试都会耗费监督人员和工人们的大量时间和努力。而且，任何一种这样的体制都会趋于把管理人员和工人置于一种对抗性的关系中，因为此时管理人员会有动机低报绩效水平以使工人的工资下降，而工人则会努力利用协议来提高工资。[25]

通过再次引用使用绩效支付的特殊案例最能说明工作任务的本质。最著名的例子是计件工作。计件工作是指这样的体制，其中个体雇员离散数量的产出对雇员的支付而言是产出价值的一小部分。这种体制的优点显而易见：因为支付是基于产出的，它不需要对绩效进行检查，并且它给雇员提供了最大化他们工作价值的动机。其主要缺点来自于信息不对称和操纵计件工作方案的相关能力。例如，如果补偿方案转向产出的价值，那么雇主可以少报价格，因此来降低工资支出。如果一个雇员能够生产劣质产品，且雇主很难观察质量，那么雇员就有可能会对雇主作弊。[26]如果雇主拥有关于技术的私人信息，雇主就可以声称，技术的改进使产出目标在较低的努力程度上就可以达到，从而采取降低雇员工资支出的调整方案。[27] 19 世纪20 年代，在科学管理规则下，大量公司广泛地采用了类似于此的激励机制。但是，当雇主收紧支出时，雇员称之为"增加工作强度而不加薪"的策略，于是引起了激烈的争议。过去和现在的问题都是：参与单方所掌握和需要的信息是不对称的，合作双方很难核实对方的相关陈述。

这些问题对高层经理而言是可以管理的，这就是为什么职工优先认股权形式是他们一揽子补偿的重要一部分。信息不对称问题在这种情况下可以得到解决,是因为公司行政官的绩效或产出通过普通股的价值来测量。而且,证券交易委员会要求公司真实地报告它们的职工优先认股权的使用情况,这意味着公司和行政官可以观察或核实其他公司管理者所得到的股息率。只有在补偿分公司的经理时,问题才稍微有点复杂。在这些情形中,一般由基于分公司收益的红利来补偿经理,这由独立审计员决定。[28]

然而,当考虑到公司内的层级时,雇员的产出就变得更难与相互可核实的测量相联系,从而更难把支付与绩效联系起来。另外,个体雇员的工作努力变得与公司的利益不具有如此高的关联度,这使股票所有权对提高工人的努力来说成为一个不太合理的机制。

对这些工人来说,结果是采取先前描述过的固定激励支付机制。最普遍的例子是绩效工资制,让雇员有晋升的机会,并发给和他们的较高职位相匹配的高工资增加额。晋升支付是自我实施的,因为利用双方中任何一方的优势都很困难。通过支付给那些表现最好的雇员较高的工资,公司为表现好的雇员提供了最大的激励。如果雇主误用受益于体制提升但生产率却较低的雇员,那么公司将要承担放弃利润的成本。加上在外部劳动市场上的负面声誉影响,这应当会阻止公司的不公正的偏袒。[29]类似地,如果由低水平的管理者来实施这种体制,那么其代价将非常高昂。通过观察到降低的绩效,雇主最终会在经理工作团队中查出一个已经晋升但却并不够格的雇员。[30]

雇员不愿意支持基于绩效的支付机制,这在集体协商的谈判中最为明显,工会几乎总是会试图使收入变化的风险和设定工资时管理绩效的影响程度最小化。[31]工会更喜欢"时间率"(time rates)和"标准率"(standard rates),这样工资或薪水在契约中是固定的,并且公司难以变动雇员的工作时间。晋升主要根据资历。20世纪90年代国家事务局的一次调查表明,在调查中有73%的工会合约根据工作时间的长短来决定工作等级,而只有27%根据功绩。"功绩"的主要例外是由合格培训所完成的(正如在收到较高薪水以补偿额外培训的教师例子中所显示的一样)。[32]雇员的终身收入与公司的绩效相联系,仅仅是因为一个处于增长中的公司会创造出一个较高的基于资历晋升的可能性。当公司财政上遇到困难时,高资历雇员的工作常常通过提供"缓冲"权利而受到保护,因此,职位低的工人受到解雇而资历高的工人插进他们的职位中。[33]这些模式表明,绩效和功绩支付制度只

第四章 经过调整的权利和治理：雇员和股东之间的相互适应

具有有限的吸引力。

内部劳动市场的另一个特征是雇员很少在公司治理中起重要作用，尽管他们确实参与了车间内的各种管理措施，我们把这种参与称为"雇员管理"。[34]这里，一个直接的障碍就是非工会公司中很少有雇员参与公司治理可能部分反映出劳动法施加的约束，而不是雇员或公司的选择。特别地，国家劳动关系法章节8（a）（2）禁止除法律规定的劳动工会之外的"公司—雇员"协会。在非工会部门可以看到的管制可能会反映出法律上的约束而非参与方的偏好。[35]为了和我们前面的讨论形成对比，我们将提出一个关于非工会部门的类似讨论。

集体协商协议包括了明确的工资清单，约束了雇主在规定时间内的灵活性，并且提供了非常详细的包括工作条件、职业安全和非工资津贴在内的条款。雇员管理以这种方式出现在集体协商协议的谈判中。然而，引人注目的是，美国集体协商协议几乎不会为雇员提供生产市场决策、资本投资、广告或金融资本计划方面的决策参与机会，不管是通过委员会代表或其他任何机制。[36]事实上，集体商议协议通常会规定雇员不得干涉公司治理等类似的事情。与车间雇员管理的情况不同，没有证据表明雇员甚至会私下里共同管理这类问题。为什么集体商议协议避开这个条款？

问题部分在于和集体协议相关的法律。按照国家劳动关系法，雇主和工会有责任协商"关于工资、工作时间和工作的其他协议及工作条件"[37]。按照美国高级法院的解释，某些问题属于这种"强制性协商"，这说明各参与方有法定义务开展真诚协商。典型的集体协商协议的条件，以及与非工会内部劳动市场参与方有关的问题所形成的实践，集中于强制性协商适用的以下方面：工资、时间、车间的实际面积、非工资津贴、资历权和其他工作条款及条件。[38]可以允许工会提出其他议题——例如，在劳动节约型机械上的投资、清算资产和其他位于公司策略核心的其他决策——但这些话题却很少在集体协商协议中找到答案。

然而，最重要的部分是，集体协商协议一般不包括除强制性话题之外的任何事情，因为那些提供互惠交易可能性的问题更受到雇员的重视。在平等交换任何商议的程序中，人们可能会认为雇员更重视他们对车间环境的有效控制。同样，人们会认为公司更有可能放弃真正的雇员参与这类话题，通过这些话题雇员有能力影响产出。对雇主和雇员来说，非强制性问题大多与企业家控制的核心事务相关，这些事务由产品市场的影响和外部的技术发展来驱动。在这些领域，雇员不会提出任何能影响局势的观点。[39]

换言之，在雇员—公司关系中，有目的的雇员管理会节约交易成本，这和宽泛的管理不同。内部劳动市场的每一个局部都可以被认为是致力于最大化利润的一部分。假定关于产品市场的信息、技术、产品策略等都是成本高昂的，那么各参与方会专门研究它们自己的核心能力。雇员管理旨在完成他们特定的工作。事实上，部分有效管理是从雇员形成的有关他们工作的专门技术中获得的。

资本/公司问题：上市公司。一个公司可以雇用资本，并按照它自己的决定用在两个方面：权益和债务。债务是根据明确的、相对简单的、设定条件的利率和对公司行为进行补充约束的合约所雇用的资本。权益资本以一种更复杂的方法被雇用，它以一个不确定的条件被雇用，并获取公司的剩余收益，即支付公司所有其他权利要求者之后所剩余的收益。这个收益流随公司的绩效发生直接变化，比其他任何一个对公司收入流的权利都要多。因此，当公司试图劝说投资者给它们提供权益资本时，它们肯定会发现一种办法再次使那些投资者确信：剩余收益将不会被逃避责任或表现不佳、把资源转给自己使用或选择与公司盈利能力不直接相关的项目的投资经理浪费掉。

在典型的上市公司中，股东获取权利和保护作为对他们投资的回报。他们有权获得公司的剩余收益，通过直接分红或间接的股票价格上涨而获取收益。股东有权参与董事会选举，有法律权力来管理公司，并且关注公司和其股东之间的可实施的"信托责任"。[40]借助于选择董事会成员的权利以及董事会控制公司命运的权力，股东可以通过内部公司机制来更换董事，从而变更当前的管理层。但是，除了选举董事，股东的参与主要限制在"特殊的"而不是"普通的"经营事务上，例如，他们不能直接规定公司的日常事务政策。实际上，按照联邦代理人制度，管理人员可以自主拒绝任何股东对这些事务的建议。[41]另外，股东有权得到某种信息，或者在年会上会见并询问经理人员。但是，与雇佣关系中的情况一样，对股东的强制性披露与直接的经济利益相联系。

这一系列权利和保护与大规模的、流动的和有效的股票市场相一致。对典型的大型上市公司来说，股份被广泛地持有。由于投资者知道他们的个体行为对董事会几乎没有影响，所以对他们来说，避免在公司信息知识方面做出大量投资是理性的。通常情况下，股东在公司治理中只起到一个

第四章 经过调整的权利和治理：雇员和股东之间的相互适应

小小的、短暂的作用，他们把大多数决策委托给受董事会全面监管的管理层。此外，法院一般也不会在事后对管理人员做出评判，除了当偶尔存在利益冲突时。一般情况下，股东不是雇员，即使是雇员，也是充当投资者的角色，他们可以拥有公司的股份。

根据我们的四个主要因素——匹配投资、不对称信息、交易成本和风险厌恶来看，公司雇用权益资本的市场从根本上不同于从内部劳动市场上雇用和使用工人。在内部劳动市场上，公司做出了大量的匹配型专用投资。事实上，这就是它们存在的原因。相比之下，即使对拥有相对少数股票的匹配投资的积极投资者而言，尽管他们具有积极性，但也是相对少数的，至少当与内部劳动市场上雇员做出的匹配投资相比时。广泛的多样化权益资本投资者只做出一小部分匹配投资，对一个指数化证券投资基金来说，匹配投资甚至等于零。股东的匹配投资很少或不存在，使股东可以在公司和行业范围内多样化他们对资本的供给。此外，公司的匹配投资也是少部分——它们由市场股票的成本、识别投资者的成本（通常被转包给承购人）和维护投资者关系的成本组成。

不对称信息在权益投资市场上普遍存在，但是与内部劳动市场的问题不同。劳动市场上信息不对称问题是双向的：公司不能确切知道雇员的努力程度，雇员不能确切知道商业环境是否如管理人员描述的那么糟糕。但是，权益资本的信息问题只有一个发展方向。一旦权益资本提供者给公司提供资本，经理将比资本提供者更了解他们工作的辛苦和痛苦程度，以及公司资产的预期价值有多少。相比较而言，人们并不能识别广为关注的关于资本提供者比公司拥有更多信息并有动机误导公司的问题。

权益资本市场的交易成本是高昂的，正如在内部劳动市场上一样，即很难签订一个完备的、考虑了所有条件和意外情况的经理行为合约。权益资本的提供者厌恶风险，但是与劳动提供者不同，他们有能力低成本地进行多样化投资。[42]

正如一开始所陈述的那样，上市公司的许多法律和经济特征可以用四个主要因素来理解和解释。通常情况下，正如高匹配投资预示雇佣关系的普遍特征一样，低匹配投资预示着普通投资者股权的高周转率。在典型的上市公司中，低匹配投资也允许资本提供者多样化他们所持有的股票，以降低市场中不可避免的风险。证券交易委员会的强制性披露要求减少了经理的信息优势，并给投资者提供了可用来评价股票的充分信息。更普遍的是，通过董事会或大股东的监督，或通过法律诉讼的监督可以被认为是控制管理人员和股东利益多样化的一种手段，也是约束经理人员利用他们信息不对称的优势来增加自己利益的一种手段。类似地，高层经理的职工优先认股权可以被看做是调整经理和股东利益的一种尝试。把对董事会的投票体制作为对股东和市场强制性信息披露的一种方法和把它作为代替无效管理的一种机制同样重要。信托责任为经理行为的法律审查提供了机会。这些法律和制度检查依靠市场规定而存在，市场规定能够惩罚无能的经理并奖励表现好的经理，这些市场包括生产市场、经理劳动市场、资本市场等。

资本/公司问题：封闭公司。在公司发展的早期阶段，某些公司借助于这种形式而存在和持续经营，人们一般可以看到两种"封闭公司"。一种是典型的"夫妻"型封闭公司；另一种是人们称之为"硅谷启动"（Silicon Valley startup）型的。[43]在两种情况下，在不清楚通过向第三方销售以实现经营价值是否会成功之前，公司必须劝说投资者提供资本。封闭公司提供了一个有趣的中间情况，说明了所有权和管理在整个公司范围内不同到什么程度，以及基本特征方面的差异如何导致了多样化。

封闭公司有几个共同特点。资本提供者和劳动提供者之间有相当大的重叠，也就是雇员和股东之间有相当大的重叠。在夫妻零售公司中，资本通常由未分配利润和公司主要人物提供，或者或多或少地由参与者共同提供。在硅谷启动型的公司中所需的资本通常较多，资本通常由风险资本家提供，他们也通过在董事会的职位、频繁的会议、对执行经理的深入监督来参与公司经营。[44]不存在面向公众的股票市场，而且通常也没有私人市场，这表明对资本提供者来说，不存在依靠外界的易行办法。然而，至少在零售公司中，流动性问题可以通过某种法律上可强制实施的、要求支付时投资者的投资将按预先安排的条件被收购的协议来解决。[45]这是因为其他股东担心未来将进入公司的人，因此在协商条款中对把股份卖给第三方的权利进行了限制。股东的数量往往很少，事实上，公司法在区别封闭公司和其他类型的公司时，它们也是依据股东的数量来进行区分的。[46]

一般情况下，与一个上市公司相比，资本提供者与公司之间的关系对一个封闭公司而言更长久，并且，对偶然性事件（如终止关系或引进新的资本提供者）来说，常常存在特定的制度。此外，封闭公司的资本提供者（特别是在零售公司中）通常相对单一。也就是说，他们的人力资本和金融

第四章 经过调整的权利和治理：雇员和股东之间的相互适应

资产集中在一个专门的公司中。角色重叠和缺乏多样化导致的结果就是，这些公司中的支付更多的是基于绩效，这与劳动市场中的典型情况不同。同样，管理涉及很多方面的问题。这与很少处理特定问题的上市公司形成了对比，并且与内部劳动市场中雇员的有限管理不同。因为有限人数公司的股东希望参与经营管理，并且期望以工资的形式获得大量收益，雇员—股东必须确保他们不会因为管理或利润方面的问题而把关系弄僵。这通常会伴随着股东协议或对股份进行分类。[47]

在硅谷启动型公司的情况下，贡献资本和建议以交换权益地位的外界风险资本家通常会以各种方法得到保护。[48]经理得到股票所有权和买卖的特权，以便他们的动机能更好地与权益投资者的动机相一致。外界投资者也得到首选的股票，因此在出现清算的情况下将早于经理持有的普通股票而被支付。风险资本家也可以要求签订详细说明某些情况的、与经理人员有关的职业合约，明确规定在哪些情况中管理人员可以被替代或允许公司买回经理的股份。风险资本家还可以通过董事会代表，分配投票权，控制获得额外的筹资，审查公司的设施、账本和记录以及限制公司从其他途径接受资本或不经预先同意签订大规模合约的能力，来行使对公司的控制权。

给定四个相关因素的特定结构时，封闭公司中这些典型特征最好被认为是和公司最大化价值相一致的机制。总体来说，封闭公司中（两种类型）的股东看起来更类似于做出匹配投资的雇员，这与上市公司中的股东不同。例如，雇员和封闭公司中的股东都投入大量的匹配投资。因为最优匹配投资需冒很大的风险，所以各参与方会选择一个内部劳动市场类型的安排。如果没有这些保护，他们将不会做出适当的投资，新的匹配资产也将遇到投资不足的问题。封闭公司中雇员和股东同样会面临涉及外界股东的信息不对称问题。各方都是单一的，雇佣关系在高交易成本的环境下展开，见之前介绍过的表4—1。

在封闭公司中，资本供给者和劳动供给者的重叠可以被认为是信息普遍不对称的一种解决方法。这种重叠为企业家和资本供给者提供了持续的信息和风险赌注，这些信息与赌注与他们持续的匹配投资并行，赌注的大小与他们的投资相当。交叠部分同样是由交易成本引起的。雇员和所有者之间的交叠不是尝试起草一份完备的，包含那些在硅谷启动型公司中工作的和那些提供资本的人之间所有可能的未来偶然事件的合约这种不可能的任务，而是把所有相关的参与者在同一时间内置于相同的空间，从而促成一个协商结果。然而，很显然股东和雇员之间的交叠不能用风险偏好来解释。相反，在封闭公司中由过度投资引起的多样化投资的缺乏是一种巨大的成本，当内部人和外界人之间的信息不对称变得足够小，从而能通过 IPO 卖掉公司时，参与方将不再愿意支付。

这样一来便导致了另一个持久的甚至最典型的关于封闭公司的特征：股票市场不存在或非常局限。这部分是匹配专用资产引起的大量信息不对称问题造成的一个结果。预期的未来资产现金流高度不确定，特别是对潜在的外界投资者而言。因此，它们不能通过 IPO 卖给外界的多样化投资者——至少在没有很大的折价或放弃重要管理控制权的情况下是不可能的。这是一种情况，在这种情况下最大化匹配专用投资的重要性超过对多样化投资的关注。对一个硅谷启动型的封闭公司来说，在后来的 IPO 阶段，风险资本家和专业投资银行家这两种参与者愿意投入时间来了解资产使用情况，以克服信息不对称问题。事实上，有经验的风险资本家会对 IPO 的时间有一个更好的跟踪记录，从公司和市场的准备情况这一角度来看，这样可以使公司获得更多的资本投资。[49]

缺乏可在市场上出售的股份不只是封闭公司要克服的困难，它可能也起积极的作用。市场的缺乏阻止了退出（除了在狭义界定的情况下），这使得先前对持续匹配投资的承诺是可靠的。同样，它强化了长期关系，因此促成了在交流、信息和合资问题的解决等方面的持续投入。例如，当一个企业情况不太好时，一个风险资本公司被迫施以援手，而不是出售其在公司的股票、减少自己的损失以及采取上市公司股东所谓的"华尔街漫步"。同样，企业家和雇员具有较强的动机不离开公司。流动性的缺乏为这个问题提供了一个局部的解决方案，因为它"诱捕"了风险参与者。对参与者来说，这使得将威胁离开作为一种获取额外剩余的措施变得更难，而且它限制了企业家从其他任何非初始风险资本家那里补充资本的能力。这个问题也可通过协商法律上可实施的通过特定的筹资结构保护早期投资者的合约来解决，至少在硅谷启动型企业中是这样。[50]当封闭公司最后获得成功，且走出了风险资本家注资的阶段时，风险资本家通常会通过出售或采取公开退出措施来收回之前的投资，或者如果公司前景变得非常不利，就采取出售或清算措施。

典型的股东或经理在公司中的过度投资和相对缺乏多样化的投资，既是封闭公司结构的一种成本，也是增强所有参与者动机的机制。

第四章 经过调整的权利和治理:雇员和股东之间的相互适应

封闭公司的最后一个普遍特征是,董事会广泛的管理命令,产生于资本和劳动提供者的重叠角色。在封闭公司中,所有者/雇员同时处理"临时的"和"常规的"商业事情。这反映了所有者/雇员具有这两种专长的事实,因此他们的管理促进了匹配,是一项必不可少的交易成本。

注意到在对封闭公司持久性特征的这种分析中,主要因素是匹配的专用投资、不对称信息和交易成本。这种分析没有依赖资本市场问题或风险厌恶来解释封闭公司的持续性和分配。尽管沿着这些思路肯定会存在一些问题——例如,因为高固定成本,选择公开资本市场可能对某些公司是没有意义的——对这样的公司来说,这不可能是全部的解释。正如硅谷启动型公司所展示的那样,即使所涉资产规模相当大,也会出现封闭公司这种组织结构,因此高额的固定上市成本相对来说是无关紧要的。

股东和雇员:经过调整的所有权、治理和雇佣关系

前面部分分析了雇员、资本提供者和公司的关系,以及他们如何解决自身的特殊问题。主要见解是雇佣关系和公司所有权/治理的标准特征反映了对与匹配投资、不对称信息、交易成本和风险厌恶相关的不同问题解决的需要。与公司所有权和治理相关的一束权利根植于为吸引和保留金融资本提供者的一种特殊的安排中。类似地,与雇佣关系有关的这束权利解决了劳动提供者的相应问题。这些特征没有特别的魔力,也不能简单地指出某一个解决方案会优于另一个。这部分比较这些观察到的解决方法,试图理解雇员的所有权和治理权如何与股东的相适应。

资产所有权和收益的模式

股东和雇员都是可变的权利要求者,在某种意义上,他们的收入取决于公司收益流的大小或增长情况。但是,这些权利在上市公司中与在封闭公司中不同。

权益资本的可变权利的主要特征——使它们成为公司"所有者"的特征——即对整个公司产生的收益流来说,它们是剩余索取者。在对公司收益的任何权利中,剩余索取权具有最高的可变性,它们是对公司总资产而不是由公司资产的某些小集团产生的收益或损失的要求权。尽管这里需要

注意的是权益持有者的剩余权,但是,很难避免资本提供者作为一个集团获得一个可变的剩余收入流。当然,债券持有人通常会收到一个固定的支付,除银行破产等特殊情况外。而且,资本提供者也能接受介于权益和债务两个极端之间具有可变利润的收益流的削减,例如,在债券可以被转化为股票的情况下。

更像雇主的雇员——实际上的雇主——是封闭公司的高级官员。他们不仅是股东,而且也可能拥有控股地位。他们总支付中的大部分将因此取决于公司剩余收入的大小。对这个雇员群体来说,资本和劳动的收益是混在一起。但是,正如已经提到的,对雇员来说以一个准确反映资产价值的价格把所有权股份卖给公开市场是可能的,大部分人会选择这样做,以此来多样化他们的金融资产。[51]

在与所有者具有某些相似之处的雇员中,接下来的是上市公司的执行官。这里,人们必须区分更可能在公司董事会担任职务或与其打交道、更可能获得大量职工优先认股权的高级执行官,以及其他的高级管理员,例如主要关注小范围内的资产的部门经理。上市公司的执行官,与封闭公司中的相应人员一样,在最大级别上做出匹配专用投资,即不仅仅在他们工作的细节上,而且在他们对公司及其在行业中所处位置的总体把握上。但是,执行官不同于股东有限公司的所有者——经理,因为他们比上市公司更缺乏金融资产的多样化。上市公司的经理不是获得直接的所有权,而是通常获得职工优先认股权。职工优先认股权与直接的股份所有权对工作激励具有相似的影响,但是,它运作起来像是介于剩余索取权和可变要求权之间。如果股票上涨,它提供了收益的可能性;如果股票下跌,它不会直接导致损失,并且它还允许更多样化的金融资产。

雇员,不管是较低级别的经理还是生产雇员,在本质上都不同于执行官。执行官和股东根据公司整个资产产生的收益获得支付,而雇员最多被认为是拥有部分的或局部的匹配专用资产的所有权。对于工厂经理来说,匹配投资就在工厂的资产中。对生产线上的雇员来说,匹配投资就在生产线上。这些部分的或局部的匹配投资和公司其他任何资产一样,产生可以划分为剩余、可变(但非剩余)和固定支付流的收益流。支付机制越是基于绩效(绩效支付)或成绩(成绩支付),支付流就越可变。因此,雇员更像股东而不像债券持有者。此外,如果支付机制大量使用资历或标准支付,雇员就更像是债券持有者。具体支付机制的设计将依据风险厌恶、雇员影

第四章 经过调整的权利和治理：雇员和股东之间的相互适应

响匹配资产价值的能力、集团通过观察和核实它们的劳动投入或产出等途径共同应付信息不对称问题的能力，并且通过适当支付机制的设计控制机会主义行为的有关能力。

在工会内部劳动市场中，雇员几乎总是期望获得一个基于合约工资率和工作小时数的标准支付。这种支付几乎没有为雇主提供任何判断，也没有给雇员努力工作的激励。[52]尽管这种对雇员的支付不是剩余索取权，但它仍是一个可变的要求权。对一个标准支付的雇员来说，预期的未来支付随着晋升的可能性、超额工作的小时数和解雇的可能性发生变化，所有这些都随公司绩效而变化。工会雇员对标准支付的明显偏好可能反映了他们对雇主的不信任。[53]

非工会内部劳动市场中的雇员接受了更大的可变性，因为他们由按照成绩做出定性决定的监督人员来评价。[54]很难把雇员所获得的绩效支付与对任何资本提供者的支付进行比较。成绩支付是定性的和基于工作投入的，而股东的剩余索取权往往是定量的和与产出相关的。成绩支付是一种可变支付，这使得它与债券的要求权不同。然而成绩支付可以被视为界于债券和股票之间的某种东西。在这种情况下，晋升可以被看做把一个固定的支付流转化为具有较高预期收益的职位（较高的工资水平）加上一个较高的波动（失败的风险加上进一步晋升的机会）。由于前面讨论的原因，相对较少的雇员通过绩效支付得到他们收入的大部分。但是，对那些得到绩效支付的人来说，绩效支付直接与产出相关，因此会给雇员一个共享的和直接的由匹配资产产生的收益。然而，即使绩效支付也不能使雇员成为公司所有资产的拥有者，或者甚至是匹配资产的所有者。

公司应该用财务激励来促进所有职员"代表所有者的利益努力而高效地工作"吗？从一个激励适应的观点来看，答案显然是"是的"。公司应该以股票所有权的形式使用财务激励吗？答案明显是"不"。原因在于，当人们在公司中的等级降低时，雇员的绩效很少与公司的全面成功相联系。这里，一个典型的方法是避开总公司中的股票所有权，因为红利与雇员可能的影响和专有资产的净收益相联系。例如，一个多部门公司的部门领导通常按照部门的绩效来支付，而不是按照公司的绩效。

在这种意义下，绩效支付可以被看做是一种职工在相关匹配资产中的优先认股权的形式，此时会按单个工作所创造的价值支付。与职工优先认股权相同，当产出提高时用绩效支付来补偿雇员，不论这个增长是由于工作辛勤努力抑或只是运气所致。同样，如果雇员工作不太努力或者不够幸运，那么他将会被降低工资。如果经营非常不好，绩效支付也不会要求雇员共同承担公司的损失。在这种意义下，雇员不是他们所有匹配投资的剩余权索取者，尽管他们应当如此。由于这里所讨论的原因，以及多样化投资和风险厌恶等原因，主要障碍似乎是雇员不想作为剩余索取者。

当然，绩效支付与职工优先认股权在多个方面上不同。绩效支付以现金支付，而不是以公司的普通股票。但这个区别不是实质性的，因为执行官通常会卖掉职工优先认股权，而不是把它们转化成股票。职工优先认股权通常有几年的到期时间，而绩效支付具有较短的时期。这可能是因为经理主管人员的匹配专用资产需要花较长的时间来付清，或者可能是较低工资的雇员没有现金流转（或者借钱抵消预期未来支付的能力），从而使绩效支付变得难以实现。[55]

表面上看，职工优先认股权对较低层次的雇员来说似乎可能是一种补偿方法，正如对执行官一样。但是，就在表象下面，任何可能性很快就会消失，职工优先认股权被证明是一个对绩效支付的弱替代。事实上，只要雇员比执行官在一个更局部的匹配资产上进行投资，那么表面的相似性越接近，可比性也就越差。因为单个的低层次雇员不能影响公司的利润，所以就不存在努力工作的动机。使执行官对职工优先认股权感兴趣的是它们适合执行官的匹配资产。当然，人们希望雇员股票所有权可以减少劳动者—经理层之间的冲突，增进雇员努力程度、合作以及信息共享，以提高生产率和绩效，但是，这些影响实际上是否会出现仍然是争论的主题。[56]尽管这样的选择在股市上涨期间看起来可能相当具有吸引力，但是公司绩效和股票价值也会因为超出工人所控制的范围而下降，并且这种下降往往会使人们对这些权益所有权计划产生负面的解释。[57]

我们并不是说，美国经济不存在雇员所有权，而是觉得，说美国经济中存在大量的封闭公司会更妥当。在这些封闭公司中，雇员所有权和管理很普遍，并且通常被用来引进匹配专用投资。尽管封闭公司广泛存在，但它同样是成本高昂的，而且，雇员所有权的权益不可能被移植到完全不同的大规模的上市公司背景中。

治理模式

"治理"指参与方可以用来控制或影响一个企业所做出的决策的种种方

第四章 经过调整的权利和治理：雇员和股东之间的相互适应

法。从历史观点上说，对雇员参与公司治理的讨论主要集中在共同决策制上面，共同决策制指在工厂级别上做出有组织的雇员投入的董事会和工作委员会中的雇员代表。[58]我们详述这个概念，认为不同种类的管理手段在公司中并存且相互联系。这种观点起初可能看起来很奇怪，因为公司治理一般不是被当做一系列的讨论话题，而是被当做董事会、执行官员和股东之间的相互作用。但是，假设我们以关键投入要素而非各个参与方的形式来定义公司治理这个概念，那么这些话题包括：公司应该追求什么？它怎样投资它的资本？执行官的工作表现如何？有人会/将做得更好吗？公司应该被卖掉吗？公司应该申请破产吗？[59]

是什么统一了这些话题，使得它们不再是那些董事会、执行官和股东谈论的所有零散话题？考虑一下我们早先对劳动协议中协商问题的分析。我们认为，在国内劳动关系法第8节下关于协商的"强制性"问题本质上是指那些若加以讨论会对双方都有利的问题，因为双方都有自己的诉求。

我们可以提出关于公司治理范畴的一个类似讨论。关于公司治理的"强制性"话题，或者说，是直接由董事会决定或代表的那些话题。这些话题可以分为几大类。第一类问题构成了公司的核心能力：是否进入一个新市场或开发一种新产品，是否开设或关闭一个工厂，是否投入一项新技术。第二类问题与给股东的支付有关：支付红利还是回购股票？如何筹措金融资本？是否接受购买公司的外界支付？这些话题是金融市场对刚才提到的操作决策的反应。第三类问题与董事会和执行官之间的合约关系有关：执行官的工资水平，董事职工优先认股权的整套措施，是否解雇执行总裁。这些条款是在提供保护反对机会主义行为的同时激励董事会和执行官最大化利润的自我强制合约条款的组成部分。

这三类问题的共同联系是它们都包含了那些消息最灵通的和最有动机去解决这些问题的参与方。他们都处于纵览全局的位置上，在这个级别上，较低级别但仍然资深的经理没有适当的知识基础和适宜的激励来解决它们。

尽管这些话题不是同等法律意识上的"强制性"，但在法律意识下集体协商具有"强制性话题"，那些我们称为公司治理的"强制性话题"和国家劳动关系法的强制性话题非常接近。在这两种情况下，协商局限于双方都有诉求的范围。而且，在国家劳动关系法之下，强制协商法律责任的本质是"真诚"协商，而不是为达成某个特定的决议。[60]从公司一方来看也是这样的。在关心的责任下，正如法院所解释的，董事会成员必须用真诚和充分的关心来参与决策。

公司治理最显著的特征或许是它对日常或每年的公司运作有多大的影响。公司治理仅仅包括蓝图和战略方向。将公司产品卖给消费者、雇用所需要的供给者和雇员等一系列复杂的决策,是没有从公司治理中得到指导的中层经理们的职责范围。如果董事会和执行官非常需要的话,运营话题可以被引进公司治理中,但他们通常不这样做。他们选择不讨论这些话题的原因是他们没有东西可加,并且他们明白这些谈话会存在机会成本。

然而,经营方面的话题是公司中层或高层官员(但不是执行者)的"强制性"话题。他们的强制性不是在任何法律意义上的,而是在某些相关个人(雇主告诉这些人那些决策是他们工作的一部分)的意义上。另外,这是适当的,因为恰当的高层和中层经理人员能最好地观察实际环境,受到最好的训练来做出并完成决策,因此最能最大化由他们的工作产生的经济价值。

如果我们用雇员组成高层和中层经理人员,那么整个情景就变得很清楚。存在三个主要集团:雇员(包括非执行经理),执行官员和股东。执行官员和股东之间的讨论是公司法中的传统主题,围绕着那些话题的是"强制性"。执行官和雇员之间的讨论是劳动和就业法的主题,围绕着那些话题的是工会部门中的"强制性",因为协商的责任遵循国家劳动关系法。在非工会部门他们通常按照那些本质内容相似的非法律强制规范来处理。

如果认为股东和公司之间的话题是公司治理,那么雇员和公司之间的话题可以称为雇员治理。公司治理和雇员治理的显著特征是它们大体平行,而几乎不会重叠。相关话题的划分由两个因素来驱动:第一,运用集团的相关能力解决不同的问题;第二,他们最密切地影响集团的预期支出。股东和公司讨论有关公司总资产如何组织和选择哪一种新的中心投资以及相关的问题。雇员和公司讨论与专用资产如何运用、雇主进一步投资的新方向以及雇员的价值相关的问题。股东和雇员都与公司讨论那些他们将得到的支付,这些讨论将决定哪一个参与方是剩余权索取者,哪一个参与方是可变权利的要求者,哪一个参与方宁愿通过成为固定权利的要求者而最小化他们的风险。决定这些支付的结构是否由法律上强制的合约或非法律的强制性规范来详细说明,并按照鼓励生产行为、阻止机会主义的方法设计出相应的制度安排。选择对雇员的成绩支付和对上市公司执行官的职工优先认股权是因为他们把不同参与方的激励结成联盟。

第四章 经过调整的权利和治理：雇员和股东之间的相互适应

按照这种观点，雇员治理既没有比公司治理次要也不比它更重要。对于成功的公司，两者都有必要存在。事实上，公司的价值在于它用一种让每部分都能解决那些最好解决的问题的方法来整合这些不同专长的能力。类似地，雇员治理既没有比公司治理更受局限，也不比公司治理更自由。如果一个公司要最大化参与方可利用的剩余可变支付，它需要掌握足够的关于外部和内部市场的投入信息。太多的管理会增加交易成本，而太少的管理会使公司缺乏见识。两种方法的结果都会减少投入提供者可得的剩余和可变支付流。

事实上，建立一种参与方之间相一致的政策目标是复杂的，因为这会牺牲某些通过公司整合作用产生的部分价值。要求生产线上的雇员与董事会一起研究来决定是否应该开发一种新产品，和要求董事会与雇员一起研究来决定一个特定产品在设备层面上应如何生产具有相同的优点。在大部分的时间内，在了解另一方已掌握相关信息之前，参与者双方都不会有任何的最初想法，不必保留他们的判断。另外，参与者双方都没有适当的激励来解决问题，因为没有实际的利润来补贴额外的工作。而且，在有些情况下，所有的参与方可能都没有适当的激励，并且往往利用他们在其他决策中的作用迫使他人在其他领域做出让步。[61]

封闭公司是这样的情况，在这种情况下，公司治理和雇员治理大概相似的策略很可能交叉或重叠。在封闭公司中，劳动和资本提供者对匹配资产有部分一致的了解。资产价值要么太特殊要么对要分配的投入功能来说规模不够大。在同意提供权益资本之前，资本提供者需要知道如何在车间形成资产。同样，除非雇员拥有某种对董事会决策的控制权，否则他们不会在资产上进行投资。

出售资产

那么，在非常重要的程度上，雇员是他们匹配专用投资的共同拥有者。他们得到一个可变的收入流份额——尽管不是一个剩余流——而且至少绝对地共同管理匹配专用资产的使用。然而，人们可能会认为，要求这种所有权和准所有权容易使人产生误解，因为雇员不能出售那些匹配专用投资，因此不"拥有"它们。当雇员做出联合匹配投资时，不管是培训还是互相认同，或者其他方面，如果雇员离开公司那些投资就损失了（对雇员和对公司来说）。

这种讨论直觉上是正确的：出售匹配专用资产问题很大。这种"有限的可转让性"适用于公司和雇员。考虑一下离开微软并到它的一个竞争对手那儿去工作的电脑程序员。这个程序员带着普通的培训到了微软，然而离开时带走了它。但是在为微软工作时，程序员也学习了如何用微软程序代码工作和与微软的文化合作。人们可以说微软和程序员联合投资产生的匹配资产具有其他价值，但是在一个较低的价格上，它反映了在估价和较低使用价值方面信息不对称问题。作为选择，人们可以把投资描述为纯粹的匹配投资（只在微软有价值而在其他地方无价值）与雇员离开时带走的价值递增的普通培训。后一种描述的一个优点是它把价值递增的普通培训看做是雇员补偿的一部分，可以诱导雇员做出部分最优匹配投资。

当人们考虑公司出售匹配专用投资的能力时，会引起同样的问题。公司不能轻易地出售这些资产，因为如果雇员能够离开，那么资产已经严重贬值。在某种程度上，滞后的补偿和为促使最优匹配投资而出现的其他机制有助于解决这些问题，即，在匹配资产的生命周期中，使雇员不离开的同一制度安排同样会使公司转移那些资产。非竞争条款可能也有助于阻止雇员离开，但是大部分公司把这些保护看做是不充分的，尽管公司有时可以控告雇员去势均力敌的竞争企业工作。尽管这样的机制限制了退出，却并不能阻止这种退出。这种情况是双向的：正如公司也可以脱身离开，如果它愿意放弃匹配投资的价值和声誉的影响的话；同样，雇员也可以离去，如果他们愿意放弃个人匹配投资的价值的话。[62]

从这种观点来看，上市公司的显著创新是它整体地提出了一套投资方面的成功案例，其中的许多投资可能是匹配专用的，用这样一种方法使总资产、公司适于销售给第三方。人们不应该低估打包资产（其中很多是无形资产），使它们在某种程度上可以像葡萄和汽车一样被买卖的功绩。当资产可以吸引不需要做出匹配投资的第三方多样化投资者来组成一体化时，它们为公司提供了进入外部资本市场的通道，随之而来的也有各种优点（和缺点）。

当然，不是所有的资产都可以被成功地重组，某些公司不适合上市。考虑一个具有少数雇员和实物资产的股东人数有限的生物科技公司。在最初的阶段，生物科技公司的创立是具有想法的卓越生物科技研究者和拥有金融资本和管理技术的风险资本家的一时兴起。在这个阶段如果双方任一方离开，公司会严重受损，但是背叛的一方也会受损。因此匹配投资产生

第四章 经过调整的权利和治理：雇员和股东之间的相互适应

了有益的锁定。当一定量的匹配投资能够从著名人士或初期投资者（或决策人）中分离出来，从而战胜关键参与者的阻碍问题时，封闭公司就变成了上市公司。

对封闭公司的处理表明：关于雇员对公司的机会主义行为的单方面弱点的普遍直观认识未必是正确的。当一个雇员具有大量的可获得的想法时，公司受那位雇员的支配，正如在刚启动的生物科技公司中一样。只有当雇员把核心能力转移给公司之后，公司才不再脆弱不堪。但是，在这种情况下，雇员也不是特别易于受到伤害，因为匹配投资已经没原来那么多。只有匹配投资会产生缺陷，因为它们是沉没投资。如果双方都维持联合投资的所有权，且达成了把他们锁定在一起的有利协议，那么双方都不易受到损害。[63]

这个有关封闭公司的例子很重要，相当重要的原因是它提示了拥有一个公司意味着什么。记住封闭公司的核心资产一般不能以接近它们价值的价钱被出售给第三方。反过来，这产生了必须要解决的特殊合约问题。封闭公司中的有限可转让性与拥有匹配专用投资的雇员出售这些资产的能力非常相似。在第一个例子中，对可转让性的限制不是一种法律限制，而是一种实践限制。在两种情况下，资产对匹配的参与方来说要比对任何第三方有价值得多。

在公司的背景下，无论财产法中的情形有多么普遍，更常见的情况是，容易转让远不是一个可用来界定所有权的性质。上市公司的股份相对容易转让是因为它在结合和转移匹配专用资产中起到了非同一般的作用，而不应该被更广泛地看做是所有权的一个必要特征。

结论：平行轨迹

我们讨论了出现在三种相关和重要背景下的不同种类的可变收益和治理结构：内部劳动市场、封闭公司和上市公司。这些比较的最重要特征是：在一定程度上，这些结构可以理解为是对某些问题的一种激励相容的解决办法，这些问题都是各方在最大化其联合利益时所面临的；当参与方表现出类似的产业组织特征时，也会出现类似的组织结构。这些相似性具有几个重要含义。

如果人们留心识别引出所有权问题的这些资产，很容易就能发现重要的雇员所有权和准所有权。公司是资产的集合，包括许多由公司和雇员共同做出的匹配专用投资。尽管雇员不是匹配专用资产或公司总资产的剩余权索取者，但人们确实发现了一些近似的模式，例如成绩支付（在这种情况下收益依据所观察到的投入的质量）和绩效支付（在这种情况下收益依据资产的产出）。雇员很少会接受一种完全可变的薪酬支付，这是由于信息不对称和风险厌恶的出现。

通常情况下，尽管在公司治理中人们没有发现重要的雇员参与，但是人们发现对那些受雇员治理影响的事情中存在重要的雇员治理。雇员们似乎不愿购买公司治理权利，这一情况似乎与公司治理情形相同，其中股东不参与那些直接影响雇员匹配资产使用的日常决策。这样，雇员治理和公司治理不会出现重叠，各方均参与那些他们最熟知的事项及最可能受直接影响的支付流。这种结果不受法律规定的支配：正如对董事会的微观管理很少存在法律障碍一样，对雇员协商那些处于企业控制核心的问题也很少存在法律阻碍。

从这一点看，上市公司中的雇员和股东似乎是并行不悖的。关于他们之间的匹配专用投资、雇员所有权、治理和可转让权与股东的情形非常相似，尽管参与方在寻找有关收益和风险的一整套不同的措施。一方面，股东几乎不参与匹配资产的使用期限，而把他们的利益交付给其代理人和公司的高级执行官。另一方面，雇员几乎不参与整个公司资产的使用期限。雇员通过对他们匹配资产的可变索取权而非剩余索取权来表现他们的风险厌恶程度；投资者通过接受日益增加的剩余索取权风险来表现他们的风险厌恶程度，而通过证券组合来分散风险。

在上市公司中，并行轨迹的比喻得到了封闭公司这一模式的支持。封闭公司中出现的宽泛管理是因为所有者/管理者在两个"强制性"话题集合中有共同的经验，他们可变和剩余支付流的混合具有更广泛的风险。这些并置很重要，因为它们表明：我们在上市公司中所发现的，并为考虑雇员所有权和雇员参与公司治理提供了传统模型的更严格的所有权和管理等专用概念，对于封闭公司这种组织形式来说是独特的。

上市公司股东所获得的所有权和治理权类型并没有什么特别吸引人的地方。如封闭公司所表明的那样，上市公司的普遍特点——拥有选举董事长和最终解雇经理的权利和自由可转换证券——是特定模式的商业组织结

第四章 经过调整的权利和治理:雇员和股东之间的相互适应

构。而且,许多投资者相当理性地选择成为另一种债务持有者。股东和债券持有者之间、"所有者"和"债权人"之间、股东和雇员之间的不同在于他们权利束的差别。在一个相当有效的市场均衡中,这种选择依赖于参与者的不同需求和偏好。

如果政策目标是让雇员更紧密地与股东打成一片,那么人们会在封闭公司中发现目标成绩和约束。在封闭公司中,雇员和股东的并行轨迹相互重叠。但是雇员和股东团结的美好愿景具有严格的限制。作为股东的雇员可以获得他们现时的人力—金融联合资本上的高风险收益。尽管他们广泛参与管理,但他们这么做在某种程度上是因为没有其他人能替代他们。同样,他们出售公司的能力会受到限制,因为封闭的资产很难评估和出售。

我们已经表明,正如产业组织理论所传授的那样,所有权和治理以及雇员在其中的作用依赖于决定公司所有权的四个关键因素:匹配投资、不对称信息、风险厌恶和交易成本。当股东和雇员发现他们自己处于和这些环境类似的情形时,他们会采取类似的结构,比如在封闭公司中的情况。当他们所处的情况和这些不相同时,他们会采取不同的结构。有关让雇员参与所有权和"公司"治理的传统建议之所以在现实中行不通(除了强制和补助外),因为他们忽略了参与者所在行业的主要组织特征。换而言之,他们还没有注意到股东和雇员之间的相似性。

【注释】

[1] 参见 Easterbrook 和 Fischel (1983)。

[2] 正是因为这一问题,Henry Hansmann 关于雇员所有权分配的许多重要工作有了方向(Hansmann, 1996)。

[3] 参见本书第 2 章。

[4] 参见 Summers (1982,第 170 页),也参见 Gower (1969,第 10 - 11 页):"雇员是公司的成员,他们与股东相比,在更大的程度上为公司工作,法律上坚持把股东当做所有者。"

[5] 例如,可参见 Gower (1969)、Summers (1982)、Hyde (1991,第 183 页)、Gould (1993)、O'Connor (1993)。

[6] 从经济角度对工人所有权和公司管理的讨论,参见 Jensen 和 Meckling (1969);Hansmann (1990;1998,第 291 - 296 页);Easterbrook 和 Fischel (1991,第 69 页;1983)。对于所观察到的极少量的劳动者拥有的公

司的不同解释的讨论，可参见 Putterman（1993）和本书第 1 章。

［7］可参见 Wachter（1995）。

［8］在极端的情况下，专用匹配投资在匹配外没有任何价值。

［9］参见 Wachter 和 Wright（1990，第 89 页）。

［10］参见 Wachter 和 Wright（1990，第 89－90 页）。

［11］参见 Coase（1937）。

［12］参见 Ehrenberg 和 Smith（1994，p.448）。

［13］参见 Rock 和 Wachter（1996）。

［14］参见 Ehrenberg 和 Smith（1994，p.394）。

［15］参见 Lazear 和 Rosen（1981）。

［16］参见 Ehrenberg 和 Smith（1994，第 394 页）。

［17］参见 Wachter（1995，第 17－18 页）。

［18］参见 Summers（1994，第 126 页）；Riordan 和 Wachter（1982）。

［19］参见 Ehrenberg 和 Smith（1994，第 373 页）对环境的讨论。

［20］我们在本章的陈述是非常简洁的，因为在其他地方较详细地讨论了这些问题。可参见 Wachter 和 Wright（1990）。

［21］对这一文献的更进一步讨论，可参见 Wachter 和 Wright（1990）、Ehrenberg 和 Smith（1994）、Wachter（1995）。

［22］参见 Baily（1974）、Azariadis（1975）。

［23］参见 Wachter 和 Wright（1990）。

［24］关于这一现象的评论，参见 Mitchell, Lewin 和 Lawler（1990）；Kling（1995）。反过来，对绩效支付相当不利的评价，参见 Kohn（1993a，1993b）。然而，也要注意 Beer（1993）对 Kohn 的响应。Beer 认同经理们经常误用激励支付这一点，但同样描述了这些情况——在这些情况下，对绩效的支付是必要的、有用的。

［25］参见 Brown（1990），Mitchell、Lewin 和 Lawler（1990）。

［26］参见 Eaker（1992，第 608 页）。

［27］参见 Mitchell、Lewin 和 Lawler（1990，第 30 页）。

［28］参见 Kay（1992，第 217 页），接近于 1991 年合意集团（Hay Group）的"执行补偿报告"。

［29］参见 Malcomson（1984，第 487－488 页）。

［30］参见 Lazear 和 Rosen（1981，第 842 页）。

第四章 经过调整的权利和治理：雇员和股东之间的相互适应

[31] 参见 Brown（1990，第 180-185 页）。

[32] 参见国家事务局（1992，第 118 页），正如 Lewin 和 Mitchell（1995，第 414 页）所谈到的那样。更详尽的分析参见 Freeman 和 Medoff（1984），例如，关于教师支付的讨论在第 126-128 页。

[33] 参见 Freeman 和 Medoff（1984，第 123-126 页）。

[34] 参见 Summers（1994）。

[35] 法律文献表明章节 8（a）（2）中诉讼的影响极小，很少有公司抱怨过它，但 8（a）（2）仍然是一个潜在的问题。参见 Powers（1988）。

[36] 同样，正如 Hansmann（1990，第 1804-1805 页）指出，"工会通过采用这个策略避免某些成本高昂的内部冲突……把他们自己限制在诸如工资、工作时间和工作分类这样的事情中，工会可大大避免在他们成员之间出现招人嫉妒的区别。他们可以把那样的任务留给管理人员，而采用简单的和不太有争议的强制策略，从而达到关于他们所协商的主题的进一步平等"。

[37] 参见章节 8（d）、8（a）（5）、8（b）（3）、29U.S.C. 158（d）、158（a）（5）和 158（b）（3）。

[38] 纤维板纸品公司 vs. NLRB，379 U.S. 203 at 220-222（1964）。

[39] 国家劳动关系法下关于协商的"强制"和"许可"话题的全面的讨论，可参见 Wachter（1999），也可以参见 Hylton（1994）。

[40] 关于交易成本的争论支持为什么董事由股东选举并期望从股东中物色，参见 Williamson（1984）。

[41] 参见规则 14a-8（i）（7）。

[42] 四种因素也可以被应用于债务市场。对多样化债务的持有者来说，通常匹配投资同样小或可以忽略。与权益持有者相比，信息不对称对债务持有者来说更不算是问题，因为他们权利的有限复杂性以及债务将早于权益而被首先支付，这样股东可能不太担心经理会采取机会主义行为（除了在公司破产的情况下）。交易成本对债务持有者来说是低的：标准形式的债务合同容易得到。最后，债务资本提供者同样很容易通过多样化来表现他们的风险厌恶程度。

[43] 现在，存在丰富的关于风险资本启动的结构和治理的文献。见 Gormand 和 Sahlman（1989）、Barry 等（1990）、Sahlman（1990）、Lerner（1994，1995）、Gompers（1995）、Lerner 和 Merges（1996）。对"私募股

权"(private equity)的更全面描述，可参见 Fenn、Liang 和 Prowse (1995)。

[44] 关于封闭公司中这些典型问题和解决方法的描述，参见 Groman 和 Sahlman (1989)、O'Neal 和 Thompson (1986/1995)、Barry 等 (1990)；Lerner (1995)。

[45] 参见 O'Neal 和 Thompson (1986/1995)。

[46] 例如，参见 Del. Code Ann. tit. 8, sec. 342 (a) (1)（封闭公司拥有 30 个或更少的股东）。

[47] 参见 O'Neal 和 Thompson (1986/1995)。

[48] 关于本段这些条款的进一步讨论，可参见 Gorman 和 Sahlman (1989)，Barry 等 (1990)，Fenn、Liang 和 Prowse (1995，第 32 - 33 页)，Gompers (1995)，Lerner (1995)。

[49] 证据表明，更年轻的风投企业会更快捷地公开接管那些被低估的企业，可参见 Gompers (1996)。Lerner (1994) 讨论了风投资本家如何在 IPO 市场上高价公开地收购企业。

[50] 参见 Sahlman (1990)、Gompers (1995)。

[51] 参见 Hyde (1991，第 173 页)、Miyazaki (1984)。

[52] 参见 Brown (1990，第 180 页)。

[53] 参见 Freeman (1982，第 4 - 5 页)。

[54] 参见 Lewin 和 Mitchell (1995，第 179 - 181 页)。

[55] 参见 Kay (1992，第 8 页)。

[56] 对于雇员股票所有权的希望，可参见 Blasi (1988，第 241 页)；对于这些希望结果的判断，可参见 Blasi、Conte 和 Kruse (1996，第 61 页)。

[57] 参见 Levin (1985，第 167 页)。

[58] 德国法律要求共同决定因素的形式为：规定大量的工人参与公司治理，而不要求工人的权益投资，并且工人不能直接参与净盈利的分配。这样工人代表对监督委员会的作用主要是收集和交流信息，而实际上工人在工作委员会中发挥作用。然而，工作委员会代表不直接"代表"工人，因为禁止他们主动参与类似工会的活动，例如组织工人行动反对雇主。对德国实践的更多的讨论，见 Hansmann (1993，第 600 - 605 页)，以及本书由皮斯托、罗伊和弗里克所写的第 5 章、第 6 章、第 7 章。

[59] 参见 Lorsch (1989)。

[60] 国家劳动关系法章节 8 (c)，29 U.S.C. sec. 158 (c)，提出：

第四章 经过调整的权利和治理：雇员和股东之间的相互适应

"集体协商是雇主和雇员代表相互承担责任的表现，为在合适的时间会见并真诚交换关于工资、工作时间、工作条件和其他条款的意见，或是就一个协议或任何因此引起的疑问进行协商。"

[61] Williamson（1984，第1206-1207页）。

[62] 在这里，匹配专用投资的概念应该与知识产权的概念区分开，知识产权可能普遍对很多公司有价值。如果软件程序员携带的发明在公司外具有重要的价值，事实上，如果它们对其他公司比对发明它的公司更有价值，那么它们就不是真正的匹配资产。如果这是经常性的情况，那么在引致这种容易被盗的资产的最优投资中将会存在一个严重的问题，但它不是一个与出售匹配资产相关的问题。

[63] 关于这些问题的全面讨论，参见Rock和Wachter（2000）。

第 二 部 分
德国的共同决策制

第五章　共同决策制：一个关于治理的外部性的社会政治模型

卡塔琳娜·皮斯托（Katharina Pistor）

共同决策制和公司治理有着相同的目标——控制大公司（企业）的经济权力。但在其他方面，这两个概念存在着不同的含义。共同决策制主张将经济力量赋予那些控制生产方式并把雇员参与治理看做是对抗资本所得的工具。相比而言，占主流地位的公司治理范式主张将控制权赋予资本所有者，并且将管理视为其代理的义务，雇员则被看做是公司的利益相关者，而非公司管理的持久合作者。本质上，两种模式的根本区别在于共同决策制是一种社会治理模式，而公司治理只体现在企业层面上。

社会层面的治理和公司层面的治理有着不同的社会经济根源。共同决策制起源于19世纪末期欧洲的社会运动，一方面，雇员直接参与公司决策程序被看做是解决古典自由主义的自我管理和个体权利之间的矛盾的一种方法。另一方面，正如马克思所描述的，工业化的发展促成了建立在自身劳动成果基础上的工人联盟，大公司工人的这种地位上的变化也使得其不再被狭隘地看做是左派。在这种情形下，Otto v. Gierke，一个保守的、研究德国法律传统和商业组织的学者，在1868年写道："只拥有少数财产的阶级的经济个性已经或正在被资本主义大企业所剥夺，旧的经济体被分解成松散的微观个体，这些微观个体则重新组合成强有力的实体并且这一实体的势力不断得到加强，资本则是这一实体的基础和所有者，劳动仅仅是附属性的工具。"[1]

公司治理这一概念出现的时间相对较短，最先发源于20世纪30年代早期的美国，出自Adolf Berle和Gardiner Means关于现代公司的经典著作当中。[2]这一概念的出现与其说是为了对社会冲突做出回应，倒不如说是美国经济发展的结果。在经济发展过程中，分散的股东拥有的控制权越来越少，从而使得管理者的控制权得到进一步的加强。用19世纪社会鼓吹者的话来说，可以称这种情况为"建立在资本基础之上的所有者联盟。"在德国，有关公司治理的争论直到20世纪80年代才引起足够的重视，焦点在于所有权与控制权的分离。这一争论要晚于1976年法律对德国共同决策制的采用。因此，公司治理并不是争论的主要问题，重点被放在社会治理上，相比之下，共同决策制对公司治理的启示则是次要的。[3]并且，公司治理争论并非国内独有，而是舶来品，可以用一个在德国被广泛使用的英文术语"公司治理"或"股东价值"来表示。德国注重企业层面上的治理在很大程度上是学者们对不同的公司治理制度进行比较的结果。

直到20世纪80年代，德国仍然主要专注于劳动和资本的对抗性，因此很少注意到资本收益可以在股东收益和管理者收益间进行分割。1998年立法机构实行改革，通过颁布法律以强化现有的控制机制。[4]但是，这些改革终止了对共同决策制这一概念的质疑，对监督委员会的作用也产生了影响，并使监督委员会对德国公司治理结构负最终责任。比较一致的意见认为，共同决策制的成功之处不仅在于建立社会治理，并且也提供了社会安全，任何改变现有制度设置的尝试都会危及这一成效。事实上，由于被工会及其政治联盟视为对共同决策制原则的破坏，先前的减少监督委员会成员数量的建议遭到其极力反对，已经从目前的改革议程中消失。

本章则是要尽力评估共同决策制对公司治理的冲击和影响。首先，对德国共同决策制的历史演化进行简单的回顾。其次，在多党制联盟的框架

第五章 共同决策制：一个关于治理的外部性的社会政治模型

内讨论共同决策制的外部性问题，同时实证检验共同决策制对德国共同决策制中的股东、雇员和管理者之间关系的影响。

德国共同决策制的演化

在今天的德国，共同决策制在两个层面上得到体现：在生产线这一层面，共同决策制通过工人委员会得到体现，通过工人委员会，雇员获得信息和参与决策的权利，这将直接影响他们的工作地位；在公司层面上，共同决策制通过雇员及其联盟在监督委员会中的代表得以体现。公司层面上的参与治理可以追溯到19世纪末期。[5] 1891年8月的一个关于企业家行为的法律修正案规定，公司内部可以在自愿的基础上成立工会。第一次世界大战期间，当"服务祖国的法律条款"得到通过并迫使那些不积极参与工会的男性公民参与战争以及军事生产时，工会和社会民主党抓住这次机会，从而使得成立这些委员会成为强制性规定，他们说服政府在法律中纳入强制性成立工人委员会和工人仲裁机构的条款。一旦这些法律得以实施，雇员和工会代表间的矛盾就会日益激化，工会代表被指控与资本家和好战分子站在一起，从而危及工人的权利和利益。[6] 这些在共同决策制实现过程中存在的工会工人与其他雇员间的潜在利益冲突现象值得关注，因为这些冲突后来变得更加明显。引入强制性的共同决策制的时间安排表明，严重的政治和经济危机在形成一个国家的社会和法律制度中扮演着重要角色。[7]

第一次世界大战后，德国《魏玛宪法》不仅在宪法上承认工人委员会是公司的实体，而且在宪法上承认其是代表劳工利益的政治组织，因此，这些委员会被要求在地方和联邦政府管理中扮演政治角色。[8] 然而，后来的法律规定使得这一角色仅仅在公司层面上得到实现。1920年，德国通过了一项在公司内部成立工会的法律，1922年又通过了在股份公司监督委员会中必须有工会代表的法律，从而使工人参与治理的范围超出了生产线的水平。[9] 随着法西斯体制的建立，无可置辩的中央集权原则得以实施，共同分享的模式被废弃，这些法律也被废止。

第二次世界大战后共同决策制的发展深受德国法西斯主义经历的影响，法西斯权力的一个重要支柱在于强有力的私人资本——特别是鲁尔区的煤炭与钢铁工业——与政治体制的结合。政府大臣和基督教民主党的首脑

Konrad Adenauer 在 1947 年认为,"鲁尔区工业——确切地说是煤矿开采业和重金属工业——利用政治影响力扩展其经济势力,这一势力不断积聚并导致了 1933 年那场德国人民的灾难。"[10]当时比较流行的观点认为,政治民主与私人资本的使用必须与社会约束相结合,即与经济民主相结合。

1949 年宪法第 15 条明确规定将工业国有化的可能性,并且,这一法律条款在保护私人财产和社会财产间建立了宪法上的联结。宪法第 14 条保证了私有产权及其可继承性,但规定"产权的内容和范围由法律来决定。"并且,第 14 条第 2 款确切表明财产不仅是一种权利更是一种责任,私人产权的实施应当使整个社会受益。

战后德国占领当局的政治领导者也希望阻止国有大型工业的解体,这被认为是战后重建所不可缺少的。为了安抚占领国以及欧洲邻国,一种治理结构以共同决策制形式被设计出来,这一结构具有社会治理的特征,并通过将战时工业纳入到欧洲组织以实现一体化,进而实现多边治理。欧洲煤钢共同体在德国以 Montan 联盟("Montan"指的是煤炭和钢铁)的形式存在,通过各方共同努力而形成,并且成为将来欧洲一体化的中心。

工人参与的制度基础来源于 1951 年有关煤炭和钢铁行业公司实施共同决策制的法案,以及 1952 年有关公司内部组织的法律。1952 年的法律重新恢复了魏玛共和国时期就已经存在的公司层面上的雇员参与,1951 年的法律则保证了雇员在煤炭和钢铁行业的监督委员会中拥有平等的代表权;1952 年的法律规定其他行业工人数超过 500 人的公司中的雇员享有向监督委员会选派代表的权利,并且要求监督委员会中雇员的代表应达到三分之一;1976 年有关共同决策制的法律将监督委员会中拥有平等地位的雇员代表这一条扩展到德国所有的大公司。

煤钢行业中的共同决策制(1951 年)

1951 年关于煤钢共同决策制的法律适用于雇员超过 1 000 人的煤炭和钢铁的开采和加工企业[11],这一法律至今仍然有效。根据德国公司法,股东选举形成的监督委员会负责公司执行委员会的任命与解散,并监督执行委员会,向公司管理机构提出建议。而法律则将监督委员会排除在公司日常管理之外,这一职能则由执行委员会来承担。但由于监督委员会任命执

第五章 共同决策制：一个关于治理的外部性的社会政治模型

委员会，因此它拥有控制公司管理的最终权力。

1951年的法律扩大了监督委员会的规模以容纳雇员代表，公司被强制要求形成一个11人的监督委员会。[12]在这一法律下，5名成员由股东选举产生，5名成员由公司雇员选举产生，因此，法律在监督委员会内部形成了两个集团：股东集团和雇员集团。每个集团的4名成员必须是普通的股东或雇员，第5名成员则是一名局外人，在得到任命之前的12个月内，他或她必须不是雇员联盟和工会的成员，也不是股东或雇员。对雇员代表还有额外的限制，3名雇员代表根据各自的程序选举产生，至少必须包括1名蓝领和1名白领，雇员代表还必须得到相关工会组织的认可。第11名成员，也就是所谓的中立者，通常就是监督委员会的主席，由股东大会根据5名股东代表和5名雇员代表的推举产生，为了获得提名，候选人必须至少获得每个集团的3张选票，并且法律还提供调解程序以解决提名失败的问题。1951年的法律还影响到执行委员会的结构，这一法律要求公司设立特别的工人董事，并且赋予雇员在任命工人董事时更大的权限，工人董事不仅要得到监督委员会中多数成员的认可，也要得到其中雇员集团多数成员的认可，工人董事拥有和其他董事一样的权利，但其职能是专门从事雇员事务的管理，诸如雇员工作条件、工资和收益等方面。

煤钢共同决策制的效果

从企业层面的治理角度来看，共同决策制特别重要的特征在于将部分控制职能转移给代理人，代理人的职位由雇员根据其利益来决定，而不是由资本提供者或现金流所有者来决定。代理人的利益偶尔会与股东利益相一致，对雇员来说，公司的生存、工作场所的保护像他们的工资和非工资收益一样重要，是主要的利益所在。[13]相比而言，股东则可能更加注重他们投资的货币价值。

对1951年法律约束下的监督委员会职能的实证研究相当有限，20世纪50年代和20世纪60年代早期的关于共同决策制的实证研究主要集中于工人参与对其自尊的影响，而不是委员会可能发生的冲突。[14]这些研究工作反映了共同决策制可预知的目的：工人作为公司运转中的参与者是一体的。然而，在20世纪60年代末期，特别是随着1969年社会民主党在政府中取得优势,一场关于是否将共同决策制扩展到所有大公司的争论开始了,这一争论导致了对1951年法律的更加系统化的研究。

更加综合性的研究是由政府发起的,其通过建立一个特别的委员会来研究共同决策制的效果。[15]委员会发现股东和雇员之间潜在的对抗状态并没有导致不断的冲突,这或许应归因于委员会内部股东和雇员代表间的劳动分工:股东一方关注投资决定和货币回报,而雇员一方则主要关注劳动的工作条件。双方各自的政党建立一种合作联系,并且对共同决策制的正面效果进行评估。[16]在共同决策制的经济影响分析中,特别委员会并没有发现共同决策制对公司绩效有负面影响,特别是那些没有实行共同决策制的公司并不见得取得了较好的绩效,虽然这样的比较通常是复杂的,但事实上,没有实行共同决策制的公司主要属于煤钢以外的其他行业,并且面临着不同的问题。

虽然特别委员会对共同决策制得出了全面的肯定性的评价,但是同样指出了几个负面倾向,即,共同决策制可能会支持公司战略行为从而保护公司免于竞争,例如实行高额投资或组成卡特尔联盟等。[17]特别是当一个公司面临沉重压力时,管理者和雇员的利益往往趋于一致:他们的共同主要的利益都在于公司的生存问题。结果是,双方都支持高额投资战略以鼓励就业从而表现出公司繁荣的景象,并将那些不利于公司的观点归罪于外在因素。在支持共同决策制的观点中存在一些争论认为,共同决策制并不支持卡特尔联盟,因为雇员反对合并以保护他们自己的利益。事实上,特别委员会也确认,雇员经常延滞合并决议以确保劳动力的利益得到充分考虑。然而,如果卡特尔导致公司市场份额增加,使得雇员和联盟的代表获得积极的效果,那么雇员则会选择支持卡特尔。

除了特别委员会的调查,一些学术性研究同样也对共同决策制进行了分析。从企业层面的治理角度来看,最有价值的数据来自于Dorothe-Brinkmann-Herz的研究。[18]他们对实行共同决策制和没有实行共同决策制的公司的监督委员会进行研究,确认了关于监督委员会众所周知的结论,即无论实行共同决策制与否,监督委员会在执行委员会的任命方面具有决定作用,候选人根据非正式的程序选举产生,在这一程序当中,执行委员会主席扮演着关键角色,有时个人或者局外人也参与其中。当执行委员会选举开始的时候,监督委员会通常会向每个职位推举一名独立候选人。当执行委员会的成员被认可之后,监督委员会对执行委员会施加影响的能力将不再明

第五章　共同决策制：一个关于治理的外部性的社会政治模型

显，实际上，监督委员会发现来自执行委员会的信息总是不充分的，或者总是滞后的，以至于不能用于详细的分析。

根据 Brinkmann-Herz 的研究，1951 年煤钢行业法律框架下共同决策制的影响并不在于减少了其他功能良好的治理机制的效力，而在于为监督委员会注入活力，同时在没有改变监督委员会被动地位的条件下为监督委员会和执行委员会间的关系注入活力。监督委员会被分割成两大集团，这导致两大集团面临相互隔离的决策程序，雇员代表通常事先碰面然后决定投票策略，这对于股东而言则未必如此。双方间彼此很少相互影响：如前所述，雇员一方专注于与社会和就业相关的事件，而股东一方注重于财务问题和商业战略问题。

这一结果表明，实行共同决策制的公司在制定公司策略的时候会更加注重与社会和就业相关的问题，但劳动并没有摆脱资本的控制。可观察到的交流模式显示，两大集团互相独立地与监督委员会中的第 11 名处于中立地位的成员以及执行委员会保持联系，结果形成四大（五大）集团结构：股东集团、雇员集团、中立人和执行委员会，而在执行委员会内部，特殊的工人董事与主席和其他成员立场相对立。

1976 年模式及其演化

当 Brinkmann-Herz 的研究在 20 世纪 70 年代早期出版时，关于将共同决策制扩展到所有大公司的争论也达到高潮，将来可能的共同决策制模式由三个主要的政党加以发展：基督教民主党（CDU）、社会民主党（SPD）和自由党（FDP）。各主要政治势力参与新的共同决策制概念的界定反映了对共同决策制进行推广的一致要求。支持共同决策制的观点就像 1951 年证明煤钢行业的共同决策制的观点是正确的一样：工人是生产要素的提供方，共同决策制将强化工人的权力，并使他们在资本主义生产进程中能够与资本家成为平等的伙伴。由于企业意义上的参与层次太低以至于不能实现这一目标，因此，工人委员会中的雇员对政策变化具有很少的决策权。一种解决的方法在于让工人参与公司重要战略的决定，因为这些决定将最终决定他们的命运。

在政治争论中，一个有兴趣的现象是，所有的政党都把注意力放在共同决策制设计中可能出现的微小的变化，而忽视了最起码的问题，即 1951 年的法律究竟在现实中表现如何。而关于选定的解决方法是否能够满足有效的社会治理这一可预见的目标始终没有出现，正如 Brinkmann-Herz 关于工会的描述一样：

> 工会通过不断的斗争发表他们的公开意见并登上政治舞台，以推广共同决策制，并将在监督委员会中享有平等代表权这样一种模式确认为有效的共同决策制，对这种看法的任何质疑都将使为推广共同决策制所做出的努力和已经取得的成就遭到破坏。[19]

在政党和工会间最受争议的是结构问题，焦点在于执行委员会中是否需要一名董事来负责社会和就业问题；委员会是否需要代表国家、地区或市政当局的第三方；是否应当包含工会代表，当然这一代表同时不会属于雇员代表；多少代表被指定为两大集团成员；是否需要"中立人"；雇员集团中的白领和蓝领的比例是多少。[20]社会民主党、国家劳工联盟以及各种各样的工会组织都主张在监督委员会中赋予局外人重要的角色，例如，社会民主党建议雇员代表中至少有一半的成员应当由局外人构成，而这些局外人由工会推举产生。相应地，代表公共利益的第三方集团则由白领劳工联盟和天主教劳工运动推举产生，这些代表在必要的时候在其他两大集团间起到调停作用，并且，社会民主党希望在执行委员会中通过选举任命三分之二的多数成员，以加强雇员对公司管理的影响。

基督教民主党这个保守的政党也主张在监督委员会中给予雇员和股东平等的地位，当然也包括雇员集团中的外界代表。他们还建议将监督委员会的成员增加到20人——股东代表10人，雇员代表10人——并且还必须至少包括1个白领工人、5个蓝领工人和由工会推举和雇员选举产生的4名外部成员。

自由党则反对在雇员集团中出现外部成员，主张提高白领工人在监督委员会中的作用。该党内部的不同派系提出了两种模式，其中之一建议股东和蓝领工人拥有平等的代表，但前提是两名白领工人已经包含其中。而且，自由党关于白领工人的建议正好迎合了工会组织的强硬立场，他们的委托人（工会）的立场并非受到他们所支持代表的影响，而是受到来自于公司管理者，即资本代表的影响。

所有建议的模式都要求公司执行委员会中有一名负责社会和就业事务的董事，然而除了工会以外，没有任何关于这名董事的选举需要雇员集团

第五章 共同决策制:一个关于治理的外部性的社会政治模型

多数赞同的建议,正如煤钢行业共同决策制模式那样。

经过7年之久的公开争论之后,德国于1976年最终采纳了关于共同决策制的法律。[21]这一法律适用于除了煤钢行业以外的其他所有雇员超过2 000人的公司,煤钢行业仍受1951年的法律的约束。1976年的法律规定了监督委员会中股东代表和雇员代表享有平等的地位,并且法律还对监督委员会的规模做出了规定:不足10 000名雇员的公司由12人组成,10 000到20 000名雇员的由16人组成,超过20 000名雇员的由20人组成。股东代表由法人团体根据相关法律指定产生,例如,对于股份公司而言,代表则由股东大会来决定;对于有限责任公司,代表则由合伙人共同决定。雇员代表则由雇员内部由蓝领和白领组成的两大子集团推举的代表通过选举产生。白领工人则受到特别的关注,他们的代表地位可以说是那时主要政党间非常脆弱的妥协结果,如社会民主党及其合作者和自由党,后者则是白领工人(常常是管理者)利益的主要鼓吹者。与自由党原先建议的白领工人保留固定数量的席位不同的是,法律规定雇员代表中白领工人和蓝领工人按照一定的比例来分配代表名额。

雇员代表并非由直接选举产生,相应的是,雇员首先选举委托人,由这些委托人再选举雇员在委员会中的代表。选举费用由公司来承担,对大公司而言,选举费用一般在100万到500万德国马克左右。[22]一系列有关投票规则的出版物则为不同规模和结构的公司提供向导。[23]白领和蓝领工人根据不同的选举程序来选举他们各自的代表,工会的代表在整个雇员代表中占很少的名额,由相同委托人根据工会的建议选举产生。1976年的法律并不要求雇员中选举出来的代表要得到相关工会的同意,这一点与1951年的法律有所不同。

一旦两大集团的成员通过选举产生了,监督委员会就从委员会现有成员中选举产生主席一职,与1951年的法律相比,1976年的法律并不要求委员会主席是一个"中立者",他可以是股东或者雇员代表中的一员。如果监督委员会内部不能就某个候选人达成多数一致意见,即劳动者和管理者都互不赞同对方的代表(这是一种正常现象),那么监督委员会主席的候选人将由股东一方提出并由股东代表选举产生,这种安排在现实中非常盛行。因此,监督委员会主席的隶属关系将是至关重要的,因为在一个平局的投票中,他或她拥有打破这种平局的权利。由于这种结果偏向于股东一方,因此这种模式被称为"准平等"共同决策制,这与1951年法律下的"完全平等的共同决策制模式"相对立。[24]并且,为了确保董事的任命与雇员代表的投票结果是一致的,实行共同决策制的公司的执行委员会成员必须经过三分之二多数通过才能产生。

法律诉求

关于1976年共同决策制法律的公开争论并没有随着法律的通过而结束,在制定这一法律的前几年中,一个由雇员协会、受这一法律约束的公司和股东团体组成的反对派形成了,由德国保护股份所有权联盟、受新法律影响的9个公司、29个雇主协会组成的诉求集团对这一法律是否符合宪法提出了挑战。有趣的是,新法律的主要挑战者并非是来自股东,而是来自于公司以及作为公司法律代表的管理阶层组织的雇主协会。因此,在整个进程当中主要的问题并不是共同决策制是否会降低股东的价值,而是其是否会妨碍公司的利益以及公司被管理的方式这一点就不那么让人感到吃惊了,因为公司被管理的方式当然会影响到股东的价值。而"公司利益"则是一个模糊语句,在某些场合可能就是表示公司管理者的利益。

德国宪法法院支持1979年的法律,其强调指出,新法律主要为了实现某些社会经济目标,并且,立法机构有权利决定这些规则,即使会约束到个人或者实体的某些权利。除非目标本身或实现目标的手段违背宪法或者根本不能够达到目标,否则这些权利必须服从于"公共利益",因此,才对上述个体或者实体的权利提出一种未置可否的限制。[25]这些解释也符合宪法法院在判断立法机构活动合宪性时的谨慎立场。但是,这些法律声明和解释也反映出宪法法院采纳了企业是劳动和资本联合体的主流观点,因而没有认识到资本、管理者和股东代表间可能的利益冲突。[26]法院在其裁决中使用的是"企业"而非"公司",这不仅是语义上的问题,更主要的是反映了有关公司的法律形式、企业的特性和权利间区别的长达一个世纪的争论。许多美国的法律学者经过长期的深思熟虑之后认为,公司是"合同的联结",这已经超出了公司是具有某些法律权利的法人实体的法律虚拟的范畴,但是德国的法律学者、法官和政客仍旧将企业视为具有自身权利的单位。[27]在企业当中,主要的是劳动和资本的对抗而非所有者和代理人间的对抗。

第五章　共同决策制：一个关于治理的外部性的社会政治模型

共同决策制和多边参与情况下的公司治理动态

在1976年共同决策制法律和最终实行的模式被采纳以前，争论的焦点在于如何保证让工人参与社会治理。而关于共同决策制对公司治理的影响在很大程度上被忽视了，无论决定法律规则内容的基本观念是什么，一旦它们被通过就都会产生影响，这是立法者所预料不到的。共同决策制的目标在于加强公司治理中雇员的角色，从而给予社会治理以优于私人资本的有利地位。以这一目标作为基准，我们可以预期各种可能的结果：法律取得胜利，并且共同决策制也导致了企业治理中雇员的极大参与；法律没有成功，雇员在企业治理中起着无足轻重的作用；或者共同决策制影响着治理的发展动态，我们也很难简单地区分这一影响到底是成功还是失败，我们也很难证明第一种还是第二种预期是必然的，因为实证研究非常缺乏，并且所有的实证研究都面临着同样的问题：假定共同决策制被采纳以前不存在监督委员会，因此这将很难把对雇员没有产生预期的影响的这一事实看做是共同决策制的失败。

更值得考虑的问题在于企业治理的发展动态是否是对实施共同决策制做出的反应。从理论的角度来看，共同决策制对公司治理的影响预期能产生两种结果，第一，由于监督委员会中代表利益的差异性，所以它导致了集体决策成本的上升；第二，改变了监督委员会和公司管理阶层间的关系，从双边的控制关系——相对统一的监督委员会监督相对统一的执行委员会转向多边安排，其主要特征很少体现在控制上，更多的是体现在互相影响上。企业治理发生于当企业不是由单一的所有者直接管理的时候。此时，有不同利益的多边所有者参与企业治理，或者管理权被赋予其代理人。只要多边所有者参与企业治理，决策成本就会增加，增加的多少取决于不同类型的所有者间的差异程度，这反过来又决定于他们是作为投资者、生产者、工人还是消费者与企业发生联系。[28]在这些不同的群体中，每个群体都具有不同的利益，但利益的差异性在一些群体当中要比在其他群体当中表现得更加明显。虽然投资者会由于税收状况、债权人的利益和对风险和流动性偏好的不同而不同，但是他们都把主要的目的集中于最大化投资价值。雇员中不同的利益群体的利益往往会更加多样化，特别是在大企业中（这也有助于解释为什么雇员所有制主要集中于那些雇员特征相对同质的企业）。只要不同利益的多边所有者参与企业治理，集体治理的成本就会上升。

当企业所有者将职业经理人引入企业作为他们代理人的时候，企业治理或许就应当承担代理成本。[29]当然，危险在于管理者追求的利益可能并不是最大化股东价值，因此，所有者必须找出一种控制管理者的方法，以使其行为与他们的利益一致。有很多种机制有助于此，比如，内部机制包括公司董事会，其主要任务就是监督管理者以及给予股东和董事会批准重大决定的权利，这样的内部机制或许可由司法审查来支持，虽然司法审查的程度在不同的法律体系中有所不同；市场机制，包括产品、劳动力管理和资本市场的压力，同样也能够对企业管理的成效进行检验。

共同决策制提高了集体治理成本和代理成本。虽然雇员没有成为企业所有者，但他们在公司董事会中委派了代表，其任务就是要对管理进行监督。这将增加委员会中利益的差异性并不可避免地会增加决策成本。利益差异的重要性已经超出了资本和劳动间的冲突。请记住这一点，1976年的法律不仅把蓝领和白领雇员而且也把工会代表纳入到了雇员代表中。雇员进入监督委员会将增加代理成本这一点看起来是显而易见的，因为对于利益冲突和多样化的监督委员会来说，监督管理者将变得非常困难。然而，有一方或许可以从高额的共同决策成本和代理成本中获益，这一方就是管理者。

多方博弈中的公司治理

共同决策制不仅增加了企业治理的成本，也会通过降低公司对管理者的控制这种方式来改变企业治理的动态。[30]一个关于多方公司治理动态的例子体现在最近美国的接管事件中，不仅管理者、现有的股东和接管者，而且工会通过对不同各方的支持也扮演着重要的角色。这一多方参与的例子最重要的意义在于：传统的关于公司治理的焦点在于所有者和管理者间两分法这样的情况正在失去解释力，因为"上市公司与其被视为'系列的交易'倒不如被视为'系列的联合'"。在接管事件中，几个工会组织参与其中，"每个能够形成的联合都形成了：管理者和一个工会结盟以反对另一个；工会间以及工会和管理者结盟。最后，工会和强力的股东结成联盟以对管理者施加压力。"接管事件中多方参与治理的最主要结果是，所有可能

第五章 共同决策制：一个关于治理的外部性的社会政治模型

的各方形成不稳定的联合体，结果导致"公司内部的权力和权威中心不太确定"。[31]

工会在特殊事件（如接管）中变得更加活跃的事实并不必然意味着它们在日常的治理中同样扮演着重要角色，在某种程度上，它们参与特殊事件是可预料的，这或许会改变其他参与者在治理中的谈判力量。如果管理者放弃控制目标，转而成为多方博弈中的一方，和不断变化的成员一块参与建立联合体，那么管理者可能就会尽可能地摆脱控制。

德国共同决策制建立了一种多方治理机制，以此作为大企业公司治理的标准模式，这种模式在几方面与美国接管事件中有所不同。第一，美国的联合体在恶意收购时就产生，但在德国模式中，多方参与公司治理的博弈在长期才会产生。用博弈论的术语来说，共同决策制为重复博弈提供了基础[32]，因此，联合体往往比较稳定。

第二，在德国模式中，各类参与者的地位受法律和制度安排的保护或授权，与白领和蓝领工人一样，工会代表也向监督委员会的雇员代表集团选派代表，这是由法律所规定的。管理者和雇员间的关系由附加的法律安排决定，并不需要依赖隐性的、不能执行的合同。雇员的报酬是综合的劳动合同体系中的一部分，合同的一方是工会，另一方为雇主协会。

根据德国集体劳动法，所有公司的工会和雇主联合会每年在其权限范围内就工资和非工资收益进行谈判。这种双边协议在没有被新的集体劳工合同取代之前是具有约束力的，并且这种协议可能会根据劳工部的决定推广到某一特定行业中的所有公司，一旦如此，参与方与它们的关系方将受到法律约束，它们的灵活度将是有限的，并且都无法退出这些显性协议。

第三，随着工会代表进入监督委员会，在未来的时间里，委员会的谈判目标不再局限于个别公司，其策略是要迅速推广到整个行业。这种由公司扩展到整个行业（反之亦然）的溢出效应可能会降低各方在博弈当中与其他团体建立联合体的意愿。例如，管理者不愿意向工会透露信息，因为这些信息可能会暴露雇主协会在即将到来的集体劳工合同谈判中的立场。意识形态约束也会影响到建立联合体的动力，只要雇员代表视自己为支持劳动利益反对资本利益的鼓吹者，他们就不可能跨越这一鸿沟和股东代表形成联合体，以达到控制管理者的目的。结果是，由于管理者在对立各方的选举当中具有高度的灵活性，因而在联合体当中获得了有利的位置，但股东和雇员的地位却被削弱了。

对共同决策制效果的实证分析

对实施共同决策制的监督委员会功能的实证分析由于缺乏系统数据而受到限制，虽然在法律颁布的前五年里做了大量的研究工作，但长期的研究却很少。[33]由于1976年的法律颁布以前关于德国公司治理功能的数据缺乏，因此，同样也没有进行具有鲜明特点的可行的研究。并且，由于所有大公司都必须实行共同决策制，因此很难获得实施了共同决策制和没有实施共同决策制的公司的样本。但大量企业通过将自身改组成不受本法律约束的形式，或者通过分割成小的单位，从而规避实施共同决策制这样的结果确实存在。这些经过全面重建的公司很难和执行新法律的公司进行比较。

接下来的分析将主要依赖两方面的行为数据：对执行1976年法律的公司的议事程序结构变动的调查；与那些结构变动的合法性受到质疑的情况相关的法庭案例。那些实施共同决策制的公司的正式变动的数据并没有提供任何有关共同决策制的条件下的委员会的实际活动的情况。然而，由于德国的公司治理体系具有高度制度化的特征，这些变化确实反映了受新法律影响的当事人是如何尽力来抵制它的。

公司条例的正式变动被很好地保存了下来。20世纪80年代早期的一项综合性研究调查了所有对公司组成文件进行调整以适应法律对共同决策制要求的公司，并且收集了这些公司监督委员会中两大集团结构的数据。这一研究包括了所有适用于1976年关于共同决策制法律的公司而不论其法律形式如何，其中包括281家股份公司和174家有限责任公司。然而，由于股份公司具有详细的数据，下面关于研究结果的总结将集中于股份公司。[34]在公司个案基础上，法院的案例同样阐明了公司和股东是如何弱化共同决策制的冲击的，并且还进一步阐明了那些进行正式的结构变动以绕开共同决策制规则的约束的现象，这从德国法院在大多数情况下都支持共同决策制规则可以看出来。

共同决策委员会的构成

1976年准平等共同决策模式的出现使大公司中劳动者的代表在所有席位中的比例从三分之一——这是1952年公司内部组织法律的要求——增加

第五章 共同决策制:一个关于治理的外部性的社会政治模型

到一半。随着雇员代表增加到一半,以及法律要求在监督委员会任命执行委员会成员时必须得到三分之二多数通过这一条规定的实施,劳动者在谈判中的权力显然得到了提高。

在大多数公司,由股东选举的监督委员会的成员多数由以下三个团体组成:其他拥有超过50%股票份额的公司、政府和外国公司。这反映了德国股份公司的所有权结构,其鲜明特征在于公司间的交叉持股、国家所有权占很高的份额以及外国份额的重要性。更令人惊讶的是,没有普通股股票的公司代表数竟然位列第五位,仅位于普通股股票少于50%的公司的代表之后。这似乎表明,共同决策制公司的监督委员会中存在重要且友好的董事。

由于法律规定白领工人应和工会代表一样被包括在内,因此对公司雇员第一大代表方的研究在很大程度上是由共同决策制法律所决定的,而且雇员代表的多数席位也确实由公司雇员占据,他们同时也是公司工人委员会的成员。第二大代表方由来自公司外部的成员即工会代表构成。由于法律规定工会代表也可以从雇员中选择,上述结果就变得意义非凡。但是,工会强烈要求外部工会代表必须代表一般的社会利益和解决公司自利的倾向。[35]第三大代表方——虽然显著地弱于其他两方——由工人委员会的附属成员构成。

雇员代表中这三大集团的利益在监督委员会所面临的许多事务中是不一致的,公司雇员的利益可能与公司附属机构或者工会代表的利益不一致,后者追求的可能是整个行业,甚至整个经济层面的战略,而不仅局限于公司或者是雇员的利益。但是,雇员必须保证一致投票,如果他们的选票被分散,结果将通常由股东代表来决定。为此,雇员代表在委员会大会之前通常会召开雇员代表大会,花费在组织分散的雇员代表上的额外时间和精力清楚地表明,在不同集团中实施共同决策制将会增加治理成本。并且,分散的雇员代表通过开会也降低了两大集团间组成联合体的可能性。如果白领工人成为雇员代表的一部分,政党路线的交叉将是不可能出现的情况,单就这两方面很难预测联合体的模式。而股东一方对管理者过于友好以至于不会对管理者的利益构成威胁,在蓝领工人和工会代表占优的情况下,管理者和雇员代表间的联系将变得更加不确定。然而,雇员代表可能会选择股东方而非管理者作为主要的目标,并且,白领代表通过控制雇员集团中成员达成一致的进程来弱化雇员代表所表现出来的反抗管理者的策略。

雇员与公司治理

共同决策的监事会及其委员会的权力

共同决策制的实施导致了监督委员会、执行委员会和股东大会间权力和责任的重新分配。根据公司法，执行委员会负责公司的日常管理，监督委员会任命并且监督管理者，但被禁止直接参与公司的日常管理。然而，公司议程和执行委员会的规章能够保证执行委员会做出的决定得到监督委员会的同意。最后，股东大会选举产生监督委员会中的股东代表、对公司议程的改变做出决定、任命审计员，以及在财政年度末更换监督委员会和执行委员会的成员。

现有数据表明，许多公司在预料到1976年的法律会被执行以后，或在其实际执行以后不久，就对监督委员会监督内部事务的议程和规章进行了改变，通常是限制监督委员会的权力和职责。[36]这次变化导致的结果是，本来需要得到监督委员会支持的大量事务减少了，或者是支持权由监督委员会转移到了股东大会。例如，监督委员会的支持权并没有法律授权，但在1976年法律实施以前的大多数事务中这是一种通常的做法。但在所调查的执行这一法律的281家股份公司中，104家公司（占37%）缺乏需要得到监督委员会支持的规章。4家公司甚至阻止任何事务都需要得到监督委员会的支持这一条，这显然是与德国公司法相抵触的。

由于缺乏未实行共同决策制的公司或者法律通过以前的公司的可比数据，很难评估这些现象是否仅仅或主要是由共同决策制法律的实施所引起的。例如，1951年法律条件下的煤钢公司要比1976年法律条件下的实行共同决策制的公司更可能赋予监督委员会在许多事务中的批准权。进一步的分析揭示，代理人而不是雇员代表也可能影响批准权的撤销。调查数据也表明，国家所有权占有很高份额的公司更可能赋予监督委员会以批准权，而外国投资者所有的公司则很少这样做，许多变化发生在共同决策制法律即将实施之前至少反映出了部分的因果关系。[37]

调查数据也揭示了股东代表权力得到强化这一趋势，实现这一目标的一种策略就是通过议事程序使监督委员会的主席必须由股东代表选举产生，这在1976年法律中只有在出现僵局的情况下才会出现，另一种策略则要选举不止一个副主席。后者的目的在于淡化第一副主席的影响，根据法律规定，不论主席是否来自股东代表，第一副主席必须来自于雇员代表。这些变化反映出公司或者是股东和管理者的联合体努力降低雇员参与的影响。

第五章 共同决策制：一个关于治理的外部性的社会政治模型

然而，对于共同决策监督委员会和各专门委员会的构成，以及监督委员会的权力等方面都有完善的立法。[38]这一般就会使得公司阻止共同决策制的影响变得更加困难。1982年，与宪法法院不同的是，最高法院为解决股东大会制定的新的监督委员会章程制定了第一条规则。[39]根据受这一规则约束的公司议程，监督委员会不仅要选举主席和副主席，而且还要选举出第二副主席，这个第二副主席必须由股东代表选举产生。主席、两名副主席以及由雇员代表选举产生的一名额外成员组成一个主席团，其任务是向监督委员会推举执行委员会候选人。为了避免僵局的出现，主席拥有两张选票。法院坚持认为从股东代表中选举第二副主席是与1976年的法律相违背的，因为它破坏了监督委员会中所有成员的平等地位。法院也废止了在监督委员会中成立主席团的决定，认为监督委员会中的下级委员会的创立是其本身而不是股东大会的特权。

在同一天颁布的第二条规则中，最高法院公布了公司的无效议程。[40]受这一规则约束，监督委员会达到法定人数才能够采纳捆绑式决定，这要求包括监督委员会主席在内的股东代表中的至少50%的成员出席。法院认为这与平等原则相背离，这一原则要求所有监督委员会的成员拥有平等的地位，而不管选举他们的选民如何。

在这两条规则中，最高法院都保持在宪法法院制定的框架内对共同决策制法律体系进行解释。换句话说，所有的决定都遵从这一规则：股东和雇员都应当通过在监督委员会中委派代表平等地参与到公司当中，达到这一目标是法院的职责。事实上，法律赋予了股东代表在双方不能就候选人达成一致时选举主席的权利，主席——自然也是股东代表——在出现僵局的情况下对投票结果起着决定性的作用，当然这并不会削弱代表平等这一基本原则。在其他事务中，监督委员会中的每个成员必须保证具有非常确定的平等权利。[41]

在随后的1984年的决定中，最高法院必须解决实行共同决策制的有限责任公司的议事程序。[42]在这一议事程序中，由监督委员会选举执行委员会成员，同时也应当保证公司和执行委员会成员间的雇佣合同的细节，包括薪水和其他利益，应当由股东大会而不是监督委员会来决定。法院认为这一规定是无效的，并声称，如果监督委员会不能考虑薪水和其他雇佣合同的问题，就意味着其任命执行委员会成员的权利被严重削弱了。为使这一规则无效，法院禁止将监督委员会的重要权利转移给股东大会，以确保其对管理者的控制权。

1976年的法律最饱受争议的问题就是监督委员会的各种下级委员会中代表成员的扩张，共同决策制法律引起的明显趋势就是将决定权赋予各下级委员会。[43]实行共同决策制形成的达到20人的监督委员会具有创造力，这为设立下级委员会提供了基础，而这些下级委员会拥有考虑事情并做出决定的权力。然而，力图通过设立支持股东的下级委员会来减少雇员对委员会活动的影响的愿望反而为这些下级委员会活动的扩张提供了动力，关于监督委员会中的下级委员会的争论主要集中于这些委员会控制了事务的执行权这一点。调查数据显示，股东代表控制着这些委员会，占281家股份公司中的79%，股东占据着席位的多数或者通过控制拥有两票的主席一职以避免僵局的出现从而决定投票的结果。

监督委员会的下级委员会中有利于股东代表的职位分配受法院的支持，和大多数上诉法院一样，最高法院认为1976年的法律并没有要求代表的平等性必须扩展到监督委员会工作的所有方面。[44]特别是，法院坚持认为下级委员会主席拥有两张选票的做法并没有违背1976年的法律，并且这一法律后来也提供了相应的规定。即使委员会成员的选举出现了股东代表占优甚至是占据委员会全部席位这样一种情况也并没有违背法律或其精神。局限性在于，股东占优不应当是把雇员代表相对应地从委员会中排除出去。在若干个公司中，股东代表以雇员代表缺乏必要的技术参与到任命程序和雇佣事务的细节、公司雇员不应当参与任命他们的雇主为由，试图把雇员代表从委员会中排挤出去。最高法院认为，这些争论是有缺陷的，把雇员排除在关键性的委员会之外是与1976年的法律相矛盾的。[45]这一决定使得早期关于否定雇员平等参与监督委员会下级委员会的决定是完全正确的。

因此，尽管股东和公司管理者尽力通过正式的公司法的改变来削弱雇员和工会的影响，但在多数情况下，法律总是对的。法院授权股东代表的、相对于雇员代表而言能够扩大他们权利的策略就是授予这些委员会以决定权，这与委员会本身有着不同的共同决策标准。这些结果表明，1976年的共同决策制法律基本上得到了严格彻底的执行。

现今共同决策制的作用

由于缺乏实证数据，以下关于共同决策制目前作用的内容来自于工会代表、政治团体和对立法者的访谈。[46]由于这些内容很大程度上来自于闲闻

第五章 共同决策制：一个关于治理的外部性的社会政治模型

逸事，因此必须谨慎对待。正如一位有名的公司法学者和专家所言："没有比共同决策制更多的可点缀的事情了！"社会一致认为共同决策制是一个伟大的成就，因为它在劳动和资本间即使不是创造了也可以说是提供了社会安全，然而，诸多的反应却表明了目前争论主题的某种趋势。

从不同团体、政府和工会代表的意见来看，人们仍然认为共同决策制的积极效应要大于消极效应。根据各方观点，最重要的积极效应在于雇员在相当早的阶段就参与了公司的决策，虽然这种冗长的决策程序给雇员带来了负面影响，例如，提议缩小公司规模或者关闭公司，但一致的意见认为雇员的参与很显然减少了当这些决策措施不发生作用时的潜在冲突，换句话说，共同决策制可能延迟但却不会阻止决定，在决定被采纳后将会为执行提供便利。在这一框架内，监督委员会中雇员代表可能会发现他们处在非常困难的位置，他们被迫参与可能给雇员带来负面影响的程序当中，然而他们必须这样做并保证能够获得反对这些措施的选民的支持。一个可能的结果就是，外部雇员代表的参与在避免工人的纯防御性策略中扮演着重要的角色。由于工会代表着整个行业更加一般化的利益，因此雇员代表间也存在着潜在的冲突，因为一个公司的倒闭或许就是为了另外一家公司生存所付出的代价。然而，代表间的分歧在雇员代表大会上得以解决，这一大会要先于监督委员会开会之前并且不被透露。在监督委员会大会上，雇员总是一致投票。

根据共同决策制的社会政治目标，较高的雇员参与度意味着共同决策制获得了某些方面的成功，然而，共同决策制的一个相关的目标是给予雇员参与长期战略的机会，这一宽泛的目标仅仅实现了一部分，监督委员会中的雇员代表仍然"专注于"与雇员相关的事务，如工作地点、社会关注、工资和收益。

他们也没有提高参与国外生产的商业战略的意识，工会代表承认这一点，并且将雇员参与这些决策看做将来的主要目标。显而易见的事实是，雇员对产品的选择和市场策略只有很小的影响，在工会代表看来，主要的问题在于雇员代表没有能力处理诸如会计和金融等方面的事务。在这些领域中，实施管理控制所需要的技术的缺乏只不过是目前监督委员会结构所面临的大量批评中的一部分。事实上，监督委员会的所有成员都应当具备专业化知识这一点已经被广泛地认识到了。为了提高雇员代表的素质，全国工会联盟为委员会成员提供了培训项目，并且，一个DGB代表向我提出建议认为，最困难的任务是要说服工会的负责人认识到，他们需要提高自身素质并让自己的角色发挥更大的作用，以避免狭隘地提高工人利益。考虑到意识形态障碍，培训项目将不再满足于通过雇员参与来推进公司治理。

即使人们通过政治色彩认识到社会治理从共同决策制中受益，许多被访问者还是坚持这样一个观点，即，共同决策制同样通过使控制管理者变得更加困难这一方式来影响公司治理。被访问者经常提及三个比较关心的问题：监督委员会构成上的分散化、监督委员会权力和影响的弱化、两方中的一方与公司管理者形成联合体。

监督委员会的构成和"成员代表大会"紧密相关，在全体委员会代表大会之前举行各团体成员代表大会，这首先出现在 1951 年法律约束下的煤炭和钢铁公司中，这种惯例在今天采取共同决策制的公司中非常普遍。股东和雇员代表各自一方，并且每方都会邀请执行委员会主席对公司状况进行简单介绍。结果是，主席经常向委员会成员报告三次：股东方、雇员方以及整个委员会。实际决策程序在各方代表大会上进行，监督委员会大会主要是作为一个论坛以交流不同主张并对这些主张进行投票。可以说，管理者和监督委员会中的至少一方对不经审查即获批准的决定达成一致。各方的大会就是要合理解决委员会中各自代表的利益分歧。但是，将决策程序放在监督委员会之外进行并没有缓解管理者可能利用其对信息的垄断来影响有利于其自身的决策程序这样的危险。更甚者，它强化了获得公司委员会支持的能力。因此，共同决策制不应当将所有的责任归因于这种情况。并且，这种分散的委员会大会导致了问题的恶化而不是改进，为此，诸多责备被归因于外部工会代表进入委员会这样的事实，这据说会鼓励委员会中的两方采取更激进的举措，虽然公开性的敌意会随着时间而消退。事实上，一些现象表明，公司雇员把精力主要集中在公司，而工会代表常常追求的是部门或者全国联盟的政策和利益。[47]

虽然法院基本上废止了那些削弱雇员对监督委员会的影响的法令，但是还存在其他很多阻止雇员影响股东或者公司管理者利益的方式，其中最重要的方式是要控制或者限制信息流向监督委员会，这种方式的作用通过减少会议次数得到放大。在 1998 年公司法修订以前，监督委员会必须至少每六个月举行一次会议，但是它们本应该每个季度至少开一次会，现在修订之后的公司法要求上市公司每季度至少开一次会。实际上，监督委员会一个季度很少碰一次面。[48]在 1998 年立法改变以前的会计报告的分类中可

第五章 共同决策制：一个关于治理的外部性的社会政治模型

以进一步看出对信息流的控制。根据 1965 年修订的德国公司法，审计员不是向监督委员会而是执行委员会提交报告，反过来再由执行委员会向监督委员会转达相应信息。[49]这种情况已经得到修正，目的在于使审计员向监督委员会报告。但只有很少的公司中所有的监督委员会成员实际上能够收到会计报告。[50]常见的是，会计报告只在会议期间分发并在结束时马上收回，这种情况被称为有名的"桌面报告"。为这种情况进行辩护的理由是担心雇员和工会代表在公司外面为了他们自己的利益或者联盟的策略而滥用会计报告中的信息。这种担心并不仅仅是假设，在很多场合下，关于合并的决定和其他类似的事情确实被工会代表泄漏了。[51]

结 论

由于缺乏广泛的调查数据，很难得出关于共同决策制对企业治理的影响的结论。然而，一些初步的现象暗示，共同决策制虽然没有造成今天许多不利于德国公司治理的问题，但的确使它们得到强化并且使本已存在的对管理者缺少控制的问题进一步加剧了。由于劳动和资本代表数量相等，共同决策制倾向于使这两大团体彼此竞争（即使它们没有陷入公开冲突），而不是使它们联合以达到控制管理者的目的。因此，它为多方公司治理制定了规则——通过这样一种规则，真正的受益人是那些本应受到控制的人，即公司的管理者。[52]

【注释】

[1] 感谢 Roberta Romano 对该文早期版本全面深入的评论以及哥伦比亚法学院组织的雇员与公司治理会议对本文的评论和建议，V. Gierke (1868) 引自 Kübler、Schmidt 和 Simitis（1978，pp. 114）。

[2] 参见 Berle 和 Means（[1932] 1991）。最近有关美国的管理者和所有者关系的全面解释，参见 Roe（1994）。

[3] 参见 Hopt（1994，p211）。先前的有关德国共同决策制对公司治理的可能影响，参见 Mertens 和 Schanze（1979）。

[4] 有关公司控制和透明度的法律，参见 1998 年 4 月 27 日的 RGBl I，p. 786。

［5］有关共同决策制历史演进的文章，参见 Kübler，Schmidt 和 Simitis（1978，pp. 113 - 119），以及 Decision of the Constitutional Court on Co-determination，in *Collection of Constitutinal Court Decisions*（BVerfGE），Vol. 50，pp. 290，294 - 297（共同决策制决议）。

［6］参见 Thum（1991，p. 25）。

［7］参见 Roe（1996）。

［8］参见 Thum（1991，p. 30）。

［9］这两项法律分别是 *Betriebsrätegesetz*（1920 年 2 月 4 日，RGBl，p. 147）和 *Gesetzüber die Entsendung von Betriebsratsmitgliedern in den Aufsichtsrat*（1992 年 2 月 15 日，RGBl，p. 209）。

［10］引自 Kübler，Schmidt 和 Simitis（1978，p，120）。

［11］参见 Gestz uber die Mitbestimmung der Arbeitnehmer in den Aufsichtsraten und Vorstanden der Unternehmen des Bergbaus und der Eisen und Stahl erzeugenden Industrie（sog. Montan Mitbestimmungsgesetz）of May 21，1951，RGBl，I，p. 347。这里及以后的部分都引自 MontagG。

［12］这一应用与公司的法律形式无关，根据德国公司法的一般规定，只有股份公司拥有监事会，但是，工人数超过 2 000 人的有限责任公司也应当设立监事会。

［13］参见 Hansmann（1990，1996）。

［14］有关煤钢共同决策制法律被采纳以后的 10 年中的主要研究的总结和批评，参见 Dahrendorf（1965）。此外，也确实存在少数将研究重点放在社会问题方面，从而忽视了公司治理的含义的例外情况，例如，参见 Brinkmann-Herz（1972，1975）。

［15］参见 Mitbestimmungskommission（1970），也可参见 Biedenkopf-Bericht。

［16］参见 Mitbestimmungskommission（1970，pp. 54）。

［17］参见 Mitbestimmungskommission（1970，pp. 71，78，158）。

［18］参见 Brinkmann-Herz（1972；1975，特别是 64 页），也可参见 Edwards 和 Fischer（1994，pp. 210 - 214）。

［19］参见 Brinkmann-Herz（1975，p. 107）。

［20］关于这里和下文的个人观点的详细讨论，可参见 Brinkmann-Herz（1975，pp. 28 - 33）。

第五章 共同决策制：一个关于治理的外部性的社会政治模型

［21］Gesetzüber die Mitbestimmung der Arbeitnehmer（Mitbestimmungsgesetz），May 4，1976，RGBI，1153，可参见 MitbestG。

［22］参见 Bamberg 等（1987，p.97）。

［23］例如对投股公司的特别投票规则。进一步的了解可参见 Mertens 和 Schanze（1979，p.80）。

［24］参见 Hopt（1994，p.204）。

［25］有关共同决策制的决定，BVerfGE，vol.50，pp.290，331。

［26］有关共同决策制的决定，BVerfGE，vol.50，pp.290，319，352。

［27］参见 Jenson 和 Meckling（1976）、Easterbrook 和 Fischel（1991，p.12）。关于主张企业是"合同联结"的理论和主张企业是"实体"的理论的争论，可参见第 2 章。

［28］本段的讨论摘自 Hansmann（1996，特别是 pp.20，89）。

［29］参见 Jensen 和 Meckling（1976）。

［30］这部分的题目摘自 Coffee（1990）文章的副标题。

［31］参见 Coffee（1990），这里的引用分别来自 1496、1525 和 1496 页。

［32］参见 Coffee（1990，p.1543）。

［33］关于有用的实证研究的总结，参见 Kibler（1992，p.150）。

［34］参见 Gerum，Steinmann 和 Fees（1988）。

［35］参见 Bamberg 等（1987，p147）。

［36］本段中的讨论引自 Gerum 等（1988，p.72）。

［37］参见 Ulmer（1997）。

［38］详细的解释可参见第 7 章。

［39］1982 年 2 月 15 日最高法院，in *Der Betrieb*，no.14（1982），p.742。

［40］1982 年 2 月 15 日最高法院，in *Der Betrieb*，no.14（1982），p.747。

［41］参见 Kallmeyer（1982）的解释。

［42］1983 年 11 月 14 日最高法院，in *Der Betrieb*，no.2（1984），p.104。

［43］参见 *Münchener Handbuch*（1988，§ 29，Rn 36）。

［44］1982 年 2 月 15 日最高法院，*Wirtschaftsmitteilungen*（WM）1982，363（Dynamit Nobel AG）；上诉法院（汉堡），1992 年 3 月 6 日，*Der Betrieb*（DB），1992，774（Hamburg-Mannheimer Versicherungsverein）；最高法院，1993 年 5 月 17 日，*Der Betrieb*（DB）1993，1609（Hamburg-Mannheimer Versicherungsverein）。也可参见上诉法院（汉堡），1984 年 4

月 25 日，*Der Betrieb*（DB），1567（Beiersdorf AG）。关于在监督委员会中有关下级委员会负责执行委员会事务的规则的情况，下级委员会的成员的数量由 4 个减少到 3 个，选举程序意味着，在被提名的候选人中，每个成员获得一张选票的概率是 1/12。在实际的选举中，其有效性受到争议，只有四分之一是雇员代表，其他都是股东代表。

[45] 参见 1993 年 5 月 17 日 *Der Betrieb*（DB）最高法院 1993，1609。

[46] 非常感谢德国 Aktieninstitut 的 Dr. Rüdiger von Rosen 提供了大量的联系人，在这里我非常感谢他们的合作。作者正在对访谈笔记归档。

[47] 参见 Hopt（1994，p. 206）。

[48] 参见 Hopt（1994，p. 206）。

[49] 在这之前，审计员直接向监督委员会提供报告，参见 See Götz（1995，p. 341）。

[50] 进一步的信息可参见 Götz（1995，p. 343）。

[51] 参见 Hopt（1994，p. 206）。

[52] 这种可能的结果由 Mertens 和 Schanze（1979，p. 83）在 1976 年法律被采纳时提出。

第六章 共同决策制和德国证券市场

马克·J·罗伊(Mark J. Roe)

德国经济显著的特点在于缺乏很好的证券市场，首次公开发行（IPOs）是很少见的，债券交易量也很小，甚至大的上市企业都拥有大股东从而使得这些企业类似"半私有"公司。这些特征常被归因于缺乏对小股东的法律保护，缺乏产权平等的文化，缺乏企业家文化（一种可以创造许多新的生意和IPOs的文化），以及允许大银行持有股票的许可规则，而这在美国是被禁止的。[1]所有这些往往会破坏所有权的分散化。

共同决策制（雇员通过它控制着企业监事会半数的席位）也会通过破坏所有权的分散削弱德国证券市场，原因主要有两个：第一，所有者的分散不能在股票持有者间创造一种"均势"，在这种"均势"下，股东更愿意作为一种对雇员的制衡力量。第二，在20世纪80年代和20世纪90

年代，管理者和股东在面临全球竞争和技术变化时没有能够将监事会转变成一个严肃的治理机构，董事会仍然很少召开大会，流向董事会的信息依然匮乏，董事会常由于太大和笨拙而不能有效运行。相反，董事会之外的股东召开有管理者和大股东参加的非正会议以替代正式的会议。但是分散的大众股东在关键的时刻（如果企业面临着持续性的危机、产量锐减，或者严峻的技术挑战）需要一个可信的董事会。分散的所有权将结束大股东治理，因为股份将被分散的证券市场所稀释。但是股东常常会提防强势董事会，因为它会强化劳动方的势力，分散的股东将不得不决定究竟是加强董事会的控制（这会进一步增强雇员半数席位的治理结构）还是忍受着不合格的会议室式的治理。在面临这样的选择时，德国企业（主要指它们的管理者和大股东）保留着它们半私有的股权结构，德国证券市场并没有得以发展，共同决策制也非常适应半私有状态，这要比其他完全公开上市的企业更能体现德国企业的特征。

德国的董事会

作为对德国共同决策制的反应，德国企业内部各方，主要是管理者和大股东，尽力想要削弱企业监事会的功能，尽管全球商业变化已经要求它的功能在某些方面得到强化。德国商人、商业出版社以及商业学术机构抱怨德国缺乏有活力的证券市场以使富有创新精神的企业上市并刺激德国经济发展。许多人将之归因于需求和供给两方面的原因：从需求方来看，德国缺乏股权平等的文化，从供给方来看，则缺乏企业家文化，许多人从规章制度的角度批评不合时宜的证券法和不透明的会计账目，而有些人从公共选择的角度说明了银行对商业和政治的影响。但是，就算这些问题（这在几个西欧国家中非常普遍）得到解决，德国仍面临着其他的障碍，即共同决策制结构不适应分散的所有权状况。这种不适应使得创业者不愿意在IPOs市场中出售他们的股份，并且远距离的买方在购买德国企业自有股票时要比在其他国家更加谨慎。

共同决策制和董事会的反应

德国的共同决策制可能会影响董事会的结构和功能，特别是影响信息

第六章 共同决策制和德国证券市场

流、董事会的规模和董事会大会的次数。就规模来说，其影响是显而易见的，因为共同决策制法规规定董事会的规模根据公司的大小在 12 到 20 人之间。然而，一些美国学者的研究发现，规模较小的董事会要比规模大的董事会更有效。在德国，董事会并没有缩减规模的自由。[2]

共同决策制也可能会造成德国的董事会具有某些非法律授权的特征，如董事会大会的次数少、形式化的信息流以及股东的构成。根据德国法律，董事会至少一年开会一次，大多数的董事会开了两到三次（最近的法律要求每年开四次会议），相比之下，美国的董事会一年当中要开八次会议。虽然德国的董事会有开更多会议的自由，但多数并不会这样做。[3]一些公司在每年的股东大会前后匆匆举行一些会议以应付要求。那些经常开会的董事会一年当中也只不过仅仅开四次会（一些董事会经常开会，可能是最近的治理问题导致了开会次数的增加。这里列举的事实并不是一成不变的，只不过是一个平均的趋势）。在其他情况相同的条件下，几乎不开会的董事会显然要比经常开会的董事会缺乏信息，且其监督管理者的能力也较弱。

并且，由于许多关键的文件只有在这些会议上才会送到董事会成员手中（参见第五章），因此，流向董事会的信息是很少的，董事也缺乏所需的事实和时间来检查公司的财务状况以及向管理者询问。作为共同决策制的一种结果，董事会会避免有争论的话题。[4]

如果希望通过强化治理来有所收获的目标没有实现，那么强化治理通常也会增加企业或者企业内部各方的成本。并且，共同决策制在企业各方的内部利益关系或者企业绩效方面扮演着一定的角色。事实上，德国的监事会从来没有意图扮演重要的角色，这并不是这里要讨论的关键问题。[5]问题是为什么德国的董事会没有发展成为重要的角色。我们不能忽视这样的可能性，即，为了德国监事会的发展，各方需要正式的法律授权，缺乏这样的授权，它将不能得到发展，即使由于商业压力扩大它们的权力（可能是因为正式规则在决定德国董事会的权威性方面要比美国董事会重要）。[6]但这又避开了我们的问题：即使缺乏正式的授权以超越管理层的人事安排，我们仍然无法知道为什么德国公司体系没有求助于议会对正式权威进行授权以使它们的权威得到巩固？这一章我提供了一种假设以帮助解释对这种正式以及实质变动的需要之所以缺乏的原因。

可以把德国企业简单地分成三部分来分析：管理者、劳动者和资本所有者。受独立董事会约束的管理者会比不受约束的管理者更好地履行职责，但是董事会成员并不能够仔细地观察管理者，除非他们经常会面并能够获得企业的有用信息。资本也需要这种监督，或者说管理者有时也要求这么做，或者说受监督的企业往往都取得成功，因此那些不受监督的企业也开始倾向于签订合约以加强监督，通常董事会就是实现这种监督的工具。

现在假定资本所有者不愿意让劳动者拥有大量的信息。他们的原因可能是职能上的、中性的或者不良的。资本所有者出于职能上的原因需要关注的是劳动者可能会损害企业，特别是当他们的代表反映了那些只能够为企业再工作几年的雇员（因此这些雇员可能是"短视的"）的目标的时候。在这种情况下，如果雇员对公司事务具有很大的发言权，这将会增加这种损害。即使不考虑资本和劳动之间的争端，冲突也将是导致企业失败的重要原因，因为反对分割企业价值的资本所有者能够通过转移生产活动中的人来损害企业，劳动者信息和发言权的增加会加剧这种冲突，进而损害企业价值。

资本所有者的意图也可能是中性的，或者资本和劳动竞相在企业内部寻租：资本所有者希望把劳动保持在无知的状态以使劳动在内部寻租中处于弱势，而自己则保持强势。在一些情况当中，他们力图削弱董事会权力的动机则是被动的，劳动者参与管理的决策需要信任，如果劳动者能够通过董事会获得真实信息，这将会增强生产活动当中的信任。如果资本所有者预知自己的价值将受到损害，那么企业提高的绩效将会被抵消，因为劳动者将能够更有效地进行寻租（或者资本的寻租能力将下降），或者管理者担心具有咨询资格的劳动者会缩减他们自己的势力范围，这也会抵消一部分企业绩效。因此，资本所有者（管理者）把劳动者保持在无知的状态就变得十分没有必要了。[7]

很容易理解为什么资本所有者（管理者）偏向于使劳动者所知不多，但是，从理论上来讲，监事会是信息流向资本所有者最有效（最好）的渠道，而如果资本所有者减少（没有能够增加）信息流向董事会，那么也将会减少信息流向其自己本身。如果资本所有者使劳动者获得更好的信息所带来的成本超出公司绩效提高的所得，这种减少信息流向劳动者的做法将是理性的，即，资本所有者更倾向于和不受监督的管理者而不是信息不完全的劳动者合作。

或许资本所有者认为其能够获得足够的信息——通过非正式讨论、控制监事会（监事会主席来自股东一方）、管理者和股东代表各自的大会或者银行

第六章 共同决策制和德国证券市场

借贷方的"发言人"席位等。资本所有者知道这些资本借贷方的地位随着有关董事会信息的增加而得到加强，但是如果这意味着劳动者获得更多的信息，那么资本所有者将更倾向于使共同决策的委员会获得比原来更少的信息。银行家相信从监事会的席位中获得的信息并不比它们作为企业债权人时多。[8]

正如希望信息更多地流向董事会那样，股东和管理者同样希望更多的开会次数。他们希望有更多的监督来提高某些方面的业务水平，他们相信，至少在关键时刻，更多的会议能够提高监督水平。但是，更多的会议同样也会使劳动者在共同决策的委员会中的发言权得到提升，从而使得管理者和资本所有者的势力在这些频繁的会议当中有所下降。

有效的证据表明，在1976年德国实施共同决策制的范围扩大之后，一些参与方力图削弱劳动者在监事会中的发言权，因此，有超过一半的董事会具有了一种或者几种旨在"加强平等"的特征：董事会中增加来自股东代表的副主席（根据德国公司法，副主席来自于劳动一方，主席来自于股东一方）；受权益控制的下级委员会；增加主席（来自于股东方）控制议程的权力；利于维持平等的法定人数规则；增加主席的权威，以便于在主席没有出席的情况下推迟某一实质性行为；要求主席在必要的情况下投出打破平局的选票；要求董事会成员不要在董事会会议之外发表声明。[9]

证券市场与公共选择

正如我在开始时提及的那样，德国缺乏良好的证券市场。在美国，负有义务的参与方有时会经历困难时期，或者法律会强制性地削弱它们的地位。如果德国工业巨头不想同那些暴发户一样的、通过IPO获得资金支持的新企业竞争，那么这就并不奇怪了。[10]如果德国银行家不想同那些暴发户一样的投资银行家竞争，或者不愿意被迫了解新的投资银行技巧，那么这也是很正常的。这些假设看起来是可行的，虽然在文献中并没有被详细地研究。

最近的公共选择理论认为公司治理和证券市场是相互关联的，并且德国的共同决策制模式可能降低了对完善证券法以及证券发行制度的需求，而在美国，证券市场和分散的所有权导致了特殊的治理特征，如所有权与控制权分离的公司、接管以及不断增加的代理成本。标准的美国式思维总是认为，企业上市无非是为了企业本身融资，或者是为了使分散的所有者放弃企业控制权。因此，随着买方被分解成无数的小股东，公司权力从分散的、缺乏充分信息的股东手里转移到了相对集中的、拥有企业完备信息的内部管理者手中。

而德国的情况则是，共同决策制情况下的监事会可能会抑制公司创立者对证券市场及其支撑体系（比如完善的债券法和透明的会计制度）的需求。虽然企业的家族创始人像其美国同行一样都希望股权分散以及退居幕后，但如果债券的买方不愿意按照股票的全价进行购买的话，那么，因为买方将不得不面对一个权力被削弱的董事会或强董事会中的强工会代表，企业的创立者可能会选择保留股份并引导家族中的下一代进入并控制企业，当他们真的选择出售时，他们可能会把股份出售给一个能够监督企业及其管理者的大股东，事实也已经证明了这种情况确实存在，因为许多股份的出售都涉及控制权的转移。[11]

这种可能性或许可以解释为什么企业家不愿意创立新的企业——如果不得不把股份出售给大股东以保证成功的企业家进行多样化投资的话，潜在的企业家可能会找到企业的购买者。与此相反的是，在美国，大股东买主则必须与那些向证券市场出售大股东股票的承销商进行竞争，来自证券市场上的这种竞争对于待售股票的定价是至关重要的，而在德国，销售方常常由于买方数量过少而无法得到全价，因为买方没有必要在证券市场中同承销商进行竞争。这种弱化的债券市场可能部分归因于董事会中的共同决策制结构。

通过考察那些成功的打算通过IPO进行出售的家族企业的情况，我们就非常容易证明这种情况的存在，家族继承人并不想继续经营而是倾向于在公开市场上出售企业，并引入职业经理人。比方说，继承人自己经营的话，企业可能价值5亿美元。他们想要通过IPO出售，并希望最终能够把他们大部分的股权卖给公众。但公开出售将会减少董事会在制衡劳动者方面的权力，如果一个强董事会中的权力平衡在保留股东价值方面至关重要的话，那么这种平衡的缺失对股东来说成本是很高的。

企业创立者的继承人可能会使董事会的重要性下降，因此也就削弱了劳动者的影响（减少了股东在董事会内部寻求权力平衡的潜在欲望）。但是，如果董事会的重要性下降，由于缺乏对管理者的监督所导致的代理成本将会降低企业的价值，企业可能会面临严重的危机和反作用。任何一种

第六章　共同决策制和德国证券市场

缺乏权力制衡的强董事会或者具有权力制衡作用的弱董事会都将导致股东遭受损失。如果公众股东认为实行共同决策制的企业中由于缺乏控制导致了企业价值下降，企业的价值将不再是5亿美元而是2.5亿美元，那么企业继承人将以损失2.5亿美元的代价出售他们的股份而不是管理企业。[12]因此，他们对良好的证券市场的需求就很低。

这种低需求表明，企业自身很少进行IPO，以及对能够有效销售股票的、良好的、得到强化的证券市场和公司法的需求较低。家族所有权要通过代理人才能够打上德国文化烙印。但文化有其经济基础，源自于家族的所有权或许来自于一种没有完全公共化的、分散化的企业所有权结构。因此，德国的家族会由于经济上的原因而不仅仅是文化上的原因而促使下一代接管家族企业。[13]

把企业一代代保留在家族内部这种模式最终可能是不稳定的：继承人可能无法使企业正常运转或者对出售有着更高的要求。这种可能促使制度加以改变，特别是，二次销售的需求上升了。因此，企业从家族制到被出售这种需求通过出售给新的股东而得到了很好的解决。

然而，在采取共同决策制的企业中，关系紧密的股东将承担部分的内部寻租成本，股东净成本要低于上市企业中股东的寻租成本，因为在上市企业中，股东还要平衡劳动者的发言权。[15]但是，如果股份通过公开销售而被分散，股份的价值将会下降，其他一切事情都将如此，原因在于大股东间的"制衡力量"会由于股东的分散而消失。

潜在的、分散的股东可能会预计到这种价值上的损失，如果所有者采取发行股票这种方式的话，股东的支付将低于资本所有者的定价。[16]与此相反，大股东如果预计到这种分散的所有权的折价，将不情愿进行销售。这种分析可用例子加以证明，德国的大股东销售非常频繁，但在销售给新的大股东之前，这些股份将被保持得完整无缺。[17]

因此，直到现在，对良好的证券市场的需求（这在德国可能被忽视了），其关键之处在于销售创始人的股份。[18]一般而言，德国企业维持在家族手中经营的时间要比美国企业长。

替　代

这里的目的并不在于说明董事会的监督是证券市场的必要条件，也不在于说明美国的董事会监督要优于德国,而在于说明证券市场要求管理者不时地被监督。主要的监督机制有市场竞争(在资本市场和产品市场上)、接管、好的董事会和集中的所有权等。美国更多的是采取第一种监督机制(竞争)以及接下来的两种机制。德国历史上就不重视竞争和接管机制以及董事会治理机制。这时德国大企业仅剩的机制就是第四种,即通过大股东集中。如果放弃这种机制,转而使大企业的所有权分散,这将使它们处于缺乏有效的内部或外部控制机制的境况。这一现象通过下面的事实可以看出来,即,超过85%的德国大企业坚持有一个股份超过25%的大股东。[19] 大股东的代表在正式的会议之外还与管理者进行非正式的会面,这被认为是德国监督机制的显著特征,这种机制在美国已经被取代(改进),在德国仍然存在。如果股票被分散,德国的企业将会付出一定的代价。[20] 马斯赫特条件或者欧洲货币联盟实施之后,必然会加剧欧洲的产品市场竞争,如果监督的其他替代机制得以改进,或许德国的治理平衡将会发生改变。

结　论

关于德国的监事会、共同决策制和德国证券市场不发达的历史等许多问题仍有待研究。但是,通过把这些因素联系起来加以分析,我们可以引出一个基本的问题,即监事会的弱化可能与共同决策制有关,如果这样这话,流行的改革建议(如限制同一个人能够同时任职的董事会的数量)可能无法在很大程度上使董事会得以改进,因为其无法解决德国的基本的治理结构困境。

并且,德国证券市场的弱化大部分或者至少可归因于德国监事会的弱化。分散的股东将要么面临着劳动者占优的强董事会,要么是弱董事会。任何一种选择都无法吸引远距离的股东,因此,潜在的买主不会全额从大股东手里购买,大股东也不会承担这些损失,股份仍然留在大股东手里。所以,这些股份的流动性不是通过 IPO 而是通过在股东之间转手实现的,于是对好的债券市场机构的需求也就不那么强烈,因此它们也就不会出现。

需要明白的是,这并不是意味着德国的共同决策制是由弱证券市场、高度集中的家族所有权和银行的影响造成的。确实,过去的事实表明了这种观点,正如我在其他地方阐述过的那样。[21] 或许是历史阶段和德国先前抑

第六章 共同决策制和德国证券市场

制劳动的历史使得今天这些机制在功能上的相互依赖性变得模糊不清。[22]我的观点是,当所有互补的机制运转的时候(共同决策制和股东所有权),一个机制很难在其他机制没有退出的情况下退出,这两个机制是相互补充的,任何一个机制都要求另一个同时存在。

我也不希望从任何抽象的层面上对德国的特性加以描述。有人可能会认为,没有任何一个国家允许不受约束的股东控制企业。在日本,雇员、董事会内部和主要债权人的所有权全都摆脱了股东控制。法国和意大利通过国家所有权以及国家管制来阻止不受约束的股东控制。即使在美国,管理者控制也被视为阻止股东任意控制企业的一种手段。

德国的股东制度、家族所有权和共同决策制可以通过其他方式联系起来,如果德国存在不完善的证券市场和公司法,那么我们必须要问这种情况是怎么出现的,因为写一部可通过的法律及找到一个合适的代理人的任务并非不可完成,况且德国并非不能实施有效的政府管理。公共选择力量也能够帮助解释这种认知上的不足。无论是负有职责的企业(其不想与得到债券和资金支持的新进入企业进行竞争),或者是负有职责的银行(其尽力避免新的竞争领域),可能都已经在其中起到了推波助澜的作用。并且,企业的创立者很不情愿通过二次出售来销售他们企业。如果由于企业内部"权力平衡"问题使得对于分散的外部所有者来说企业的价值过低,那么企业的创立者及其继承人将设法保留集中的所有权。因此,出售的需求和对良好的证券市场制度和法律的政治需求将是很低的。

【注释】

[1] 参见 La Porta, Lopez-de-Silanes, Schleifer and Vishny (1997)(拥有少数股权的股东);"Launching Deutsche Telekom", *The Economist*, October 26, 1996, p.73(文化);Roe (1997, pp.94-101, 169-197)(银行规则)。

[2] 正如 Pistor 在第5章解释的,雇员超过 20 000 人的公司必须有一个 20 人的董事会;少于 10 000 人的公司的董事会必须有 12 人;10 000 到 20 000 人的公司的董事会必须有 16 人。

[3] 参见 Edwards 和 Fischer (1994, p.213)。最近的压力迫使监事会增加了开会的次数。参见 Liener (1995),引自 André (1996, n.21)。

[4] 参见 Schilling (1994, p.11),这一文献中提供了关于那些认为监

事会被弱化的商业和政治领导者的调查报告。因为采取的是共同决策制，所以股东会回避有争议的话题。

［5］例如，参见 Hopt (1997, p. 6)。

［6］监事会不能正式承担起管理功能。参见 André (1996, p. 1824, n. 19)，引自 AktG Section 111, para. 4, Stock Company Act, Aktiengesetz, 1965 BGBl. I 1089。

［7］同样的研究表明，共同决策制可给社会带来收益，但会降低企业的生产率和利润率（没有影响工资率），参见 FitzRoy 和 Kraft (1993)。这一结果暗示，劳动者和股东这利益相反的两方的寻租行为是显然的。

［8］参见 Mülbert (1996)。通过工人委员会或者上级工会谈判，劳动同样在寻求可供选择的信息渠道，委员会席位也成为一种保护条款，对那些进入委员会而在其他领域中不可能与企业及其管理者进行抗争的雇员给予补偿。资本所有者和管理者可能会有其他的理由来维持现在会议很少和工作有限的体系，以作为增选那些在其他方面不利于企业的参与者的手段。

［9］参见 Gerum, Steinmann 和 Fees (1988)。但他们的研究应用的是 1979 年的数据，因此是比较陈旧的。

［10］关于银行家要求管制股票和基金事务的法律，参见 Macey 和 Miller (1991)；关于意识形态、政策和小城镇银行家与城市银行家，参见 Langevoort (1987)；关于商业银行家与投资银行家，参见 Macey (1983)。

［11］参见 Franks 和 Mayers (1997)。

［12］关系紧密的所有者将有一个某种形式的共同决策委员会，但随着股票的集中，他们能够平衡劳动者的势力，即使家族不参与企业的日常管理，他们的股份也足以使他们在委员会之外保持消息灵通并且影响企业。如果股份被分散，这些股东的优势将会消失，资产的价值也会下降。

［13］家族所有权延续的力量建立在弱的债券市场和监督结构的基础之上，但是，如果我们观察延续的家族所有权，我们并不知道弱的债券市场是否是由于弱的法律保护或者是由于股东担心共同决策制企业中的所有权的分散。

［14］参见 Franks 和 Mayer (1997)。

［15］而且，集中持有股票的企业（GmbH）的股东在共同决策制当中有着较低的成本，正如 Fritz Kübler 指出的那样，是因为 GmbH 能够向管理者传达指令，因此绕过了监事会。

［16］可能这种损失并不是社会的损失，只不过是由股东转嫁给劳动者的。

［17］参见 Franks 和 Mayer（1997）。

［18］一般地，德国的分析家慨叹德国缺乏良好的债券市场。但是，债券市场和劳动参与之间的关系似乎并没有得到很好的分析。共同决策制可能产生于德国银行和其他资产所有者间的"权力制衡"，但这一旦付诸实施，不同主体的分散的利益将不利于企业经营。

［19］参见 Franks 和 Mayer（1997）。

［20］参见 Kaplan 和 Minton（1994）、Kaplan（1994）。

［21］参见 Roe（1994，pp.213-214）。

［22］参见 Roe（1998）及这里引用的其他材料。

第七章　共同决策制企业的市场价值

西奥多·鲍姆斯（Theodor Baums）
贝恩得·弗里克（Bernd Frick）

正如第六章所述，"共同决策制"一词指的是公司董事会中劳动代表，即雇员或者工会代表参与董事会的决策。有两种观点直接反对法律规定雇员和雇主间这种合作：一种观点出于政治经济方面的考虑，另外一种出于利润最大化的逻辑。反对通过法律干预的方式来鼓励合作的政治经济方面的观点可以总结如下：

> 政府……再次塑造企业的努力并没有达到预期的目的，其所采取的方法过分强调企业的"政治"方面和公司治理的重要性，而没有重视经济问题以及企业总的产权结构与绩效间的关系。通过授予工人主要的控制权而不管其在企业中实际的投资地位，政府的安排已经违背了一条确保理性分配

的重要规则,即,做出决定的人应当承担他们所做决定的所有成本这样的规则。这种缺点意味着传统的共同决策制企业并没有具备真正有效的组织结构。[1]

反对由法律来规定共同决策制,而主张市场导向的观点20年前就已出现:

> 如果共同决策制对股东和劳动者都有好处的话,为什么还需要法律来强制企业参与?很显然,这些好处并不会自动实现,事实上,法律迫使股东接受共同决策制就是因为这会给他们带来负面影响的最好的例证。[2]

还有一些似是而非的观点认为,即使共同决策制可能为工人和企业都提供收益,市场也不会自发产生共同决策制。例如,如果工人向企业进行专有技术投资或者说"持久的信赖投资",那么企业的利润可能会增加,进而会引起工资增加。[3]然而,在一个信息不对称的世界中,企业可能无法检查工人对专有技术的投资水平,并且,工人也不情愿投资于企业的专有技术,因为这使他们变得易受侵犯,并且面临着被解雇的严重经济风险。但是,如果能够保证他们将来也在同一企业中存在一段时间,这样的投资将可能收回。根据这种关系,合作对各方来说是有好处的;如果工人受制度或者合同保护,他们将愿意投资于企业的专有技术,并且所有各方都能从中受益。[4]共同决策制是一种能够解决有利益冲突的代理人最大化问题的治理结构。

这种观点也可以从囚徒困境中看出。一方面,如果引入工人参与,那么所有企业都将受益。但是,共同决策制企业还要求一个压缩的工资结构来增强"团体的凝聚力",以及一种解雇保护来延长工人的工作时间。另一方面,传统的企业通过解雇威胁以及差异化的工资结构来激励雇员,在这种环境下,参与平等根本不可能出现,因为任何的单一共同决策制企业将面临着逆向选择的威胁:它将吸引动力不足的求职者,最好的工人将被提供更好待遇的传统企业抢走。因此,竞争性的市场将不利于实施共同决策制的企业,经济也将被锁定在社会次优的水平上。而法定的共同决策制通过要求所有企业引入参与机制来克服这一困境。[5]

根据这些不同的情况,理论并没有对法定的共同决策制可能的影响提供确定性的指导,因此共同决策制的益处和害处必须通过实证加以分析。本章提供了德国的例子,在讨论了德国法律对共同决策制的规定以及回顾先前对其效应的描述之后,我们提供了一些来自于实证研究的新的证据,目的在于揭示法院扩张或限制雇员共同决策制的决定对有关企业股票价格的影响。

德国共同决策制的法律环境

德国的大企业是典型的双层董事会制——监督委员会和管理委员会,这与英美的单层董事会制相对立。"共同决策制"指的是雇员代表参与监督委员会(Unternehmensmitbestimmung)而不是雇员在生产线层面上的参与,这种参与由各种工人委员会(betriebliche Mitbestimmung)决定。监督委员会任命管理委员会的成员,一般任期五年,并可因某种原因解散管理委员会。监督委员会负责监督管理者,虽然在实际中它是作为咨询而非监督委员会,当然财务问题除外。为了完成它的职责,监督委员会有获得全部信息的权利,管理者必须定期就所有重要的问题向其报告,并且监督委员会对财务报告和企业的资产负债表进行评估。董事会可能会要求管理层在进行某些重要交易时需事先得到它的同意。

在德国,劳动者参与公司董事会分三种情况:劳动者在董事会成员中所占的比例在超过500名雇员的公司为三分之一,在煤炭和钢铁公司为二分之一,在超过2 000人的公司大体也为二分之一。关于这些形式的制度背景知识将有助于理解下面的现象。

第一种情况,即劳动者参与的比例为三分之一的情况,1952年工业宪法法案规定,在雇员超过500人的股份有限公司和有限责任公司中,监督委员会三分之一的成员由雇员任命,三分之二由股东任命。因此,投票权的大多数集中在股东代表手中,雇员代表只是处在一种提出建议的位置上。

第二种情况,即煤钢公司的劳动者成员占半数的情况,由1951年的煤铁钢产业共同决策制法案提出。超过1 000名雇员的采矿和钢铁业的公司和有限责任公司必须有一个由11到20名成员组成的监督委员会,具体情况根据企业的大小而定。在由11名成员组成的委员会中,5名由雇员任命(3名直接由工会任命），5名由股东任命，另外一个完全中立的成员（拥有决定票）由监督委员会中所有各方的大多数来任命。

第三种情况，即准半数共同决策制模式，建立在1976年的共同决策制法案的基础之上。除煤钢行业以外的人数超过2 000名雇员的公司和有限责任公司中，股东选出半数的成员，雇员和工会选出另外的一半，并且，董事会的规模根据雇员的数量决定。例如，在一个雇员人数少于10 000名的企业，股东将有6名代表，雇员（蓝领和白领工人，也包括职位较低的管理者）4名，工会2名。最大企业的委员会规模为20人。如果委员会投票过程中出现僵局，由股东而不是雇员选出的主席有决定性的投票。"准平等"一词就是用以描述这种体系的，因为股东稍微拥有部分的特权。

当1976年的共同决策制法案受到法庭挑战时，联邦宪法法院在1979年3月1日宣称其是合宪的。除了这一基本的决定外，其他一系列有关共同决策制的问题由各级法院（州和联邦法院）达成一致。争论的主体，一方为雇员代表或者是工会，另一方为各自的企业、股东协会或者雇主协会。这些法院规则可以被认为是对共同决策制实施的推广或者是限制。

以前对德国共同决策制法案的研究

到目前为止，关于共同决策制法案对德国企业的经济绩效的影响只有少量的研究（参见表7—1），虽然这些研究使用了不同的数据和检验设计，但我们能够从中得出的全部结论就是：1951年和1976年的法案对行业和企业有着相当广泛的影响。

虽然很少但逐渐在增加的研究检验了工人代表的补充形式，例如工会和工人委员会对行业和企业经济绩效的影响。这些研究使用了一系列的指标，包括生产水平和增长率、财务业绩和盈利能力、人力和物质资本投资以及研发投资和就业机会创造。多数研究对工会的影响持否定态度，但对生产率的影响在统计上却是不显著的。[6]关于工人委员会对生产率的影响的比较分析同样也没有得出一个清晰的结论。[7]总而言之，很难说明其影响的方向或者程度。[8]

表 7—1　　　　　　　　　共同决策制对生产率的影响

作者	样本	生产率指标	共同决策制指标	共同决策制效果
Benelli, Lederer and Lys (1987)	8 个增长率达到两位数的制造业子行业，1954—1976 年	每年股票回报率的变化	1951 年共同决策制法案的实施	虽然在统计上不显著，但实施共同决策制的行业回报率的波动要比其他行业低。这种模式在其他欧洲国家是无法观察到的。
	40 个共同决策制企业和 18 个非共同决策制企业，1973—1983 年	3 个月证券回报率的变化，1973 年 1 月—1977 年 12 月 vs. 1978 年 1 月—1983 年 4 月	1976 年共同决策制法案的实施	共同决策制企业的证券回报率随着共同决策制法案的实施显著下降，由于同样的现象也发生在未实施共同决策制的企业，因此，法律实施之后显然无法辨别其对股票回报率变化的影响。
	40 个共同决策制企业和 18 个非共同决策制企业，1973—1983 年	月均股票回报率，1973 年 1 月—1976 年 6 月	1976 年共同决策制法案的实施	在企业直接受共同决策制约束的情况下，平均每月股票回报率在共同决策制法案实施之前的一段时期里下降了 0.008%；在没有实施共同决策制的企业中，其下降幅度更大（0.013%），但这种差异在统计上并不显著。
	42 家匹配的企业（共同决策制企业和非共同决策制企业各 21 家），1970—1976 年 vs. 1977—1982 年	利息前所得、税收/总资产、净收入/总资产净值、红利/净收入、总债务/总资产、长期负债/总资产、流动资产/总资产、（流动资产存量）/短期负债、固定资产净投资/总资产、劳动成本/销售总额	1976 年共同决策制法案的实施	共同决策制对企业政策的影响并不明显，通过使用参数和非参数检验，发现中值比较检验并没有得到统计上显著的结果。

续前表

作者	样本	生产率指标	共同决策制指标	共同决策制效果
FitzRoy 和 Kraft (1983)	68家共同决策制的大企业和44家非共同决策制的小企业，1975和1983年，仅限于公共贸易和金属产业	每位雇员的增加值	1976年共同决策制法案的实施	共同决策制的企业在1975年而非1983年得到显著的提高。
		每位雇员的劳动力成本		共同决策制企业在所有的年份里都得到显著的上升。
		净资产回报率（税前会计利润/股本权益）		共同决策制和非共同决策制企业在所有的年份里没有明显的差异。
		全要素生产率的增长，1975—1983年		共同决策制企业明显降低。
Gurdon 和 Rai (1990)	63家大企业（37家受1976年共同决策制法案影响，26家并未受影响），1970—1985年	工厂和设备的使用价/雇员的数量 单位劳动收益的变化 单位资本收益的变化	1976年共同决策制法案的实施	不受1976年立法影响的企业的资本—劳动比率显著增加，而这一法案的实施导致了共同决策制企业生产率的下降以及收益率的显著增加。
Svejnar (1981)	3个增长率达到两位数的制造业子行业，1935—1938年和1949—1976年	钢铁和煤炭开采业与纺织业平均每小时所得之比	1951年共同决策制法案的实施	随着共同决策制法案的实施，钢铁行业中的每小时所得与纺织业相比得到显著提高，但煤炭开采业并非如此，虽然所有产业与未实施共同决策制的可参照产业相比都得到了高度联合。
Svejnar (1982)	14个增长率达到两位数的制造业子行业，1950—1976年	生产工人每小时创造的增加值	1951年共同决策制法案以及1952年和1972年工业宪法法案的实施	总的来说，通过1951年、1952年和1972年的立法，共同决策制得以建立，法律并没有对生产率产生明显的影响；在开采业中，1972年立法对生产率有着显著的负面影响；在钢铁业中，三部法律都没有产生任何影响。

因此，这些实证研究意在说明共同决策制并没有显著的经济影响。[9]这些结果出于几方面的原因并不具有决定性。一方面，许多检验的样本是相当少的；另一方面，这些研究集中于单一的事件特别是1976年共同决策制法案的实施，而没有考虑这一法案自20世纪60年代末期和20世纪70年代早期已经被企业（潜在投资者）预计到。并且，由于在大多数情况下缺乏详细的纵向数据来揭示企业间的有关差异，因此很难对所有可能因素进行调整。并且，一些理论上的问题也没有得到解决。例如，典型的假定是企业拥有相同的生产函数，无论劳动力同质与否。由于雇员代表在某种程度上具有内生性，因此，把其完全视为外生变量就显得不十分准确了。

从案例研究中得出的新证据

在1951年1月1日至1995年12月31日期间，德国各级法院判决了46个适用于1951年共同决策制法案、1952年工业宪法法案或1976年共同决策制法案适用的案件。其中的6个案件由于在1974年1月1日之前判决而被现在的研究忽视了，而这一天正是可以获得每日股票回报数据的日子。并且，46个判决中的16个影响到了股份公司，这些股份公司要么从没上市交易过，要么截至判决之时还没有上市交易过。由于一个案件涉及的是股东协会而不是单个企业，因此留给我们23份法院判决。由于这一案件中有6家企业（和29个雇主协会）联合向联邦宪法提起上诉，因此，这些判决实际上影响到了28家公司。

表7—2记录了这些案件的结果和卷入公司的数量。第一列显示，卷入的28家公司中有14家公司的共同决策制得到了扩展，而10家公司受到限制。10家公司处在法律诉讼的边缘，10家公司处于败诉边缘。在8个案件中，各方都不得不按照相同的程度或多或少地放弃它们原来的立场。一方面企业败诉和共同决策制得到扩展的两个案件并不相同，因为对企业来说，其可能败诉；而另一方面判决又有削弱共同决策制的效应，反之亦然。诉讼案件中四分之三的公司是来自工业或具有重要的经济影响力，只有25％的企业案件只影响到企业本身。有9家企业的诉讼由法院给予初审，10家公司由上诉法院、3家公司由联邦民事法院、6家公司由联邦宪法法院进行审理，对于我们样本中的23个案件，表7—3列出了相应的公司、法令、法

院、案件的数量和日期、判决的公布日期。

表 7—2　　　　　　　　　　法院判决的结果

判决和法院	数量
判决	
扩展共同决策制	14
部分扩展/部分限制	4
限制共同决策制	10
公司取得胜利/工会失败	10
所有参与方胜利/失败均等	8
公司失败/工会胜利	10
影响只限于单个企业	7
对整个产业具有广泛影响	21
法院	
初审法院	9
上诉法院	10
联邦民事法院	3
联邦宪法法院	6[a]

注：a. 一个影响到 6 家公司的判决。

表 7—3　　　　　共同决策制案例及其结果，1953—1995 年[a]

主题	判决日期[b]	法院[c]	出版日期	公司名称
1976 年共同决策制法案的合宪性	3/8/78 (I,e,1)	OLG Düsseldorf	WM1978,381(4/15/78); DB978,697(4/7/78); BB 1978,466 (4/10/78)	Girmes
1976 年共同决策制法案§7(1)和(2)部分的合宪性	4/10/78 (I,r,w)	LG Hamburg	DB1978,990(5/19/78); WM 1978,528(5/20/78); BB 1978,760 (5/30/78)	Beiersdorf
根据 1976 年共同决策制法案，使雇员参与共同决策制得到扩展的情况是与受影响的公司、股东和雇主协会的宪法权利相容的	3/1/79 (I,e,1)	LG Mannheim	WM 1979,389(4/7/79); DB 1978,593(3/23/79)	Beiersdorf Bayer Braun Daimler-Benz Hoechst Varta
允许法律章程规定在监督委员会中股东占优	7/23/79 (I,r,w)	BVG	DB 1979,1899(9/28/79)	Bilfinger & Berger Bau

续前表

主题	判决日期[b]	法院[c]	出版日期	公司名称
关于监督委员会中几个副主席的选举以及监督委员会的下级委员会的构成的规章	1/16/80 (I,e,1)	LG München	Wm 1980,689(6/14/80); DB 1980,678(4/4/80)	Siemens
监督委员会的法定人数	6/20/80 (I,e,1)	OLG Karlsruhe	WM1980,1182(10/11/80); DB1981,362(2/13/81); BB 1980,1232(8/30/80)	Bilfinger & Berger Bau
监督委员会的下级委员会的标准构成	11/4/80 (I,r,w)	LG Hamburg	WM1980,1399(12/6/80); DB,1981,359(2/13/81); BB 1980,1711(11/30/80)	Seimens
监督委员会、两个副主席的选举、下级委员会的构成、监督委员会主席的两张投票权、工作人员委员会	4/29/81 (I,r,w)	OLG München	WM 1981,530(5/16/81); DB 1981,1077(5/22/81); BB 1981,809(5/20/81)	Siemens
保证上市有限责任公司的法规章程的有限性、监督委员会中几个副主席的任命、监督委员会的下级委员会的构成	2/25/82 (partly r/ artly e,1)	BGH	WM 1982,359(3/27/82); DB 1982,742(4/9/82); Ankündigung in DB 1982,534(3/12/82)	Bilfinger & Berger Bau
法律关于监督委员会法定人数的规定	2/25/82 (I,e,1)	BGH	WM 1982,365(3/27/82); DB 1982,742(4/9/82); Ankündigung in DB 1982,534(3/12/82)	Beiersdorf
监督委员会的下级委员会、监督委员会程序规则构成的规定、监督委员会中额外的副主席	7/23/82 (I,partly r/ partly e,1)	OLG Hamburg	WM1982,1090(7/23/82); DB 1982,1765(8/27/82); BB 1982,1686(10/10/82)	Beiersdorf
监督委员会的构成	2/28/83 (E,e,1)	BGH	WM 1983,446(4/23/83)	Beiersdorf
监督委员会、集团公司的金字塔结构	11/10/83 (I,r,w)	LG Nünberg-Fürth	WM1984,263(2/25/84); DB 1983,2675(12/16/83)	Energieversorgung Oberfranken

续前表

主题	判决日期[b]	法院[c]	出版日期	公司名称
监督委员会的选举及雇员代表的构成	5/25/84 (I, partly r/ partly e, w)	OLG Hambrug	WM 1984, 965 (7/21/84); DB 1984, 1567 (7/27/84)	Beiersdorf
1976年共同决策制法案§5对集团公司的适用性	12/19/85 (E, r, w)	LG Frankfurt/M	WM 1986, 885 (7/19/86)	VDM
1976年共同决策制法案§5对集团公司的适用性	11/10/86 (E, r, w)	OLG Frankfurt/M	BB 1986, 2288 (12/10/86); WM 1987, 237 (2/21/87)	VDM
开采业中的共同决策制以及1952年关于钢铁生产行业法案的不合宪性	1/8/91 (I, e, w)	OLG Düsseldorf	DB 1991, 445 (2/22/91)	Mannesmann
通过将企业转移到新的控股公司使共同决策制逐渐废止（1952年关于开采业和钢铁生产行业的法案）	9/30/92 (E, r, w)	LG Hannover	WM 1993, 63 (1/16/93)	Preussag
通过将企业转移到新的控股公司使共同决策制逐渐废止	3/22/93 (E, r, w)	OLG Celle	BB 1993, 957 (5/20/93)	Preussag
通过外国控股公司以及中介控股公司来撤销德国共同决策制	5/11/93 (E, r, w)	LG Stuttgart	DB 1993, 1711 (8/27/93); BB 1993, 1541 (8/10/93)	Charles Vögele Holding
设立下级委员会的共同决策制	5/31/94 (I, e, l)	LG Passau	AG 1994, 428 (9/1/94)	Vogt Electronic
设立下级委员会的共同决策制	2/27/95 (I, partly r/ partly e, l)	OLG München	WM 1995, 978 (6/3/95)	Vogt Electronic
监督委员会的构成，允许监督委员会先前的成员作为贵宾进入（1952年产业宪法法案）	10/10/95 (E, e, l)	OLG Düsseldorf	WM 1995, 65 (1/13/96)	Deutsche Babcock

注：a. 关于1976年共同决策制法案的解释的决定并没有做出明确的表示。

b. E＝具体企业；I＝整个行业；r＝对共同决策制的限制；e＝扩展共同决策制；w＝公司获胜；l＝公司失败。

c. LG＝初审法院；OLG＝上诉法院；BGH＝联邦民事法院；BAG＝联邦劳工法院；BVG＝联邦宪法法院。

这里提供的新证据来自于对事实的研究。[10]它由28家企业的每日股票回报数据构成，这些企业在1974年1月1日至1995年12月31日期间受到法院根据共同决策制法案做出的判决。这些数据反映了共同决策制对每家企业股票价格的影响，尽管这些数据用于其他目的可能会产生潜在问题，例如价格运动中的高度自相关性，但日数据在案例研究方法中一般来说问题并不大。[11]建立在普通最小二乘法回归模型以及使用标准参数检验基础上的研究策略通常在一系列条件下被详细地说明。令人吃惊的是，其中有些结论是，股票市场并没有对这些法院判决做出显著的反应。

在我们分析的第二步中，我们将研究另外一种关系以确定共同决策制的程度对投资者来说是否并没有那么重要。例如，和1976年共同决策制法案的重要性相比，其实施以前的长时间的讨论与法院判决相比可能就显得不太重要了。因此，就存在这样一个问题，即共同决策制法案的实施或者联邦宪法法院的规则（这些法案和德国联邦共和国的宪法是一致的）是否对这些部门的绩效产生了影响。

实证结果

我们着眼于法院做出判决那天的非正常股票回报以及单一事件前后十天内的累积非正常回报的短期变动情况。非正常回报由企业在给定时间内的回报率减去整个股票市场的回报率计算得出。累积的非正常回报是所有调查期间所有的非正常回报之和。

我们所使用的综合股票市场指数已被编入"德国金融数据库"。[12]全球指数，即DAFOX，是根据自1974年1月以来的法兰克福股票交易所官方市场中交易的所有股票计算出来的。每日指数值由每天固定时间公布的官方价格计算得出，这一官方价格是根据一些重要股票计算而来。并且，其还包含了考虑现金配送（现金红利和资本变动）后的一个调整因子。除了综合指数外，还有两种市场指数和12种工业指数也是用同种方法计算得出的并在后面的分析中得到了应用。[13]

在图7—1至图7—3中，非正常的每日回报率用条线图加以表示，法院宣判前后10天的累积回报率用折线图表示。图7—1表明平均的非正常回报率在事件当日是正的，如果考虑到法院在判决当中共同决策制得到扩展的

第七章 共同决策制企业的市场价值

案件数量要比受到限制的案件数量多这样的事实（14：10），表中的结果将是相当令人吃惊的。

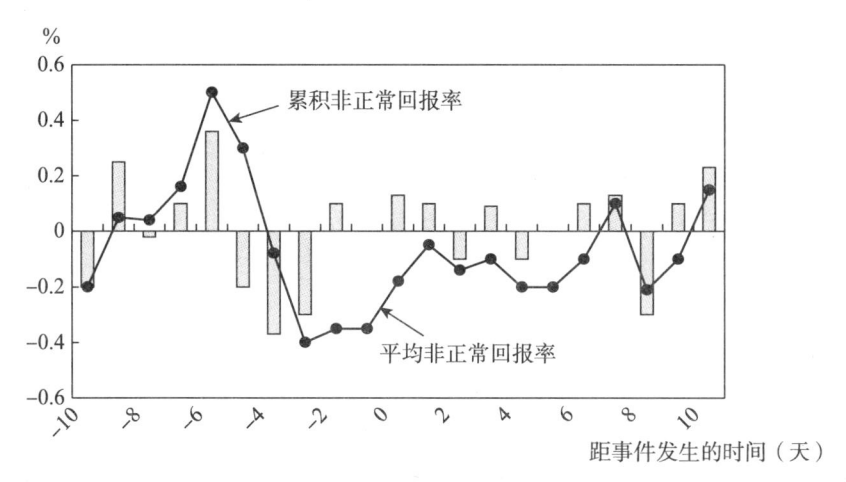

图 7—1　短期平均非正常回报率和累积非正常回报率的变动情况

图 7—2 只是建立在共同决策制被扩展的 14 个案例的基础上，图 7—3 则是建立在共同决策制受到限制的 10 个案例的基础上。可以看出，在共同决策制权利扩展的当天，从统计上来看非正常回报率只是得到了轻微的并不显著的增加，而权利受到限制并没有伴随着非正常回报率的下降。非正常回报率的变动路径是不确定的，并没有显示出特定的模式。因此，累积非正常回报率是相当低的，并且和法院判决的类型没有系统性的联系。

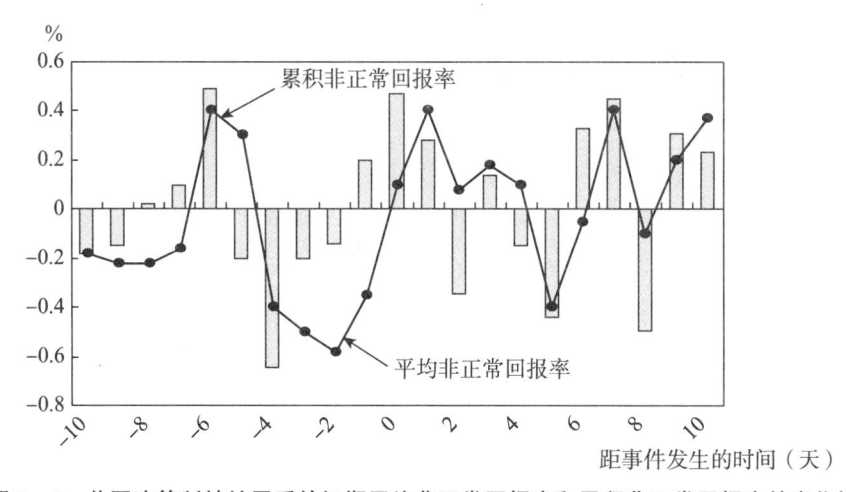

图 7—2　共同决策制被扩展后的短期平均非正常回报率和累积非正常回报率的变化情况

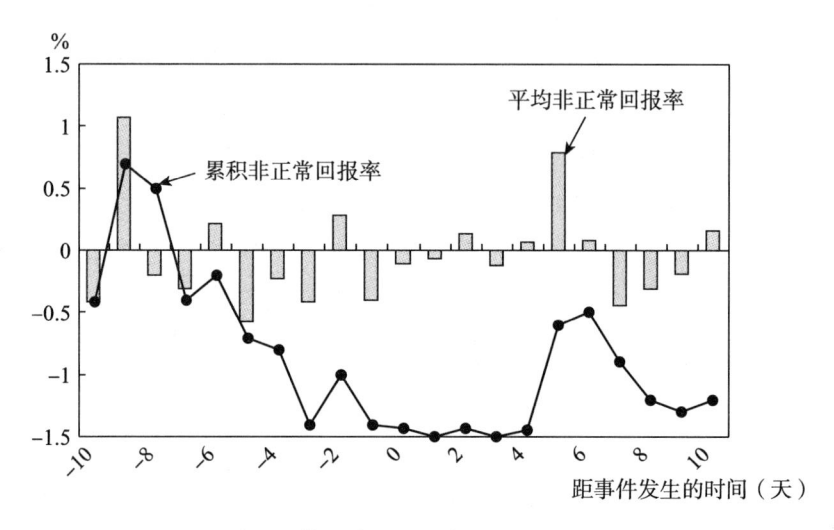

图 7—3　共同决策制被限制后的短期平均非正常回报率和累积非正常回报率的变化情况

图 7—4 和图 7—5 区分了不同的情况，图 7—4 建立在 10 家赢得判决的公司的基础上，图 7—5 建立在 10 家输掉判决的公司的基础上。但是，一个公司在各自诉讼中的胜利并不会导致其非正常回报率在判决当天或者接下来的几天里有一个显著的增加，也不会对受公司影响的资本市场绩效有着相反的冲击。

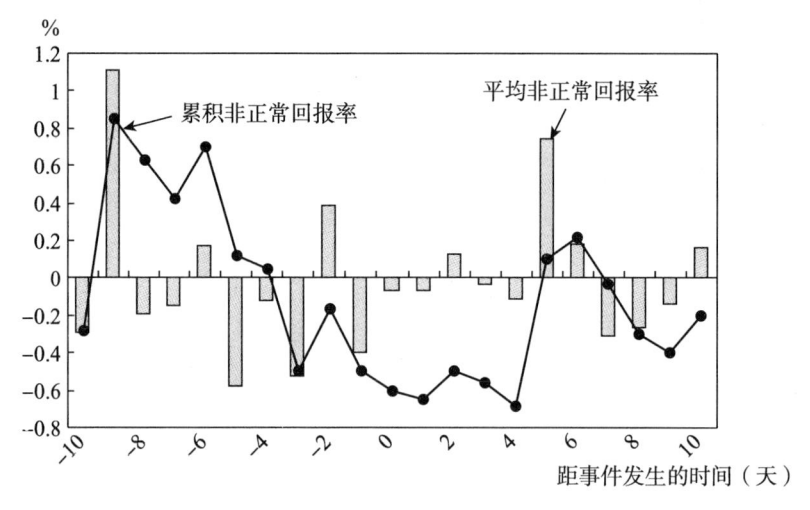

图 7—4　企业赢得胜利时的短期平均非正常回报率和累积非正常回报率的变化情况

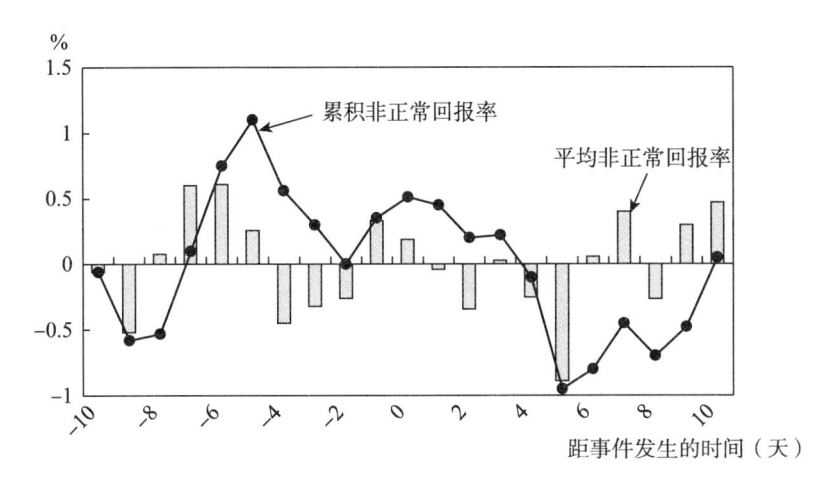

图 7—5　企业判决失败时的短期平均非正常回报率和累积非正常回报率的变化情况

我们通过几种普通最小二乘法更加彻底地研究了这些结果。我们用（累积）非正常回报率作为因变量（被解释变量），用图 7—2 中呈现的因素作为自变量（解释变量）：各自的法院判决结果（企业胜诉、雇员代表胜诉，还是不存在哪方胜诉）、判决的基本特征（限制还是扩展了共同决策制）、参与法院的类型（初审法院、上诉法院、联邦民事法院，还是联邦宪法法院）、判决的关联性（影响单个企业还是对整个经济都有影响），这些变量均为自变量。只有一种情况下有个自变量对资本市场的反应有着统计上显著的影响：一个上诉法院做出的判决在 10% 的显著水平上对累积回报率有着正向的影响。虽然这一发现在统计上并不十分显著，不应当期望过高，但值得注意的是，一些变量在不可预期的方向上产生着影响。例如，共同决策制的扩展导致累积非正常回报率增加；公司胜诉导致累积非正常回报率减少；公司败诉导致累积非正常回报率增加；共同决策制权利的限制导致累积非正常回报率减少。这些结果还是没有哪一个是显著的。

我们使用一系列的规范对这些结果加以检验，结果发现它们相当明显。例如，由于这 23 个案例和 28 家企业构成了一个相当小的样本，一个或者几个外部因素从理论上来讲对结果有着强烈的影响，因此，我们把因变量作为虚拟变量，即，负的或正的（累积）非正常回报率，并且和上述相同的解释变量进行对数回归估计。这使得我们的结果本质上是不变的。同时，我们在不影响结果的情况下检验了不同规模的案例样本。我们重新对经过或没有经过调整的企业特征（如企业大小、行业联系、每位雇员的价值增加量、资本存量等)进行回归,这些特征并没有显著影响回归系数。当我们使用28家企业在21天(事件之前的10天加上之后10再加上事件当天)内的数据来推算系数的标准差时,实际的分析仍然无法提供显著的统计结果。简单地说,我们无法提供各种回归估计的结果,如有需要可从作者处索取。

从实证检验(利用行业数据)中获得的新证据

还可以用我们没有发现的法院对共同决策制的判决与个别企业股票价格间的联系加以解释。例如,或许在判决意见公开之前,关于法律争端或者诉讼的信息已经散布开来。在这种情况下,股票价格可能已经综合了这种信息。虽然我们还没有就这点收集到必要的数据,但能够通过主要商业出版物中的新的案例来推断检验这一假设。另一种观点认为,股票市场并不会做出反应,因为共同决策制法案本身并不会影响到相关企业的绩效,或者是因为有关共同决策制的法院判决的影响有限,并不会产生很大的冲击。

如果最后这种解释是正确的,那么即使许多的法院判决很轻以至于不会对企业的股价产生太大的影响,你也会发现某些重大的事件可能会对经济中的整个行业产生影响。因此,在这一节,我们使用行业股票市场数据来分析两个重要事件的影响:1976年7月1日共同决策制法案的颁布,1979年3月1日联邦宪法法院的最终裁决——认为1976年的法案是合宪的。

选择哪些行业进行分析是根据那些向联邦宪法法院进行申诉以反对共同决策制法案的主要规定的当事人而做出的。这一申诉得到了10家企业(其中只有6家在股市进行交易)和来自4个行业中(银行和保险业、化学工业、工程工业以及钢铁生产和制造业)的29家雇主协会的支持。由于最后一个行业受到1951年法案约束,因此,我们将选择这些行业中的前三个进行分析。假定这些行业中的企业同样反对1976年法案本身应该是合理的,这一点可以从它们在法庭上对这一法案的争论中看出来。

在我们的分析框架内,假定总指数可以用来衡量共同决策制的"纯"效应同样也应该是合理的,因为单个企业的数据由于自身的原因会产生较大的"噪声"。换句话说,行业绩效的数据可能会更适合于对数分析,正如下面分析的例子那样,因为企业特有的因素消失了。

图7—6至图7—11显示了分析的结果。行业每天的非正常回报率和整

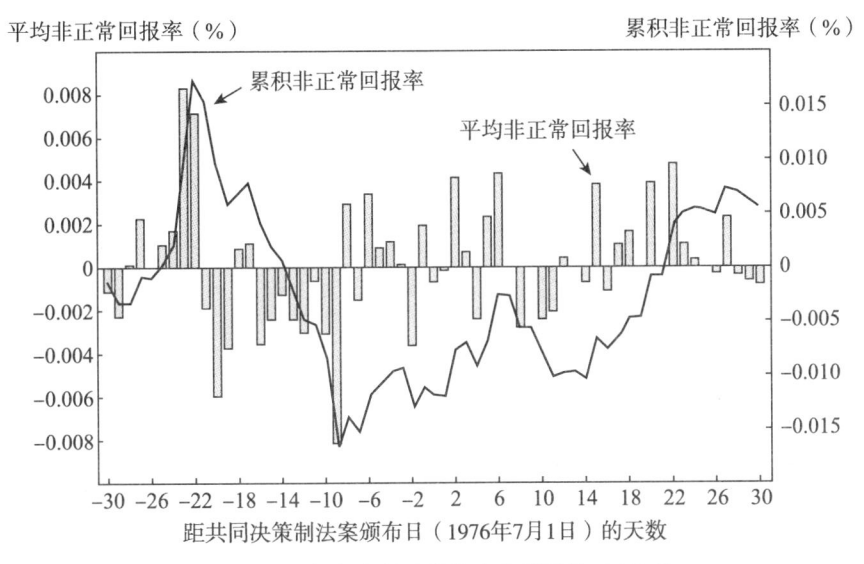

第七章 共同决策制企业的市场价值

图 7—6 银行和保险业资本市场绩效（1976）

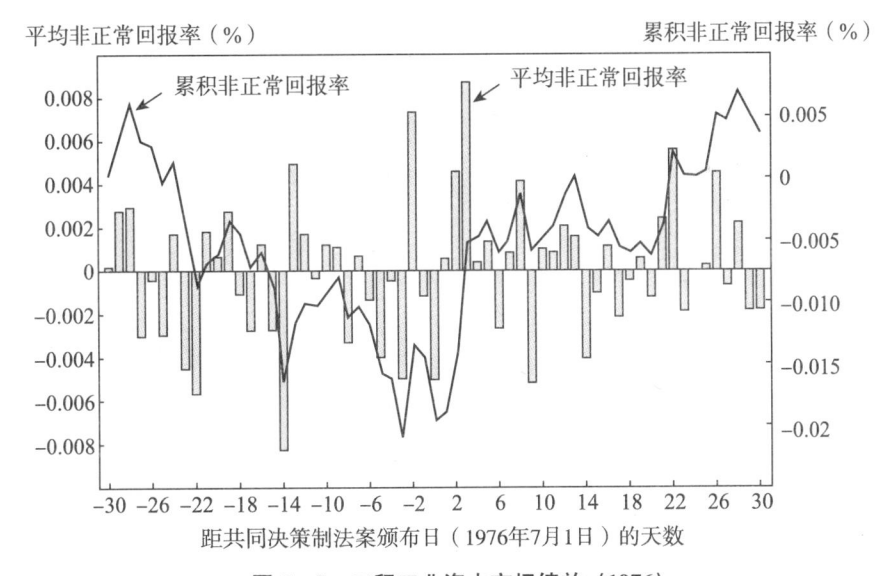

图 7—7 工程工业资本市场绩效（1976）

个市场相比，同样用条形图表示，累积非正常回报率用折线图加以表示。行业指数根据每个行业中 20 到 50 家进行公开交易的企业的股市绩效数据计算得出。这可能是有问题的，因为并不是所有公开上市交易的企业都实施了共同决策制，而实施共同决策制的企业并不都进行公开上市交易。由于

雇员与公司治理

面临着数据中噪声增加的风险，我们将事件的天数增加到一个合适的水平，否则我们将无法发觉投资行为的长期或者中期变化。图 7—6 至图 7—8 显示了 1976 年共同决策制法案颁布前后每个行业的情况，而图 7—9 至图 7—11 显示了 1979 年联邦宪法法院裁决前后每个行业的情况。

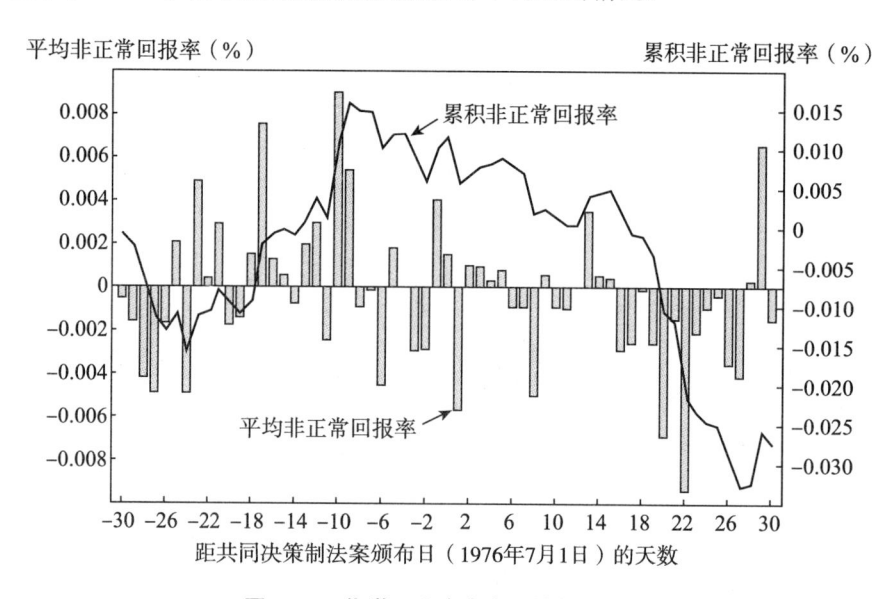

图 7—8　化学工业资本市场绩效（1976）

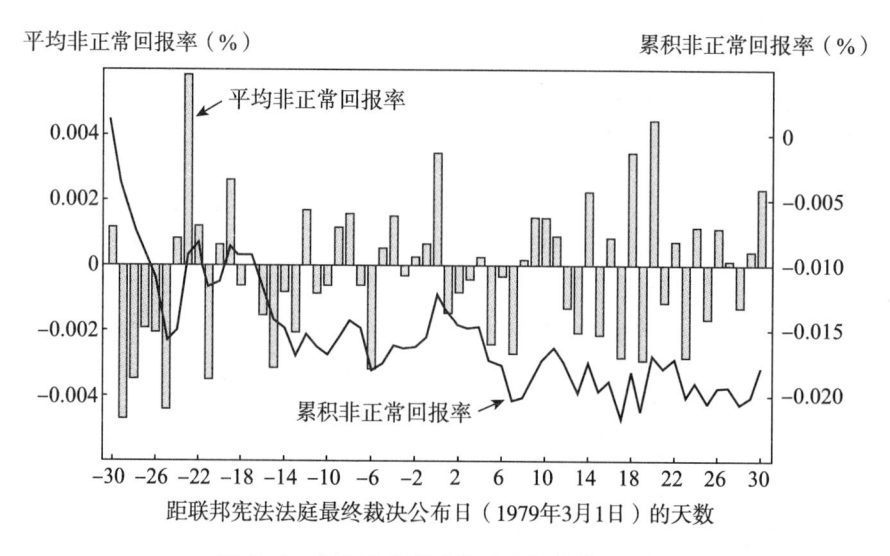

图 7—9　银行和保险业资本市场绩效（1979）

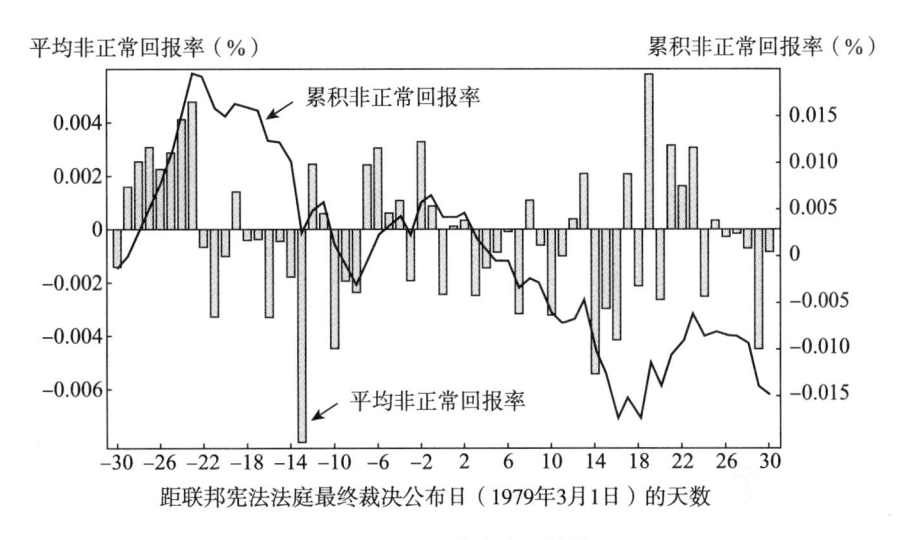

图 7—10 工程工业资本市场绩效（1979）

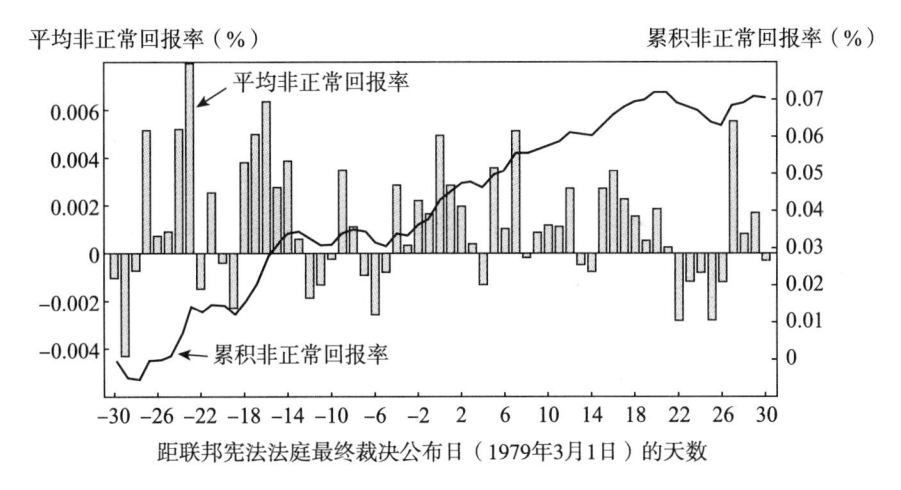

图 7—11 化学工业资本市场绩效（1979）

观察累积非正常回报率的变化情况，同样没有发现一般化的模式。至于1976年的事件，虽然非正常回报率在共同决策制法案颁布后的五天时间里大体上是正的，但同样是不确定的，并且没有任何的变化在统计上是显著的。在银行和保险行业以及工程工业中，累积非正常回报率在调查期末要比开始时稍微高一点。在化学工业，这一结果则正好相反。然而，在所有的三个行业中，累积非正常回报率的边际变化是相当小的。

同样，在1979年联邦宪法法院裁决后的起初几天里，没有证据表明我们调查的三个行业中的任何一个行业的回报率与整个行业回报率在统计上有什么根本的不同。在事件之后的关键的五天里,化学工业的非正常回报率大多数是正的;在其他的两个行业中(银行和保险业、工程工业)非正常回报率却是负的。累积非正常回报率在化学工业中呈现出不断上升的趋势,而其他的两个行业则清楚显示了(工程工业)或稍微显示了(银行和保险业)下降的趋势。而无论哪一种情况,累积非正常回报率在边际上都没有超+2%或-1%。进一步的检验表明,无论是共同决策制法案的颁布还是联邦宪法法院对法案的支持都没有造成股票的显著损失,或者它们在某种程度上和市场中其他股票同时变化。[14]

为了将深受共同决策制法案影响的三个行业(银行和保险业、化学工业、工程工业)与很少受其影响的参考行业(建筑业,零售贸易业,食品、饮料和休闲服务业)进行比较分析,我们还要进行正式的检验。在银行和保险业以及化学工业中,雇员工作在共同决策制和公开交易的企业中的百分比是很高的,在70%到80%之间。而在工程工业中,这一比例只有50%。[15]在三个参考行业中,这一比例则小于25%。在这种情况下,我们来观察这些行业在事件之前的两年半时间里的非正常回报率,并将之与事件之后的10天里的非正常回报率相比较,除了一个行业之外,无论是共同决策制法案颁布还是后来被联邦宪法法院裁决其合宪性都没有导致我们所考虑的六个行业中的任何一个的非正常回报率的显著变动。这些统计上不显著的结果有着不同的含义。一个例外就是,化学工业的回报率在1979年法院裁决共同决策制法案合宪之后出现了统计上的显著上升(在10%的显著性水平上)。我们以联邦宪法法院的口头表示作为事件的日期做了一个相似的分析。同样,资本市场的反应在统计上也是不显著的,通过使用几种可选择的参与指数[16],我们同样得到了相似的结果。

此外,有人对我们不能从这一事件中获得统计显著结果的可能解释是,股价在法案颁布以前或法院裁决以前很早时就已经发生变化,原因在于潜在的投资者已经预计到共同决策制可能产生有害结果,因此改变了他们投资的行为。图7—6至图7—11中事件发生之前30天的数据显得有些不够,即使是事件发生前两年半的数据也可能不够,因为关于共同决策制的潜在的讨论可以追溯到20世纪60年代末期。已经投资于某一行业的股东和深受新法案影响的企业可能早在法案实施以前就经历着非正常回报率的下降。然而,我们的方法却无法对这一假设进行检验,因为股票市场可获得的数据仅仅从 1974 年 1 月 2 日开始,并且第二个事件发生在第一个事件之后不到 3 年。

总结和启示

在研究法院对 1976 年德国共同决策制法案的裁决的例子中,我们并没有发现股东由于法院扩展工人在共同决策制中的权利这一裁决而遭受经济上的损失。并且,无论是 1976 年共同决策制法案的实施还是 1979 年联邦宪法法院的法律解释都没有减少德国经济中这些行业的(累积)非正常回报率,在德国经济中,大部分企业必须受到相应立法的制约。

可以对我们的发现提供各种各样的解释,在事件研究中这总是对的,有人可能会批评我们所调查的事件会被市场预料到,毕竟,法院的裁决和 1976 年共同决策制法案的实施在裁决实际宣判以前或法律实际被通过以前就已经在出版物上进行讨论了。

本章的结论与共同决策制并不正向或反向地影响企业的绩效这一假设是一致的。可能的情况是,虽然一些投资者不喜欢共同决策制,但另外一部分人可能会喜欢,例如,当各自企业的雇员同时也是股东时。在这种情况下,共同决策制的强度的变化可能会导致持有股票的不同集团进行交易,而价格并不会发生变化。为了调查这种观点,应当对事件发生前后的证券增加的数量进行检验。但到目前为止,关于共同决策制对企业价值的影响没有一种情况得到实证支持。

【注释】

[1] 参见 Furubotn (1988,p.178)。
[2] 参见 Jensen 和 Meckling (1979,p.474)。
[3] 参见 Furubotn (1985,p.167)。
[4] 参见 Alchian (1984) 和 Furubotn (1985,1988)。
[5] 这一段的内容由 Levine 和 Tyson (1990) 建议。在一个类似的模型中,Freeman 和 Lazear (1995) 分析了工人委员会的有效特征,他们认为,虽然工人委员会作为一个信息交换、协商和参与的结果是能够增加联合剩余的,但企业的利润属于所有者。因此,管理层要么反对工人委员会,

要么赋予其很少的权力。为此，政府设定的制度达到了（潜在的）帕累托最优。

[6] 关于德国贸易联盟对生产率的影响的研究包括 Addison、Genosko 和 Schnabel (1989)，Kraft (1992)，Lorenz 和 Wagner (1991)，Schnabel (1989)、Schnabel 和 Wagner (1992)，Mainusch (1992)。

[7] 关于这些研究的全面的演进，参见 Frick (1995)。单个的研究包括 Addison、Kraft 和 Wagner (1993)，Addison 和 Wagner (1995)，Addison、Schnabel 和 Wagner (1996)，FitzRoy 和 Kraft (1985a, 1985b, 1987a, 1987b, 1990)，Frick (1996a, 1996b)，Frick 和 Sadowski (1995)，Kraft (1986)。

[8] 参见 Belman (1992，p. 58)。

[9] 参见 Hodgson 和 Jones (1989)。

[10] 参见 Thompson (1995)、Brown 和 Warner (1980)。

[11] 参见 Brown 和 Warner (1985)。

[12] 参见 Bühler，Göppl 和 Möller (1993)。

[13] 关于指数的全面的讨论，参见 Göppl 和 Schütz (1993，1994)。Göppl 和 Schütz (1994. pp. 20-35) 对 DAFOX 的适用性和其他适用于德国的每日股票市场指数的效率加以比较，发现其他指数中只有一种没有拒绝有效性假说，当然 DAFOX 也没有拒绝。

[14] 随着1976年法案的颁布，每种情况下所测得的损失结果都非常接近于0并且变化不大。化学工业的β值为1.84（事件之前）和2.20（事件之后），银行和保险业为1.89和0.42。这些变化在统计上并不显著。

[15] 作者的计算建立在联邦劳动局的内部数据和 Müller-Jentsch (1989，pp. 194-195) 的数据的基础之上。

[16] 虽然大多数合理的指数是高度自相关的，但这并不意味着精确的结构是不重要的。例如，Göppl 和 Schütz (1994. p. 26) 指出，综合 DAFOX 与蓝筹股的 DAFOX 的相关系数在1974年1月至1991年12月间是+0.995。综合 DAFOX 和小盘股的 DSFOX 的相关系数只有+0.892，对蓝筹股的 DAFOX 与小盘股的 DAFOX 来说，这一系数为+0.846。然而，当我们使用小盘股的 DAFOX 而非综合 DAFOX 指数重新分析时，结果并没有显著发生变化。虽然在多数情况下，事后绩效要比事前绩效要稍微低些，但在每一种情况下这种差异并不明显。检验的全部结果可向作者索取。

第 三 部 分
日本的公司治理

第八章 日本终身雇佣制的政治经济学

罗纳德·J·吉尔森（Ronald J. Gilson）
马克·J·罗伊（Mark J. Roe）

日本的大企业和雇员的关系相比美国企业存在着非常大的差异，日本的大企业中许多雇员通常都是终身雇用的，而任意雇佣制是美国企业的典型特征，虽然其实际的雇佣期限通常也会很长。这种差异在日本的体系中非常重要。对核心工人的终身雇用在日本的公司治理和劳动关系中居于中心位置，为企业进行人力资本投资提供了动力，同时也得到了其他日本治理制度的支持，如交叉持股、内部董事会和主要的银行系统。[1]与此相反，美国企业既不会明确也不会暗示给予持久雇用保证，公司治理也很少有劳动者参与。

我们通过三个关于终身雇佣制的起源和功能的假设来揭示这些差异。第一，终身雇佣制按照美国传统的理解是不可能具有像美国分析家所声称的人力资本优势的。第二，终身雇佣制的起源与其说是经济上为了人力资本的发展，倒不如说是政治上为了在第二次世界大战后受到破坏的日本获得劳动安全而进行的斗争。第三，由于它的产生是出于政治目的的，因此需要其他的治理制度来支撑有效的生产。在我们的分析中，与企业承诺终身雇用员工（日本劳动实践中有效的一面）紧密相关的是使雇员可以从一个企业转向另外一个企业的外部劳动市场的缺失（日本劳动实践中无效的一面）。这种外部劳动市场的缺失在鼓励雇员的生产方面要比企业承诺终身雇用员工更有效。

终身雇佣制的动力

传统的观点认为，日本企业承诺终身雇用会给予工人进行人力资本投资的动力，或者这至少是它们的承诺的主要效果。Allen Blinder 认为："毕竟，由于终身雇佣制，核心工人才会进行广泛的、稳定的人力资本投资。"[2] 同样，其他人认为"终身雇佣制，通常与等级制相伴随，有利于鼓励部分工人获得技术并维持较高的努力水平"[3]，并且他们也想知道美国是否能够引入终身雇佣制及其好处。[4] 这对于美国开放的外部劳动市场来说并非易事。[5] 事实上，不仅企业终身雇用员工的承诺本身，而且它的补充部分——一个关闭的外部劳动市场，雇员在不同企业间移动受到限制，也有助于提升日本人力资本投资的动力。日本企业可能会对它们雇员的人力资本进行很好的投资，但这样做并不是因为它们已经承诺了终身雇用员工，而是因为它们的雇员不可能容易地转移到其他地方。[6] 将终身雇佣制引入美国，让许多美国企业承诺不解雇员工并不会直接地鼓励人力资本投资。要使人力资本投资的鼓励起作用，还需要一些辅助性的安排，即外部劳动市场的缺失，这在日本是很好的补充安排，而在美国这是无法接受的。

基本的争论：一般技术和产业专有技术

人力资本传统上被分为两大类：一般的对许多雇主都有价值的人力资本；企业特有的对某一雇主有价值的人力资本。[7] 一般技术据说是日本工人最主要的特征，特别是他们能够很容易地从一个任务转向另外一个。[8] 在下面的部分，我们将调查企业的专有技术。企业承诺终身雇用雇员并没有直接促使雇员或雇主对雇员人力资本进行投资，从而使其获得某种类型的技术。

发展人力资本中的偏向激励。想象一种经济，其中一般技术起着非常重要的作用：工人需要在团队中工作，随着市场的变化而发展新技术，随着技术和消费者口味的变化开动不同的机器。谁愿意花钱来让雇员发展这些技术？当外部劳动市场很灵活的时候，由于企业的雇员接受培训之后可能被其他企业免费获取，所以企业对雇员的人力资本投资总是不足的。由于获取方企业不必再花费培训成本，因此它们也愿意支付给工人更高的报酬。事实上，如果它们的雇员可获得其他企业的工作机会，实施培训的企业将会通过与其他企业在工资水平上展开竞争以留住这些已经受过培训的员工。但是，如果实施培训的企业在花钱对雇员进行培训之后，通过竞争再支付更高的外部工资，它们的培训最终可能会一无所获。而获取方企业和雇员将分享先前投资于培训的回报（减去重新定位的成本），因为这部分投资是由实施培训的企业承担。因此，实施培训的企业将会面临进行了投资而没有获得回报的情况。企业将会预计到这种免费搭车的问题，或者从失误中认识到这一点，因此将会停止对未来的雇员进行培训。因此，在外部劳动市场可流动的情况下，雇主对一般的人力资本缺乏投资的动力。[9]

正如基本的人力资本理论建议的那样，雇员可以自己对一般技术的投资方式进行选择，要么直接对培训项目和教育进行支付，要么间接地在他们进行培训时接受一个较低的工资。[10]这是美国的部分解决之道。当雇员对他们自己的培训进行支付的时候，雇主就很少会担心由于竞争者或雇员迁移导致的机会主义。雇主虽然投资不足，但雇员自己会对他们的一般技术进行投资。或者，对一些人来说，职业教育中的公共投资会抵消雇主的投资不足。

一般来说，虽然雇员有发展自身人力资本的动力，但任何关于日本企业的雇员自己支付大部分的一般人力资本投资的观点将面临着两个问题，一个是实际上的，一个是理论上的。实际问题是，日本企业在一般技术上支付的培训成本要比美国企业多。[11]它们为什么会支付更多？企业终身雇用员工的承诺使其投资更便利了吗？这些将是本章重点研究的基本问题。

理论上的问题在于，雇员对人力资本的投资往往是低效的，因为对于将来需要用到的技术，他们比雇主拥有的信息更少。即使雇主提供指导，雇员可能也不会相信雇主关于何种技术应该得到发展的建议，如果雇员现在打算接受较低的工资，雇主是否愿意在将来给雇员以补偿？并且，即使雇员能够准确判断值得投资的技术，他们也可能无法承担这一投资或者不愿意投资。信贷市场对雇员来说是不完善的，尤其是对那些刚开始职业生涯的人。

因此，无论是雇主和还是雇员都没有足够的动力对一般的人力资本进行投资：雇主担心外部劳动市场的流动性使其投资遭受损失；雇员担心雇主对承诺回报食言而使自己的投资受损，或者其不知道什么样的人力资本适合市场需要，也没有足够的资金投资于人力资本。因此企业和雇员对人力资本缺乏足够的投资。一个对有益于社会的人力资本进行大量投资的经济将运行得很好。

终身雇佣制与雇员激励的不相关性。终身雇佣制能解决这些问题吗？企业愿意在一个流动的外部劳动市场中终身雇用员工以使得企业和雇员有动力对一般人力资本进行投资吗？我们相信它们不会这样做。

假定终身雇佣制通过在职业的早期支付给雇员低工资从而对一般的技术进行投资。虽然终身雇佣制保护了雇员的工作，但提供了终身雇佣承诺的雇主并不能够保证将来的工资足以偿还雇员的投资。如果工资是可变的，那么终身雇佣承诺并不会减少雇员的不信任，据说日本的工资要比美国的工资更容易变动。事实上，劳动市场保护了雇员（虽然不完全），但在完全流动的劳动市场中，终身雇佣制的理论问题在于劳动市场总是对雇员加以保护。雇员起初并不需要终身雇佣承诺，因为他们能够以他们的技术在劳动市场上生存。当然，劳动市场是不完全的，还必须考虑企业和雇员在现实但不完全的市场中的动力问题，正如我们在后面的讨论中将描述的那样。但是，如果技术是一般的并且劳动市场是无摩擦的，那么即使企业能够减少它们的支付，终身雇佣制也会为获得这些技术进行投资，只要能够将这些技术卖给他人。企业的终身雇佣承诺很少增加或者没有增加雇员在流动的劳动市场中获得一般技术的意愿。

相似的弱点还困扰着下面的问题，即终身雇佣制鼓励日本的雇员培训他们的接班人，因为在终身雇佣制下培训雇员不会使他面临被替代的危险。终身雇佣制仅仅意味着一个人的工作是安全的，并不意味着将来的工资增加是有保证的。一旦一个培训者培训了一个替代者，企业就能够降低培训者的可变工资（或者使其工资得不到足够的增加）。同样，终身雇佣制本身并不能够解决劳动合约问题。

第八章　日本终身雇佣制的政治经济学

终身雇佣制与雇主激励的不相关性。在日本，有趣的事情是雇主为什么会对他们雇员的一般人力资本进行支付。有人说终身雇佣制便利了企业的投资，但我们不同意这种观点。

如果企业保证雇员的工作，那么，当外部劳动市场是流动的时，雇员将受益，企业将受损。如果雇员靠企业的花费发展好的技术，雇员将会转向另外一个企业，由于另外的企业不必支付培训成本，它将会支付更高的报酬。如果雇员在他们已经获得高技术的时候向潜在的雇主发送信号，那么结果将是不正当的：为培训进行支付的雇主往往会失去最好的雇员（突出的人），留下来的则是最差的。在这个"逆向选择的柠檬市场"，提供终身雇佣承诺的企业将使那些技术最差的雇员留在企业内部。企业如果预计到这种令人不快的结果，那么它在终身雇用员工情况下对雇员一般技术的投资要比没有实行终身雇佣制时少。

那么，为什么日本雇主会对一般技术和产业专有技术进行大量投资？在我们看来，并不是因为日本企业承诺终身雇用它们的雇员这一制度（在美国文献当中充满了对这种制度的赞美），而是由于外部劳动市场的关闭扮演着重要的角色：雇员由于外部劳动市场人为的弱化而不能变换他们的工作。如果能够容易地变换工作，他们将会把一般技术带走。正是关闭的劳动市场而非雇主承诺终身雇用雇员这一制度向雇主提供了这样的保证，即，如果对雇员的一般人力资本进行投资，那么，他们是可以获得回报的。

随着弱化的外部劳动市场起作用，企业可以安心地对雇员的一般技术和产业专有技术进行投资，因为它们知道其他企业不会挖走它们的雇员：弱化的劳动市场使得雇员的一般人力资本成为进行培训的企业的资产。即使终身雇佣制扮演着某种角色，但是，如果它也需要一个关闭的外部劳动市场才能更好地发挥作用，那么这对美国的文化来说也是没有吸引力的。

企业专有技术

传统的观点同样认为，终身雇佣制会促进日本企业对它们雇员的企业专有人力资本进行投资。我们认为这种观点也是值得怀疑的。

工资弹性和企业专有人力资本。假设雇员对自己的专有人力资本进行支付，如果这样，企业将会表现出机会主义倾向，并且之后会对这些雇员的投资进行"剥夺"。

企业专有的人力资本对雇主要比对它的竞争者更有价值，因为企业专有技术可以使本企业而非其他企业具有更高的生产能力。雇员的专有技术包括有关企业运营的所有知识及它的工作群体的特殊之处。如果雇员投资发展企业专有技术，那么雇主可能根据雇员下一份最好的工作机会主义地给予其较低的薪酬水平，因为下一份最好的工作是在其他企业，而这种技术对该企业来说毫无价值，因而该企业也不会对雇员的这种专有技术进行补偿。因此，雇主将从雇员自己的投资上获得好处。

雇员由于这时没有更高的报酬可选，只好接受一个较低的工资水平。但在起初决定是否对企业专有的人力资本进行投资时，由于担心企业潜在的机会主义行为，雇员可能会预计到这种令人不快的情况，因而将减少在这些技术上的投资。[12]

企业和雇员能够通过建立一个良好的声誉以便后来进行支付这一方式来减少雇佣企业潜在的机会主义行为。事实是终身雇佣制在减少雇主的机会主义行为方面并不可靠，因为承诺不解雇雇员对雇主来说只不过是放弃了一小部分权力而变成了机会主义者。一旦雇员投资了企业专有的人力资本，机会主义的企业为了自身利益是不会解雇他们的，但会通过把他们的薪水降到劳动市场上普通雇员的价值水平来剥削他们的工资（而不是使雇员的工资接近于他们对企业的价值）。传统的分析看来忽略了这一点。

事实上，企业的潜在机会主义行为是受到限制的，如果它剥削得过多，一些不满的雇员将变得缺乏生产力或者退出。企业也会发现它们不可能仅仅剥削它们的雇员一次。因此，雇员将不会对新技术进行投资，即使雇员在它们职业生涯开始时进行了大量的投资，失去公正声誉的企业也将会发现雇员在将来是不合作的，也不愿意对企业专有的人力资本进行投资。关键不在于这些企业采取机会主义行为的风险是无法克服的，而在于企业承诺的终身雇佣制对克服机会主义行为来说既是非充分的，也是非必要的。

企业对雇员的专有人力资本进行投资。我们并不怀疑日本企业会对雇员的人力资本进行投资，但我们怀疑是否可以用企业的终身雇佣承诺来解释其为什么会这么做。如果企业对投资进行支付，那么它可能面临着雇员退出的风险。由雇员潜在退出这一点可以推出企业不愿意对人力资本进行投资，这种可能性也就表明了企业的终身雇佣承诺并不直接起作用。

这再一次表明，其他制度可能使得企业对人力资本进行投资。例如，通过支付给雇员稍微高于他们机会工资的报酬这种方式来实现企业的投资，可以降低雇员退出的水平。我们并非不赞同这种模式，但我们再一次强调，终身雇佣制并非是这些模式的关键，日本关闭的劳动市场可能才是关键，但日本这一制度并不是它吸引美国的地方。

行业专有的人力资本。一些企业专有的人力资本就是行业专有的人力资本。[13]在企业中可以使用车床或软件系统，或者在即时汽车生产中拥有灵活技术的工人在行业内其他任何企业中可以使用许多相同的技术。在外部劳动市场中拥有某种资源的雇员有获得产业专有技术的动力，因为即使企业食言，雇员也已"拥有"这种技术并能在行业中的其他地方出售。[14]但当雇佣是既定且不存在流动性时，由于面临雇主可能会采取机会主义行为的风险，雇员将会花费很少的时间和金钱来获得技术。雇主对专有技术的增加进行投资的动力只有在关闭的劳动市场阻止了雇员的机会主义行为时才会发生。在美国式的外部劳动市场中，企业雇佣承诺的不确定性可能会增加雇员保持很高的行业专有技术的动机。

终身雇佣制指的是雇主承诺给雇员一份终生的工作，它似乎不可能直接促使雇主或雇员投资于行业专有技术。如果雇员能够将这些技术出售给行业中的其他人，这将会促使雇员自己来购买行业专有技术，终身雇佣制作用不大甚至不起任何作用。如果雇员能够把这些技术在灵活的外部劳动市场中进行销售（这是日本企业的雇员所不能的），那么企业将不会对这些专有技术进行投资。（需要再次强调的是，是外部劳动市场导致了人力资本的收益，而不是企业的终身雇佣承诺。）现在的难题在于，如果雇主的终身雇佣承诺对促进劳动市场技术的投资作用不大，为什么日本企业还要这样承诺呢？

为什么采取终身雇佣制？

终身雇佣制更多的是来自于政治压力而非人力资本基础之上的经济压力，一旦这一制度起作用，互补的制度将获得发展以支持人力资本。

历史解释的结构。寻找终身雇佣制的历史根源会冒这种因果关系并不存在的风险，事后之见能给出这种因果关系的映像，因为早期的事件会由后来的事件加以衔接。然而，随机的先后顺序和严格的因果关系同样引人注目。传统的观点认为，终身雇佣制根源于日本文化（并不需要更多的解释），这一观点是不充分的。[15]事实上，如果一种关键的经济制度和一国的文化相对立的话,这将是非常值得关注的,要么制度发生变化,要么文化加以改变。在20世纪早期的一段时间内,许多处于职业生涯鼎盛期的日本雇员转向其他公司,而在另一段时间内,雇主又解雇了许多处于职业生涯鼎盛期的雇员。文化和实践能够出现分歧或重合。如果文化和实践是相容的(如果我们假定终身雇佣制要比一个流动的劳动市场更适合日本文化,这将是令人怀疑的),那么我们一定想知道是什么原因使得两者在分歧了数十年之后最终趋于一致。

历史调查还面临着另外的风险:复杂的事实包括了各种各样的原因。劳动力的转换率在多大程度上与终身雇佣制是合适的这种声明相矛盾?假如一半的工人发生变动,而另一半工人是不变的,这是终身雇佣制还是随意雇佣制?如果考虑日本企业在第二次世界大战前解雇工人的情况,那么正如我们所做的,这将会面临着同样的问题。这些被解雇的工人在战后模式中是终身雇员吗?我们不会争论这些问题,我们注意到的是,终身雇佣制是战后时期日本大企业的一个显著特征,我们把这作为一个既定事实。

我们的目的并不在于对终身雇佣制的起源给予权威性的说明,一些制度是固定的,它们的存在会诱发一些互补性的制度产生,并推动系统对这些制度加以整合。我们通过关键时刻对政治安全的迫切需要这一角度来考虑日本的劳工史。在考虑这一历史时,一些事件对劳动学家来说是非常知名的,一些则不然,我们从政治的角度出发来观察路径依赖上的适应性。

这一历史并不是"突然"发生的,当然,它也不是在某一个单一纯粹的时刻发生,并不受干扰地沿着特定的路径发展。政治环境也会产生影响。经济的演进过程深受政治事件的干扰,这些事件不断地改变和再改变演进的方向。但战后日本发生的足够多的"突发事件"可以作为我们分析的出发点。

第二次世界大战结束前日本的就业结构

就业稳定并不是日本文化的一贯传统。事实上,在第一次世界大战后,当日本的劳动市场非常紧张的时候,技术工人常常变换他们的工作。由于雇员拥有一个外部劳动市场,因此就业往往只是暂时性的——在第一次世界大战期间,大多数工业国正常的工作转换率大约为75%。[16]虽然企业通过工资和资历政策来降低转换率(这在战后日本变得非常普遍),如年终红利、资历奖金和正常报酬的增加等,但这些措施无法阻止劳动力变换工作:

第八章 日本终身雇佣制的政治经济学

> 只要经济条件使得工作转换变得容易,有经验的工人就会把工作的变动视为增加技术的有效方式,企业利用工资来惩罚技术工人的转换将是弄巧成拙的:它们将无法吸引最好的工人。因此,尽管事件会发生变化,但技术而非资历仍旧是这一领域决定工人收入的基本的因素。[17]

20世纪20年代的经济低迷导致了劳动剩余,这侵蚀了公司过分看重资历的动力,许多企业收回了先前对资历奖金、正常报酬增加或者退休基金的承诺,并且,企业开始直接从学校招收非熟练工人,并对他们进行在职培训:"一种新的吸引人的长期雇佣或职业雇佣模式开始形成……在20世纪20年代,但我们没有必要夸大这一变化的程度,不安全的和短期的承诺(对双方的)仍旧占主流地位。"[18]虽然自愿流动下降了,但经济低迷导致的工作短缺对雇员流动性下降的原因做出了最好的解释。[19]

由于雇主既不承诺放弃解雇雇员,实际上也没有在经济萧条时期放弃解雇雇员,因此终身雇佣制在这一时期并没有完全形成。当工作变得稀缺,同时伴随着工人的超额供给时,"雇主在生意不好时就可以随时解雇工人,资历也不再具有豁免权,相反的是,他们经常解雇那些资历很高而技术落伍的工人。在这十年当中,管理者解雇工人并缩小劳动力规模"[20]。即使终身雇用员工的条件不断出现,即期的劳动市场条件而非对终身雇用员工的长期承诺才是其产生的诱因。在劳动出现短缺时,工人离职另谋高就是正常的,而在劳动过剩的情况下企业也会开始解雇工人。

即使由于好的经济条件,外部劳动市场变得供不应求,20世纪30年代和战争年代的就业依然是不稳定的。[21]在第一次世界大战期间供不应求的劳动市场条件下,企业通过培训进行投资以提高雇员的忠诚度,但却收效甚微。技术工人仍旧在大企业间流动。"20世纪30年代末期这种在大企业间流动的现象的再次出现可以说表明了使工人回归到第一次世界大战期间或者20世纪20年代的政策的影响是有限的。"[22]

在第二次世界大战期间,日本政府试图建立外部市场,1939年4月,日本政府限制雇主挖走其他企业的工人,为了雇用一个新雇员,企业需要得到政府同意;雇用一个技术工人,企业需要得到雇员先前雇主的同意。到1941年,企业在雇佣、解雇和自动终止方面都要得到政府批准。事实上,政府试图将所有工人的既定工作加以冻结。[23]虽然工作转换的可能性下降了,但即使是政府也无法完全禁止这种情况出现:"整个第二大世界大战期间,技术工人……仍旧打算转换工作,即使是不合法的。"[24]

从第一次世界大战到第二次世界大战末期,当劳动供不应求时,外部劳动市场工人的流动性破坏了劳动的稳定性,而当劳动供过于求时,雇主解雇高级工人的意愿同样破坏了劳动的稳定性。雇主虽然尽力但无法在劳动短缺时建立一套薪酬体系以留住工人。政府干预虽然可以减少但无法完全阻止工人流动。工人是流动的,雇主可以随时获取其他企业的工人,即使这些行为是非法的。

第二次世界大战后的劳动市场

第二次世界大战末期,像 20 世纪 30 年代早期一样,劳动都是过剩的,但在受到破坏的经济中,由于这种过剩的规模过大,且其结果对工人来说根本无法承担。[25]"公司开始大量解雇工人。成千上万的人失去他们的工作。"[26]减少失业成为最高的目标:"由于担心饿死[时常发生]……日本缺乏一个有效的公共福利体系,并且在 1945 年或者 1946 年,失业的威胁可以说就是对生存的威胁。"[27]

在早期的经济衰退期间,日本企业解雇了大量工人。而第二次世界大战后的一段时期要比第二次世界大战时更不利于终身雇佣制:劳动是丰裕的,没有工作的人被饿死了,企业能够在较低的工资水平上雇用工人,并能够随意解雇他们。然而终身雇佣制却在劳动过剩的时间出现了,这种劳动过剩和终身雇佣制同时并存的现象给我们提出了一个难题——一个标准的经济模型无法解释这个难题,而政治模型却可以。

劳动者斗争。日本的劳动者组织在第二次世界大战结束后的两年时间里获得了权力。劳动者斗争是正常的,其中一些是由美国占领当局发起的。1945 年的工会法在占领当局和盟国最高统帅(SCAP, Supreme Commander, Allied Power)的强烈要求下颁布了,它给日本带来了民主,保证工人有权组织工会以及进行斗争。工人由于担心被解雇并有过被大量解雇的经历,因此会同时使用这两种权利:组织工会和进行斗争。工会成员从工会法颁布时的 381 000 人增加到一年后的 3 000 000 人,以及 1946 年年末的 5 000 000 人。[28]

这些斗争对管理者的威胁超出了仅仅停止生产这种方式。工人有时实际上接管并经营着企业而将管理者排除在外。工人对自己以及企业的其他成本进行支付,并且将任何的剩余储蓄在公司的银行账户里。第一起这样

第八章　日本终身雇佣制的政治经济学

的"接管"发生在1945年秋，在1946年的前6个月日本的管理者就面临着255起这样的"接管斗争"。例如，1946年，经过50天对东芝的斗争，劳动者为他们自己赢得了对企业进行管理控制的基本条件。[29]

到了1947年，SCAP改变了对日本各种工会的看法，开始把主要的工会活动视为对美国新冷战策略的威胁。在SCAP的计划中，日本的新角色是资本主义反对社会主义的屏障。工人对生产的控制威胁到了这一计划，因此SCAP废除了1945年的工会政策并且让日本的管理者重新获得了控制权。1947年日本的工会计划进行全面的斗争，但是SCAP却对它们的斗争加以禁止并要求日本国会所有公共部门的雇员停止斗争。[30]美国坦克至少曾经通过驱逐工人直接支持了日本的政策。[31]

由于美国当局和日本官方支持并打算将之作为案例，东芝的管理者在1948年展开了反对工会的攻势，通过重新控制工厂，转移关键机器，解散工人，补偿自动辞职工人和取消工会对东芝工厂基本管理权等方式关闭了由劳动者控制的东芝工厂。[32]SCAP对共产主义影响的关注在1950年劳工运动的"红色清洗"行动中达到顶点。12 000名据说是共产党成员的雇员被解雇并被禁止从事工会活动。而且，受共产主义影响的工会则被其他更加合作的企业工会所代替。[33]与此同时，社会党成员威胁要赢得立法机构的胜利，这就导致了我们起初的政治假设。

为了安全的生产。对管理者或保守的政治家来说，可行的政策策略是通过终身雇佣制赋予有影响的劳动团体以特权来分裂劳动者的联合，这样做的结果是减少劳动力的规模和增加管理者对其他生产的控制。动力来自于严密的组织管理：为了对经济诱发的产业重建进行回应，保守的政治和商业领导者可以给予受到优待的团体终身雇佣承诺以降低社会党在选举中获胜的机会。"宏观"政治容易导致交易，从而可以通过重建带来社会安全、抑制激进劳动者，通过赋予劳动者中一部分以特权而降低社会党在选举中获胜的机会。[34]

动力同样可能是"局部的"和"微观的"，我们第二个政治方面的假设就从这里开始：当管理者在企业经过重建后追求合理的生产时，他们必须承诺终身雇用留下来的雇员以缓解重建后劳动者的不安状态。[35]如果许多企业都面临着压缩劳动规模的需要，那么它们的高级管理者可能会做出同样的决断，即，企业为采取这种决断已经聚集到足够的动力。因此，在这种自下而上的事件中，政府制定的制度为个别管理者（和留下来的雇员）追求劳动安全提供了一种规范。[36]（我们并不认为有一个单一的、古老的、对整个经济都有效的解决之道。）这种解释之所以是政治性的，原因在于使用终身雇佣契约不是为了促进技术发展这一经济目标，而是为了在没有激活激进劳工组织的情况下压缩劳动规模这一政治目标。[37]

我们描绘了一种严酷的情形：工人为了生存进行斗争，工人和管理者为了控制企业进行斗争，美国占领当局起初鼓励进而分解强力工会，并且最终达成交易。虽然严酷，但这种情形却是现实的。关于这一基本事实的更进一步的观点认为，雇员是为了寻求安全和尊严，而管理者起初拒绝继而接受某些工人对安全的需求，这种安全使得受惠工人愿意将控制权让给管理者。[38]无论一个人偏好哪种观点，人力资本方面的考虑都不是接受终身雇佣制的动机。[39]

到了20世纪50年代中期，终身雇佣制的主要特征已经形成：部分劳动力获得固定职位，其他的则是暂时就业，这部分就业的数量随着经济需求的变化可以减小或增大。受惠的部分劳动力和公司通过调节外部劳动市场中的临时工人（许多为妇女）的规模来熨平经济波动而受到保护。[40]

鼓励工人投资于企业专有的人力资本并不需要占领当局建立一个资本主义日本的目标，也不需要日本管理者力图保持对他们工厂的控制权并削弱激进工会的目标。日本通过公开的政治对话找到了一种政治上的解决方法：控制生产和管理当局。

我们在机制选择上并不会牺牲经济效率，但有时政治目标会优于私人经济目标。后来的条件安排以及经济选择和演化都会对"初始"的条件产生影响。一旦从政治上对终身雇用一些工人这一事实做了详细说明，日本的经济问题就成为，要精心设计一套能够在政治上强制实行终身雇佣制的框架内有效运行的相关制度，终身雇佣制与其说是为了生产力，倒不如说是出于安全上的考虑。[41]

政治交易的力量

但为什么政治交易会在20世纪60年代经济高涨时期劳动过剩消失之后仍然继续存在？[42]为什么雇主不再从其竞争者那里获取雇员？为什么雇员不再流动？我们提出四个并不彼此冲突的假设，其中两个假设雇主避免解雇雇员，另外两个假设雇主间避免互相争抢雇员。

第一，个别管理者可能还记得第二次世界大战后的劳动冲突，如果这

第八章 日本终身雇佣制的政治经济学

些冲突能够制止企业实行终身雇佣制的话,他们就会担心失去这样的冲突。[43]而衰退行业中的劳动争端会加重他们的担心,特别是在Miike(三池煤矿)煤炭斗争(日本称"三井三池争议")这一日本最著名的案例之后。到1959年,日本煤炭产业已经变得无利可图,Mitsui(三井矿山)计划在采矿业中大量裁员。当时开采业中的工会Miike(三池煤矿工会)是日本最激进的工会之一,强烈抵制管理者解雇雇员,1960年7月甚至出现了近20 000名斗争者和激进主义分子与1 000名警察相对抗的情况。[44]

第二,日本法院对终身雇佣制给予支持。[45]虽然日本基本的就业规则是"就业随意",但日本法院必须对"混乱的战后经济中稀缺的就业机会"做出反应,其遵循的"权利滥用"教条认为雇主不应当随意解雇雇员。[46]这种最终得到日本最高法院认可的教条宣称"任何没有客观原因和社会适当的原因而解雇工人的行为都是……对解雇权利的滥用"[47]。

在20世纪60年代不断扩张的经济中,这一教条几乎没有得到检验,所以我们并不清楚企业被迫承诺终身雇佣制的程度以及法院是否应当谴责叛离的员工。然而在1973年的石油危机之后,潜在的司法教条的作用已经可以感觉到。[48]多数雇主遵循着终身雇佣制。当经济形势的反转迫使企业压缩规模的时候,企业首先限制新的招聘,然后将多余工人分配到附属公司,再减少临时工并要求提前退休。企业裁减多余的工人只有在其他的手段使用了之后迫不得已才会进行。[49]法院在关于滥用解散权的定义中采纳了这些建议,但同时规定:雇主必须有压缩规模的经济需要[50];必须尽力寻求解雇以外的替代方法,其中一种就是将这些剩余的雇员转移到附属公司;必须公平对待工人并与他们进行协商。[51]

因此,法院并没有强制执行一个长期存在的文化标准,但第二次世界大战后的实践已经得到了发展。通过交易政府平息了第二次世界大战后的劳动斗争,而法院进一步明确了交易的详细构成。[52]如果是劳动安全的需要导致了交易的产生,那么日本法院可能会对滥用解雇权做出不同的说明。[53]因此,法院通过增加那些想要改变交易的企业的成本来支持第二次世界大战后的终身雇佣制。

这种假设有助于解释为什么企业不撤回它们的终身雇佣承诺,但并没有解释为什么企业不再相互挖墙脚及没有开放关闭的劳动市场。我们的第三个假设是管理者已经考虑到这种挖墙脚行为可能会对企业现有雇员的士气产生威胁,进而威胁到内部劳动市场的有效性。一旦终身雇佣承诺在日本得到广泛传播,内部提升就成为雇员发展的正常途径,企业引进外部人才将会冒着使其终身雇员的士气低落的风险。

并且,管理者会担心他们的挖墙脚行为会导致其他企业的报复,进而会使得局部的或国家层面的劳动斗争死灰复燃。如果震荡的外部劳动市场重新出现,这将会威胁到企业的内部劳动市场。事实上,虽然企业都需要一个弱化的外部劳动市场,但免费搭便车行为会动摇管理者的决心并促使企业采取挖墙脚行为,因为企业的单独行动不可能完全重新开放劳动市场。(因此,管理者主要担心如果从外部引入的职位高于现有雇员,这将在多大程度上影响到企业的士气,而不是像担心混乱的外部市场重现那样。)虽然日本的历史在这方面是模糊的,但综合的制度,如企业集团、总统委员会或政府法案,能够减少这种集体行为问题。[54]

一个综合的制度为这四个假设提供了基础。日本政府可能为破坏外部劳动市场提供帮助。它阻碍了企业间横向雇用员工的可能并使得外部劳动市场处于一种弱化状态,这种弱化正如我们先前讨论的那样对日本人力资本投资是至关重要的。最近有关日本公司治理的解释强调了政府在设计治理制度中的角色[55],并且评论家还强调产业和国家水平上的联合劳工管理磋商(主要通过产业委员会和研究团体)的重要性。[56]虽然我们知道没有明确的政府行为来形成反猎取原则,但我们确实看到了一些令人不安的现象。[57]

第一,日本政府和专业领域的权威人士帮助设计了交易协定并最终平息了第二次世界大战后的劳动斗争:左派联盟受到挤压,并且被剥夺了政治权力的左派的就业水平下降了,管理者重新获得了20世纪40年代已经失去的对工作场所的控制权,部分劳动力也获得了工作安全。尽管管理者在20世纪50年代早期就重新获得了对工作场所的控制权,但由于工会仍然保留着潜在的政治影响,因此政府想要通过契约方式来保持稳定。第二,观察家在其他地方叙述过这种非正式的政府强制规定,例如对向主要银行委派监督者从而将羸弱的附属工业企业排除出去这种行为的解释。[58]第三,猎取工人的行为是震荡的外部劳动市场的标准特征,这长期以来在日本都是非法的。[59]政府抑制外部劳动市场的理由还需要进一步的调查。[60]

一个互补的、演进的劳动市场模型

我们先前讨论过日本终身雇佣制的人力资本收益不能脱离其附加条

件——一个关闭的劳动市场，关闭的劳动市场使得企业对雇员人力资本投资由于劳动力市场流动受阻而得到保护。现在我们要对劳动和制度理论中的缺陷加以弥补，这主要建立在最近两个主要理论贡献的基础之上：一个来自青木昌彦（Masahiko Aoki），他强调要注重整个政府体系而不仅仅是某一方面的特征；另一个来自 Paul Milgrom 和 John Roberts，他们强调系统中互补的制度彼此间如何得到增强。主流理论并没有对互补制度的产生给予详细的说明。我们在这里力求提供一种分析。

一个互补制度理论

青木昌彦告诫我们，研究一种经济制度时不要脱离相关制度。互补制度共同发挥作用，只有当所有的制度在同一个国家经济体时才能正常运行。一个制度并不能简单地自己起作用。

Paul Milgrom 和 John Roberts 已经建立了一个互补制度理论，即，制度的力量不仅直接来自于它们自己的生产力，而且同样也来自于使其他制度富有生产力。大量的培训可以提高生产力，如果机器被设计得操作起来更加精确从而更具生产力，那么培训的价值将得到增强。精密的机器和受过良好培训的劳动力是互补的。互补的制度通过有用的新制度来增加先前存在的制度的产出。[61]

互补制度：终身雇佣制确立后的选择

这些制度能够揭示劳动制度如何适应并与日本公司治理相互关联。青木昌彦断言，在日本能够非常容易地对管理者施加影响的唯一股东就是企业的银行股东。（即，企业的主要银行股东实际上拥有企业的股票，非银行股东不可能容易地影响到企业，而银行着眼于它的贷款，并不纯粹追求股东财富最大化。）这就减弱了纯粹股东的影响，因此可以保护工人，使其免受那些想要终止默许契约的股东的机会主义行为的影响。[62]（由于我们相信日本企业进行了大量的人力资本投资，因此我们不同意青木昌彦的模型结构。）但在这个模型中，管理者不可能免于所有的责任，原因在于主要银行随时可能进行监督，从而阻止了管理者过分偏离利润的企图。[63]（即，银行在模型中并没有严格地控制管理者，但如果连续的坏结果发生，主要的银行将通过利用董事会的席位直接施加影响这一方式来干预企业。）虽然企业不服从纯粹股东的监督，但如果公司绩效不好，银行将会进行干预,如青木昌彦指出的那样,一般不会出现这种情况。这种除非出现绩效不好否则采取忍耐的策略可以促使管理者和工人履行和维持他们的自治权。[64]

同样,劳动制度彼此相互适应,虽然终身雇佣制可能会减弱雇员完成任务的动力,但这种被工作安全会被与他们固定工资相关的大量的工人奖金所抵消,也会通过内部竞争使得绩效好的雇员得到提升而其他的则不会这样一种方式加以抵消。[65]安全是一个方面,不安全则是另一方面。这些特征有助于支持团队协作和横向的信息共享。已存在的制度会吸纳其补充部分,因为补充制度将会提高先前存在的体系的生产力,因而递增的报酬会创造出路径依赖。[66]

两个其他方面的特征——提前退休年龄和关闭外部劳动市场——也是补充性的制度安排。提前到 55 岁退休这一界线是不固定的,因为对于年纪大的日本雇员,企业已经对他们进行大量投资,因而他们特别有价值。但如果企业不能提前撤走低于平均价值的雇员,那么低退休年龄将胜过终身雇佣制,从而使其要比原来呈现出更少的终身性。这种情况下只允许企业从白领管理者中选择少量且优秀的成员担任高级职位,并选择优秀成员担任蓝领雇员中的领导职位。那些达到 55 岁退休年龄的雇员的离开为新的进入者腾出了空间。最好的雇员留下来,比如,一些来自管理阶层的人员成为公司的董事,其他的则离开。

此外,我们还相信是关闭的外部劳动市场在起作用:"日本企业,特别是大企业,受到隐性法规的约束而不再雇用其他企业之前的雇员,特别是技术人员。"[67]随着终身雇佣制发挥作用,企业在劳动市场上组成卡特尔就会得到社会认可,这种行为在日本 1949 年年末可以说是爆炸性的,而这对美国来说,在任何时候都将是爆炸性的。

但一个制度体系的演进开始于何处呢?任何的起点都具有潜在的随意性,但日本历史有助于明确一个合理的点。终身雇佣制部分是因为受政治影响的交易而产生,继而诱发其补充性制度安排的产生,如外部劳动市场的破坏、与资历工资变化相适应的绩效奖金和内部竞争、主要银行的临时监督、委员会内部职位的提升,以及 55 岁退休等。日本实现了劳动市场均衡,这种均衡在战争年代无法实现,其初衷本是要改善社会混乱的局面。[68]具有不同起点的国家可能有着不同的演进结果,这种起点应当是自发和可变的,如美国那样。

劳动市场如何达到均衡？

在企业对行业专有的人力资本进行投资的情况下，日本如何能够达到均衡？流动的外部劳动市场中的企业将会从其他企业挖走工人，因而将会破坏培训均衡机制。要么雇员对培训自行支付，要么没人支付。由于无法进行对整个社会而言有价值的投资，因此一个国家总体上处于贫穷状态，除非能够打破这种挖走其他厂商工人和跳槽的怪圈。

我们对政治的描述有助于解释日本是如何这样做的。一道直接阻止跳槽的政府命令从政治上来讲是具有爆炸性的。但为了达到经济交易的目的，国家及其主要企业可能会同意给予劳动方以终身雇佣承诺。通过这种方式，雇主非常容易地关闭了外部劳动市场，这在以前从来没有发生过。随着外部劳动市场的关闭，企业更愿意对它们雇员的人力资本进行投资。一旦接受培训，企业将没有理由再解雇他们，因为雇员新发展的人力资本使得他们对企业来说更有价值。只要经济不是系统地降低人力资本投资数十年来的价值，终身雇佣交易就能得到自我加强：企业不想解雇具有高价值的雇员，并且它们也愿意遵守终身雇佣承诺。

终身雇佣制的次要经济特征

为了保持论述的完整性，我们还必须指出终身雇佣制一些潜在的、间接的、次要的影响。对我们已经进行的讨论来说，这里的分析显然并不那么重要。

作为单一合同条款的终身雇佣制

终身雇佣制可以被简单地看做一项雇员福利，这项福利除了作为一种补偿之外没有任何的经济职能。或者，终身雇佣可以看做礼品的相互赠与：企业承诺终身雇用雇员，而受其影响的雇员在所有的任务上都努力工作。[69]要注意的是，这种互相赠与是为了获得工人的努力而不是为了获得技术。获得雇员的技术只不过是增加雇员工作努力程度中的一部分。

间接支持雇员对自身的人力资本进行投资的终身雇佣制

首先，为了鼓励对企业专有的人力资本进行投资，企业可能会建立起一种声誉：对雇员自己的投资给予回报的承诺从不食言。（这只是次要的，因为日本体系引人注目的特征在于企业而非雇员对人力资本进行投资。）如果企业违背了对雇员回报的承诺，一些雇员可能会接受这一结果，但其他的雇员将会抱怨并变得毫无生产力。没有做出终身雇佣承诺的企业将会解雇那些抱怨的雇员并保留那些顺从的雇员。由于终身雇佣制使得企业和抱怨的雇员不得不生活在一起，因此企业很少会违背对雇员的人力资本投资进行支付的承诺。[70]

其次，考虑雇员对自身的人力资本进行投资的可能性。他们并不知道哪种产品市场在将来是有价值的，而企业通常对其产品市场的将来有着较好的估计，但如果雇员进行了投资（假设是通过低工资方式），他们可能会担心，如果自己投资了，但市场反响并不好，企业将会解雇他们。但如果企业承诺雇员一份终身的工作，其实际是在说服并使其关于产品在将来很长时间内都会得到市场认可的声明变得更加可信，因此，雇员更愿意花费时间进行投资（并放弃工资）来发展市场所需要的技术。[71] 为了确保雇员的投资而给予终身雇佣承诺，即使产品市场崩溃，这样企业就向雇员传递了这样一种信号：企业对于将来的产品市场拥有丰富的信息，并预期这些技术对生产是有价值的。

但我们怀疑那些信息传递只不过是终身雇佣制的初级功能，因为企业的保证是部分的，日本的工资会随着以利润为基础的奖金而变动。[72] 企业可能会对产品专有技术加以保证，但雇员已经以潜在的"可扣除"的低工资方式进行了"支付"。但仍有待明白的是，终身雇佣制是如何在产品市场（以及对基础技术的需求）不稳定时期体现出公正来的。再一次地，需要解释的关键问题是，终身雇佣制是否支持企业对雇员人力资本进行投资（这在我们看来是不可能的）。[73]

其他目标引致的终身雇佣制

终身雇佣制可能是其他劳动实践的产物。企业可能会使工人具备多种技能，因此工人不会担心由于接受了技术方面的建议而失去自己的工作。多技能的工人在企业内部不同部门之间轮换并倾向于终身雇佣制，但终身雇佣制的表现会由于他们技能的差异而有所不同。[74] 当然，为了政治目的而承诺终身雇佣的企业，在我们看来可能会对其工人进行多种技能的培训以使他们在整个职业生涯中都是有价值的。但是，在同一经济体中发现的拥有多种技能的雇员和终身雇佣制并存的现象并没有提示它们之间真正的因果关系。

或者,默许的交易可能会在职业早期给予一个较低的工资水平,而在后期则给予相应的提高。高工资的工人由于不可能在其他地方做得更好而变得缺乏流动性,如果企业不食言的话,雇佣关系往往是长期的,甚至可能是终身的承诺。在美国,这种模式已经维持了数十年的就业的稳定性,即使没有采取日本那种半正式的"终身"雇佣方式。

两个简单的比较:德国和美国

一个政治决定导致了一种制度的产生,这种制度继而又引发了经济反应和演化。在德国的劳动和公司历史上,也现出了类似的演化事件。而美国的制度则有着不同的演化路径,这可能是因为美国对政治和平(或者是获得它的方式)的需要与日本不同。

德国轨迹?

与日本的终身雇佣制相似,德国的共同决策制(根据这一制度,德国大公司的雇员可以推选董事会中半数的成员)包含有政治成分,这起因于社会党的意识形态和革命冲突。其特征首先出现在第一次世界大战后的德国混乱时期,其作为1919年左派和右派折中的产物暂时给德国带来了政治上的稳定。与此同时,除了利益集团的政治交易之外,德国的意识形态倾向于在社会主义和资本主义间寻找一种"中间道路"。

第二次世界大战后,占领当局扩展了煤钢行业中的共同决策制,这部分是出自法国和英国的命令。1976年,经历了一系列的斗争和对不同政党提出的相互冲突的模式进行了多年的公开讨论之后,德国联邦参议院出于加强产业安全的目的推广了共同决策制。像日本的终身雇佣制一样,共同决策制的初衷并非为了经济体中的生产,或者是经济中企业层面上的公司治理,而是为了弥合资本和劳动者在社会中的鸿沟,或者是为了对资本进行社会监督。[75]

由于共同决策制,减少开会的次数并缩减职能管理者和股东可能会减少流向德国企业监事会的信息。[76]监事会的下级委员会也得以建立,其中劳动者的代表要比监事会少得多,或者是主席(来自于股东代表)的职能得到强化。大股东可能作为一种关键的补充性的监督制度在德国仍然存在,因为董事会在共同决策制的情况下已经被管理者和股东加以弱化。[77]

美国对照

日本的终身雇佣制产生于第二次世界大战后的苦难和饥饿时期,与此相比,美国的机制产生于第二次世界大战后,此时被压抑的需求得到释放,由此导致劳动短缺。工作安全在美国并不是个政治事件,因为外部劳动市场和失业补偿使工人得到了保护,在第二次世界大战后的美国,工资实际上呈现出一种向下的刚性。相比之下,在日本,某些人有着固定的职业和可变的工资。

固定的职业和变动的工资并非为了促使对人力资本进行投资,美国的雇主据说是通过放弃向下调整转而在利润不足时期解雇雇员来稳定工资。雇主宣称经济形势不好因而要求削减工资这一做法可能会使大家错以为企业的经营状况恶化了,然而,企业由于经济形势不好而解雇工人不仅仅减少了工资支出,同时也减少了它的产出。如果企业的经营实际上并没有变坏,那么解雇将会损害企业,因此企业形象要变得尽量可信。虽然实际的痛苦在这些解雇成员当中承担的比例不同,但在美国体系中,事先默许的契约工资刚性与可能的解雇使得企业的反应要比在工资可变情况下更加可信。[78]

因此,我们看到了多样化的制度安排:在日本,人力资本要求在关闭的劳动市场中实行固定就业,但工资是可变的;在美国,人力资本要求稳定工资,但工作是流动的。这些制度安排由于各自的出发点不同而表现出差异性。日本第二次世界大战后的政治目标一方面是稳定就业,另一方面是要求劳动制度安排进行补充性调节。对美国而言,文化上对流动性有着固有的偏好,而制度上保证了对较高稳定性和较低流动性的经济激励。

今天强调的重点

具有互补性制度安排的系统能够更快地增长,因为不断增加的投入使得互补性制度安排变得更富有生产效率。但互补性的制度有内在的下降趋势,当外部变化降低了其对系统的贡献时,生产效率可能会显著下降,因为系统中其他相对不太重要的制度将不得不被建立。在日本,重点在于企

第八章　日本终身雇佣制的政治经济学

业与其雇员的联系。

内部劳动市场和增长

我们对日本劳动市场的政治和经济成因进行了描述。首先，为了稳定第二次世界大战后日本的政治以及挫败左翼联盟，企业同意给予关键的劳动部门以终身雇佣承诺。其次，终身雇佣制也降低了雇员的动力，并且存在于活跃的外部劳动市场条件下的终身雇佣制将减少企业投资于雇员人力资本的动力，因为一旦对雇员进行培训，雇员可能通过寻找其他高报酬的工作而损害雇主的投资。再次，企业会通过形成一个默契的劳动卡特尔对终身雇佣制做出消极反应，这或许得到了政府的支持，从而压缩了外部劳动市场的空间。外部劳动市场的终结促使企业投资于发展雇员的技术。最后，随着企业把奖金与盈利挂钩，奖金成为薪酬中一个巨大的部分。企业同样建立内部竞赛机制，以提升那些具有很好的动力和技术的雇员，并且企业会形成一种转移政策：将那些表现较好但富余的人员转移到附属公司，将那些表现不好的富余人员转移到毫无出路的岗位上以惩罚这部分终身雇用的雇员。

这一模式在吸引越来越多的企业采取内部晋升制方面表现得很好。增长确保了足够多的胜利者，这是雇员都极力想争取的。增长也同样使得企业可以引进一些入门级别的工人，其中的一部分具备成为高级管理者的天赋，或者可能会成为企业将来的高级雇员。

最后一点有必要进行更加详细的说明。一个企业将来的成功取决于选择用于提升的技术工人和管理者。当刚开始聘用时，企业只能够粗略地从履历中识别其技术水平，而内部竞赛则能识别出将来经营企业的管理者。企业不得不招收大量雇员并从中挑选出少数具有高级管理者和高级技术工人天赋的雇员。

考虑拥有大量永久雇员的企业停止增长这样一种情况，企业不能扩展只能削减新的雇员，因为有责任的终身雇员能够处理那些固定的工作。但削减雇员也限制了从下级雇员中选择出企业未来领导者的路径。终身雇员阻碍了提升的筛选机制的运行并降低了其有效性。[79]结果是，企业在合适的领导职位上缺乏技术管理者和雇员，因为竞赛已经变得毫无意义（当没有人得到提升时），并且企业在历史工资水平上永久雇用工人使其根本无法确保对工人人力资本投资的价值。

因此，我们的模型建立了一个结构来观察日本劳动模式的不稳定性。这个模型同样建立了一个结构来观察日本的自行车式的经济，高速才能有效运转，低速则无法保持平衡。如果升职竞赛使得终身雇佣制得以运转并且升职竞赛的职能在许多大企业没有得到扩展而弱化，那么许多日本企业甚至日本经济都将面临着困难。

可变性

技术变化形成一种压力，这使得美国和外国的体系都是可变的，只不过是变动的幅度存在差异。由于外部资本市场迫切要求变化，且缺乏大股东有利于对雇员做出可信的承诺，使得美国的治理具有更多的"宏观"可变性。并且，美国具备一个强有力的外部劳动市场，工人将进行更多的一般人力资本投资和行业专有的人力资本投资，工人在他们的技术变得陈旧时则会遭受损失。

日本的体系缺乏"宏观"可变性，它的终身雇佣承诺放慢了大规模调整的速度。但它却有着有力的"微观"可变性，它能够对人力资本投资给予承诺，这在一些美国企业中是无法做到的，并且日本雇员能够不断变动以及适应最新的技术变化。虽然今天美国的宏观可变性看起来是好的，但它并不能明确哪一种成本和收益能够提供较高的回报。[80]

产业区和当地的就业

产业区能够减轻人力资本投资的压力，即使这一区域的就业流动性是很高的。产业区能够降低雇员转移到其他企业的成本，因此降低了雇主关于产业专有的人力资本的机会主义风险，并且，通过限制向产业区流动同样能够降低雇员的机会主义风险。类似地，在劳动市场弱化的情况下，终身雇佣制可以鼓励随时的技术投资，而这在重视流动和自治的文化当中是不受欢迎的，美国就是一个很好的例子。当技术发展在一个具有强力的外部劳动市场的体系中变得至关重要时，对诸如硅谷这样的产业区的"需求"就可能上升。

雇员在没有从雇主那里得到一个安全工作的保证或企业内部的治理权时，会在什么时候对产业专有技术进行投资呢？一个能够转移到其他企业而无须放弃他或她的家庭以及当地社会关系，也没有必要改变其住所的雇员将很少担心雇主的机会主义行为：改变工作的转换成本越低，一般的或者产业专有的人力资本的企业专有性就越弱,当相似的企业集聚时,这种低成本的工作转移就发生得更加容易。

> 如果你离开德州仪器公司(其并不在硅谷)寻找另外的工作,这主要是一种心理上的移动,远的可以到达海岸,近的就在菲尼克斯。在这里(硅谷),星期五辞去你的工作在星期一找到另外一份工作并不是一个大的灾难,你只不过是在星期一早上转向另外一个发展方向。你没有必要卖掉你的房子,你的孩子也没有必要转学。[81]

因此,与其他产业相比,产业区更迎合了具有高度产业专有人力资本的产业的需要。它缓解了人力资本的困境,这种困境与日本所面临的恰好相反:不断增强的外部劳动市场增加了雇员投资于他们自身的人力资本的动力,并且,就业由于可以在产业区内非常容易地转换而变得更不持久。

相比之下,在劳动在地理上不可流动的地方(在许多国家,出于选择、文化或者语言上的原因),产业专有技术就转化为企业专有技术(因为产业专有技术在其他地方不可能得到使用,并且雇员不可能或者是不愿意移动),因此增加了企业潜在的机会主义可能。如果当地的炼钢厂是一个城镇中仅有的一个,那么企业将"拥有"雇员的技术。如果用这种不可流动性来描述日本(和德国)的经济史——文化上要比美国和少数产业区更加厌恶流动性,那么我们就可以更加精确地解释雇员治理的权利为什么在其他地方比在这里更多。[82]

结 论

与美国许多企业相比,日本企业承诺的终身雇佣制似乎是一种有吸引力的制度,这一制度倾向于鼓励日本企业对它们雇员的技术进行大量投资,并且促进了雇员对企业生产作出贡献。但所有的理论分析和简单的政治史告诉我们,这一描述很难与现实相一致。

终身雇佣制在日本兴起的原因更多地在于第二次世界大战后保守的政治势力要阻止大规模的劳动联合,以及管理者要尽力阻止工厂层面上的工会,而非在于为了人力资本发展的经济因素。这种政治上的起源形成了劳动和日本治理制度间的联系,并促成了补充性的制度如关闭的劳动市场的产生。

企业对雇员的终身雇佣承诺并不会直接地促使企业或者雇员对企业专有的、行业专有的或者是一般的技术进行投资,因为它并没有消除雇员对企业降低工资以及后来只让少量的人得到提升的机会主义行为的担心。由于实行可变的工资,日本企业似乎应当是具有机会主义倾向的,但事实上,企业的机会主义行为可能通过由企业对雇员的技术进行投资而得到消除,而日本企业的投资具有人力资本特征。但企业的投资则增加了雇员的机会主义行为,因为这将可能导致雇员带走企业的技术而在别处加以使用。因此,只有外部劳动市场的关闭才能够解释日本企业为什么对它们的雇员发展高技术进行投资而很少担心。在外部劳动市场弱化的地方,企业面临很少的雇员和竞争者的机会主义行为,因为无论是雇员还是竞争者都不能获得企业投资的回报。因此,对日本劳动关系的乐观解释——认为终身雇佣制好的一面将促使雇员对一般的和企业专有的技术进行较好的投资——被夸大了。较为可信的是,除了在战后大部分时期扩张经济以外,任何在投资当中发挥其他作用的因素都将是受到限制的劳动市场的坏的一面。

【注释】

[1] 可参见 Gordon(1982)、Mincer 和 Higuchi(1988)、Kanemoto 和 MacLeod(1991)、Garvey 和 Swan(1992)、Aoki(1994)、Milgrom 和 Roberts(1994)。

[2] 可参见 Blinder(1992,pp.51,54),也可参见 Garvey 和 Swan(1992,pp.247-248):"一个最流行的经常被引用的关于第二次世界大战后日本企业成功的原因是,他们有能力和雇员维持一种有价值的默许的协议保证相对稳定的雇佣体系,这看起来有利于个人努力水平和雇员间合作水平的提高。"Mincer 和 Higuchi(1988,p.97)写道:"出发点在于…与工作相关的人力资本的形成是工人高度依附于日本企业的最基本的、最直接的原因。"Gordon(1985,p.35)声称:"终身雇佣制……[在第二次世界大战后产生是因为]新生产程序要求工人对特殊机器具有精密而不是宽泛的、容易转换的技术……企业转向终身雇佣体系可以说是为了分期清偿工人的特殊投资。"Gordon 对两次战争间的描述是不成功的。也可参见本章后面对终身雇佣制的讨论。

[3] 参见 Kanemoto 和 MacLeod(1991,p.167)。

第八章　日本终身雇佣制的政治经济学

［4］参见 Kanemoto 和 MacLeod（1991，p.167），也可参见 Bilnder（1992，p.62）。

［5］在内部劳动市场中，雇员在企业内部的不同岗位上进行工作转移；在外部劳动市场上，雇员则在企业间进行转移。

［6］终身雇佣制经常被日本的分析家理解为双向的："雇主承诺终身雇用员工，雇员承诺不会离开，后半部分承诺在美国的文献中只得到了很少的反映，正是这半部分承诺或者它制度上的安排，一个关闭的外部劳动市场最好地解释了人力资本投资的模式，这对大多数美国人来说是不可能的。"

［7］参见 Becker（1993，pp.30-51）。

［8］参见 Aoki（1990，pp.3-14）。

［9］日本的劳动市场是不流动的，但我们以流动的劳动开始我们的分析有助于得到我们的结论，即，是受限制的劳动市场，而不是终身雇佣承诺本身促使当事人进行人力资本投资。

［10］参见 Becker（1975，p.34）。

［11］参见 Tilly 和 Tilly（1994，p.300），引自 Dertouzos 等（1989，pp.81-93）。也可参见 Acemoglu 和 Pischke（1998），他们认为企业愿意对雇员一般技术的培训进行投资是信息不对称的结果。

［12］参见 Furubotn（1989，pp.46-48），他认为如果工人必须承担发展他们自己技术的成本，他们将会转而选择那些只需要一般技术的工作。如果雇主对雇员的专有人力资本进行投资，也会得到相同的结果。因为雇员必须花费时间来接受这些专有技术培训，这些时间这本可以用来发展一般的更适合市场需要的人力资本。如果雇主事先对雇员的这些投资进行支付，雇主将不会机会主义地对待雇员的这些投资。但如果雇主承诺在后来进行支付，由于雇员的时间投资是企业专有的，因此就面临着雇主的机会主义风险。

［13］关于日本雇员专有人力资本的文献，可参见 Mincer 和 Higuchi（1988）、Abe（1994）、Like Sabel（1998）。我们认为许多的技术是行业专有的。一个行业中大企业雇员的基本技术可能类似于行业中其他大企业雇员的技术。参见 Itoh（1994，pp.233，249）。

［14］参见注释73和相关的阻止摩擦的文章。

［15］例如，参见 Agegglen（1958）。

［16］参见 Gordon（1985，p.87）。Gordon 的调查显示，自愿离职占转

换人数的 20%~70%。

[17] 关于这一时期使用工作资历作为提高工人收入依据的文献，参见 Gordon（1985，pp. 96，98-101）。

[18] Gordon（1985，pp. 133）、Aoki（1994，p. 30）接受了这种评价。

[19] 参见 Gordon（1985，pp. 139）。Taira（1970，p. 154）得到了一个相似的结论："在 20 世纪 20 年代的就业稳定的背后则是就业的停滞状态，这在 1929—1931 年经济萧条时期达到高峰。"Taira 强调了当没有这样的保证即在用于培训的投资没有得到回报以前，受培训的工人不会转换工作时，对培训进行投资的问题（pp. 158-159），而 Mosk（1995，pp. 76-78）则把重点放在两次战争间的结构变动上。

[20] 参见 Gordon（1985，pp. 139-140）。

[21] 参见 Gordon（1985，pp. 156）。

[22] 参见 Gordon（1985，pp. 158），也可参见 Nomura 和 Koyoo（1984，pp. 187-190）。长期就业在 20 世纪 20 年代实行过，但并没有得到坚持。

[23] 参见 Gordon（1985，pp. 267，272）、Gordon（1987，pp. 255）。

[24] 参见 Gordon（1985，pp. 274）。

[25] 参见 Gordon（1987，p. 180）。

[26] 参见 Gordon（1985，p. 362）。

[27] 参见 Gordon（1985，p. 363）。Price（1997，p. 38-39）写道："1946 年实际的生产在 1934—1936 年的水平上下降了 70%。东京和大阪……60% 的建筑被毁……大米的生产受到严重破坏。对城市居民而言，饿死不仅仅是可能的而且正在逼近。"

[28] 参见 Gordon（1985，p. 331-332）、Gordon（1987，p. 238）、Mosk（1995，p. 95-96）。

[29] 参见 Yamamoto（1983）、Gordon（1985，p. 332）、Mosk（1995，p. 96）、Price（1997，p. 54），也可参见第九章 Hiwatari 的观点。但是 Moore（1983，pp. 214-215）认为，粗暴地对东芝斗争给联盟带来了混合的结果，但它的粗暴行为使得其他企业无法再接受联盟。

[30] 参见 Gordon（1987，p. 332-333）、Mosk（1995，pp. 96-97）。

[31] 参见 Price（1997，p. 66）。

[32] 参见 Yamamoto（1983）。

[33] 参见 Gordon（1985，p. 333）、Mosk（1995，p，96）、Price（1997，

pp. 83 - 97)。

[34] Price (1997，pp. 253) 解释说："在为了使联盟接受绩效工资体系并限制联盟对工作地点的调整而进行的交换中，工人得到了某些工作上的安全……这种'交易'已经发生在20世纪40年代末期的大规模解雇之后。"Price 报告称，在1949年的部分时间里私有部门就解雇了400 000人。

[35] "（许多）雇员被解雇，包括激进组织成员，（导致）管理者和联盟领导者…通过承诺就业安全将留下来的工人整合进企业（Hiwatari，第九章的会议草案）。"

[36] 例如，这一"交易"——作为劳动安全和合作的回报而来的就业安全——反映在1955年由政府发起建立的日本生产力中心的原则上。参见Price (1997，pp. 152 - 154)。

[37] Raff (1988) 认为，当亨利·福特宣布他的著名的工人5美元日工资而他们下一个最好的工作机会的报酬减半的口号的时候，他很大程度上是对这些工人进行购买以使他们摆脱不稳定性，因为他担心他的新的装配线方法由于不稳定性会按照组织偏好发生偏差。日本类似的情况能够从Nishiguchi (1994) 的发现中得到支持（假设终身雇佣契约中包括政治因素，虽然两次世界大战期间试图向这个方向进行努力）。Eisenstadt 和 Ben-Ari (1990，p. 71) 认为："在1949年反对劳动期间……国家政策（大规模解散和废除联盟在公共部门的权利……）（促使）私人参与者……努力恢复他们的权威。管理者（赢得胜利）……和好战的各种各样的企业联盟摊牌。同时，大企业接受了联盟对工作安全和将工资与工作（年龄）挂钩的要求。"

[38] 作为对就业稳定的回报，管理者获得了对工作地点的控制和调整工作条件的自由，包括雇员的转移。参见 Araki (1994，pp. 269 - 271)。

[39] 这里这种严酷的描述类似于日本劳动学者的描述，虽然乐观的观点在美国分析家对劳动史的研究中是非常普遍的。参见 Gordon (1983，pp. 373，374)。

[40] Gordon (1985，p. 400)："在日本20世纪50年代的解决方法中，临时工人重要性的凸显表明全职工人获得的收益是以边际工人的损失为代价的。"我们没有追溯日本劳动结构附属核心构成——企业联合主义——的历史，其中以企业为边界的联盟促进了终身雇佣制和管理者间的合作。例如，参见 Sugeno 和 Suwa (1996)。Hiwatari 认为企业联合主义产生于同样的力量，这导致并成为终身雇佣制的一部分（参见第九章）。

[41] 安全是生产的首要条件，所以保持安全的交易是有效的措施。Roe（1998a）讨论了政治的对抗性反应如何破坏系统而不是力图保持效率或者导致其他人有意避免更加严重的对抗。造成的问题是，企业承诺终身雇佣是否是"安全"的前提，这种说法似乎是合理的或者是保持生产率的必要的"补充"。

[42] 参见 Hanami（1979）。

[43] 虽然这种关注在20世纪50年代末期和1973年石油危机结束后开始的经济扩展时期不具有什么意义，但它在随后的重建时期中变得非常突出。它同样导致了1974年就业保险法的出台，这保证了那些在经济逆境中尽力维持就业水平的企业获得"就业调节收益"（津贴）。参见 Sugeno（1992）。（Sugeno 经常被视为日本劳动法领域的领导者。）可以将这种管理者的行为看做与所有权相分离的管理者的股东代理成本，如果这种风险要比劳动斗争带给管理者更多心理上的痛苦，那么这将会给企业带来损失。

[44] 参见 Goron 和 Mochizuki（1993, pp. 145, 159-160）、Price（1997, pp. 191-218）。这种情况经日本政府和日本全国煤炭产业总工会广泛的调解之后得以根本解决，裁员得到允许，但另外一种解决方法是管理者尽力寻找那些被解雇人员的替代者和增加对解雇的补偿（Price, 1997, p. 216）。

[45] 参见 Sugeno（1992, pp. 395-412）、Akri（1994, pp. 251-256）、Foote（1996, pp. 639-665）。虽然这些评论家认为法院支持终身雇佣承诺，但他们不认为法院支持企业间互相挖墙脚的承诺。

[46] 参见 Sugeno 和 Suwa（1995）。

[47] 参见 Akri（1994, p. 251）。

[48] 参见 Sugeno（1992, pp. 407-408）。

[49] 参见 Sugeno（1992, p. 409）。

[50] Sugeno 和 Suwa（1995, p. 29）解释说："虽然在绝大多数情况下法院最终支持了管理者减少人员的决定，但它仍然要仔细检查企业的商业环境，并对企业的决定的合理性进行公正的判断。"

[51] 参见 Sugeno（1992, pp. 408-410）。

[52] 参见 Sugeno 和 Suwa（1995, p. 27, 29）。

[53] 法院的裁决仅仅可以减缓变化。如果日本雇主必须缩减规模是竞争所致，那么法院的教条也可能进行相应的调整。参见 Sugeno（1992）。

第八章　日本终身雇佣制的政治经济学

[54] 在日本，许多主要企业属于 keiretsu 集团，其中的企业和附属银行彼此拥有对方股权。附属企业的领导人定期会晤并对共同问题进行讨论。参见 Anderson（1984，pp. 30，32）、Aoki（1984，p. 12）、Gerlach（1992，pp. 80 - 81）。

[55] 参见，如 Aoki（1995b）。

[56] 参见 Sugeno（1992，pp. 475 - 477）。

[57] Hiwatari 认为，国际贸易和工业部在出口产业中建立寡头垄断的市场结构起着重要作用，并在不经意间创造了一种环境，在这种环境下，抑制外部劳动市场的类似卡特尔的行为得到了维持（参见第九章）。最近，日本劳动部声明："这一政策的后果（允许解雇）在日本将是不可接受的：就业是社会稳定的基本条件，企业的成功不能以牺牲雇员为代价。在传统制度（终身雇佣制）和经济环境的新的需求间寻找一条中间途径是必要的，毕竟传统体系仍然是就业政策的核心。"参见 Philippe Pons, "Le government refuse d'autoriser les licenciements," *Le Monde*, March 4, 1999, p. 2, col. 4。

[58] 参见 Aoki（1994，pp. 32 - 33）。

[59] 参见 "Japan to OK job Placement services", *Jiji Press Ticker Service*, November 14, 1996; Rieko Saito, "Calls Mounting for Job Placement Liberalization", *Japan Economic Newswire*, November 29, 1995。

[60] 这四个假设中的每一个，特别是最后关于政府暗中对反挖墙脚卡特尔的支持，很难得到证实。我们知道没有正式的官僚政治成规决定性地明示了政府在加强反挖墙脚原则中的角色。1955 年日本在国际贸易和工业部的监督下建立生产力中心可以作为一个开端，目的是要在生产力运动中谋求劳动者的支持以及提升工作安全。参见 Blinder（1992，p. 57）、Sugeno（1982，p. 302）。但由于缺少这样的历史成规，我们无法对这一假设进行验证。这些并不是对各方想要陈述观点的理解。日本公司和政府官僚机构间深入的相互作用实现了非正式且又十分微妙的支持。

[61] 参见 Milgrom 和 Roberts（1990，pp. 518 - 527；1994，pp. 34 - 42；1995，pp. 179 - 206）。

[62] 作为债权人的银行股东的动机与纯粹股东的动机是不同的，前者要比后者更加厌恶迎合雇员偏好的风险。

[63] 参见 Garvey 和 Swan（1992，p. 266）、Aoki（1994，p. 18）、Mil-

grom 和 Roberts（1994，pp. 22 - 23）。

［64］参见 Aoki，Sheard 和 Patrick（1994，pp. 24 - 26）。日本银行股东可能部分地依赖于终身雇佣制。事实上，主要的银行体系同样有其自身的历史根源，这并非与终身雇佣制有直接的关系。Hoshi（1993，pp. 307）揭示第二次世界大战后主要银行的关系由战时通过命令将国防企业分配给特定银行演化而来。一个值得将来调查的问题是，主要的银行股东所有权是否单独导致了劳动骚乱，这种骚乱是否随着终身雇佣制的补充条件产生，或者与终身雇佣制同时产生？

［65］参见 Kandel 和 Pearson（1995）。

［66］参见 Aoki（1994，pp. 14 - 18；1995，pp. 350 - 352）、Milgrom 和 Roberts（1994）。

［67］参见 Aoki（1998，p. 83）。

［68］美国的稳定就业来自于资历基础上的后向承担工资制度以及把企业约束在流动的劳动市场中的名誉效应。然而，即使美国和日本的结果是相同的（实际上它们并不相同），我们也想知道每个国家是如何达到劳动均衡的。在美国，快速的增长往往促使企业支付市场工资（以招收新工人）并把名声看得很重要。在日本，企业尽力要实现二者的组合，但在第二次世界大战时并没有实现，第二次世界大战后，日本通过提升劳动安全实现稳定就业。从这时起（随后或同时），日本所增加的具有新特征的均衡开始起作用。美国和日本这种历史背景的差异通过对内部劳动市场发展的不同评价可以反映出来。虽然内部劳动市场在日本通常被认为有助于工人和管理者间的团结，但一些评论家认为美国发展的这种劳动市场是"最大化雇主控制工人的权力"。参见 Stone（1975，p28），也可参见 Price（1997，pp. 259 - 261），它倾向于接受 Stone 关于日本的观点。

［69］参见 Akerlof（1982，pp. 548 - 555）、O'connor（1993，p. 1553）。

［70］如果这是终身雇佣制的基本功能，那么它的影响范围会在不同的企业间发生变化，而不是在一个劳动部门拥有特权的国民经济中遵循着不变的模式。这种变化是由于一些企业可以通过其他方式来获得不剥削的声誉，以及并非所有的企业都需要高水平的企业专有的人力资本这样的事实。

［71］雇主对产品市场拥有的信息通常要比雇员多，参见 Williamson（1975，p. 66）、Willman（1982，p. 86）。因此，如果终身雇佣制降低了雇员对企业对专有技术进行支付的不信任，那么收益将是显而易见的。

[72] 参见 Hashimoto（1979）。

[73] 其他的信息不对称是相关的，特别是对于流动的劳动市场。企业和雇员间的信息不对称使得真实世界的劳动市场变得不完美，因此，雇员不能够依赖于一个流动的劳动市场。当雇佣企业在劳动市场中比其他人拥有更多关于雇员实际技术的信息时，流动性将不再是完全的。虽然技术可能是一般性的，但竞争者可能会认为雇用一个受过企业培训的雇员可能无法观察到其潜在技术的质量。比如，一个潜在的雇主将会由于这种信息不对称而降低他们的工资：雇主将根据这些雇员平均的技术水平提供工资，这反映了高技术和低技术工人的混合情况。在这种情况下，即使是一般性的人力资本也会被视为专有性的，并且同样的机会主义问题也会产生。Acemoglu 和 Pischke（1996，pp.79-82）认为，信息不对称弱化了外部劳动市场，并用这一点来解释雇主为什么会对一般技术培训进行投资。在某种程度上，由于信息不对称使得市场工资要低于技术工人的边际生产力，因此即使支付市场工资，雇主也可以通过对一般的人力资本进行投资来获得回报。Greenwald（1986）同样考虑到了雇主信息优势与对一般性的人力资本进行投资间的关系。然而，Gilson 和 Mnookin（1989，pp，577-578）从信息不对称的角度解释了法律上的企业合伙人的一般性培训。信息不对称创造了胜利者的姿态：雇主可能不会招聘那些具有平均技术水平的雇员，但只有技术较差的雇员（先前的雇主对雇员的一般技术水平具有较充分的信息）会选择不留下来。参见 Gibbons 和 Katz（1991，pp.352-353）。

[74] 参见 Carmichael 和 Macleod（1993，p.144）。

[75] 参见第五章，或者 Hyde（1990，pp.411-412）。

[76] 或者，除了共同的市场和经济全球化的竞争压力（这种压力通常在美国很常见）要求强化委员会的职能之外，德国的管理者和股东可能弱化监事会的职能，而美国的监事会变得更加富有进取心。

[77] 参见第六章 Roe 的讨论。

[78] Rock 和 Wachter（参见第四章）认为美国的企业倾向于减少就业而不是工资率。关于产品市场条件的信息，他们指出，雇主是知道的而雇员并不知道，雇主通过改变产出和就业水平使得雇员间接了解产品市场状况："如果企业能够降低工资水平以作为对产品市场衰退的反应，那么它将会为了降低工资率而故意错误地描述产品市场状况"，这种激励相容的原则有利于企业解雇工人。但由于解雇会减少产出，进而减少企业的收入和利

润，因此他们认为，这样的原则消除了企业误导信息的动机。关于解雇对工人生产率可能的影响，参见 Ehrenberg 和 Smith（1997）、Azariadis（1983）。日本对产出周期性变化的反应是相当不同的，如 Hiwatari 在第九章指出的那样，在石油危机之后的经济困难时期，大公司的工会不仅要求工资适度，而且也要求显著拉平资历工资来维持就业安全。

[79] 我们认识到，日本的蓝领和白领工人在终身雇佣时间的选择上是不同的，这可能就是其中的原因之一。

[80] 和可变性与承诺的交替使用相比，人们更多地是在工人层面上的微观可变性与企业层面上的宏观可变性间进行交替使用，前者对适度的变化较为有效，后者对剧烈的变动较为有效。参见 Aoki（1994）、Gilson（1998）。

[81] 参见 Saxanian（1994，p.35），引自一名硅谷的工程师。

[82] 德国的共同决策制的政治原因迎合了我们的生产模式：地理上的不可流动性使得行业的专有人力资本成为企业的专有人力资本，因此强化了雇员参与公司治理的需求。这种强化的需求和政治需求一样，能够在合同的谈判当中得到表现。于是，我们将能够改变我们的模型（政治独立于生产）以使生产影响政治。

第九章　日本的就业实践和企业工会

樋渡展洋（OBUHIRO HIWATARI）

日本的管理有着"三方面的宝贵财富"：终身雇佣制、资历工资制度和企业工会。[1]然而，这种制度却受到小且分割的劳动市场的限制，即使它们并没有采取其自身固有的形式。所谓的终身安全也仅仅存在于大公司当中，同时也存在着强制性的提前退休，因此终身雇佣制实际上意味着对退休后能被雇用这样一种需要的担保。工资在这些企业中确实会随着资历而上升，但工资会在大约五十岁时达到顶峰。并且，企业工会是日本唯一的工会组织形式，仅存在于相对较大的企业。在20世纪60年代经济高速增长的年代，工会在日本大约吸纳了三分之一的工人，但这一比例在石油危机之后缓慢下降。那么，问题就在于，为什么这些公司治理实践是普遍的"宝贵财富"？通过对企业工会的历史发展和比较特征进行重点分析，这一问题在本章中可以得到解释。

企业工会具有以下显著的特征：成员仅限于永久性雇员，蓝领和白领工人参加同样的工会，工人在其加入企业时就自动成为工会会员，工会权利自发地得到集中，领导者在任期内仍然保留着他们雇员的身份，工会的权利也仅停留在企业层面上。[2]在日本，仅有的超出企业意义上的联合是海员产业工会与按日计酬工人和建筑工人总工会。只要企业承诺就业安全并提供与产业内其他大公司可比的工资和额外收益，企业工会就会与企业政策进行合作。

包含工会的企业治理体系在最近的数十年里重新成为热门主题并得到人们的注意，因为日本是少数维持低失业率的国家，即使是在20世纪70年代以来所面临的一系列经济危机下：1973—1974年第一次石油危机、1977—1979年日元快速升值、1979年第二次石油危机、1985—1987年日元再次升值和20世纪90年代早期的衰退。[3]看起来，日本企业工会在满足中等工资需要方面、在经济波动时期保持低失业率方面，以及在使企业获得必要的投资水平和对生产进行必要的再组织以保持竞争力方面发挥了作用。真正的挑战在于解释少数企业工会为何会具有全国性的影响。显而易见的是，日本全国范围内工资的趋同和低失业率可以归因于三个因素：出口导向的寡头垄断产业在制度上的协调、低集中度行业的市场导向调节和建立在产业集中和市场导向调节这种二元调节基础上的政策体制。因此，日本的低失业记录并非仅仅是或者主要是通过合作性的企业工会达到的，劳动市场的制度环境是更重要的原因。

日本的企业工会出现在第二次世界大战以后，很大程度上是作为革命联合主义的派生物，以社会主义革命和服从于政治动员为宗旨。20世纪40年代和20世纪50年代早期的政治和经济约束使工会有着不同的发展路径，加之20世纪50年代早期的产业政策使得工会表现出不同的结构，这为企业层面上的合作和全国范围内工资的协调提供了重要的媒介。这种协调过程一直持续到20世纪70年代，当出口导向的寡头垄断产业的工会对第一次石油危机后出现的不景气状况导致物价上涨和其他周期性的困境做出反应，要求对工资进行限制以及加强与产业和政府的合作时，这种策略反过来又导致了企业工会的合法化以及对全国工会的大调整。通过这种途径，企业工会和产业集中调节曾以制度的形式锁定在关键性的历史转折点，形成了日本将来对经济波动调节的模式。正如本章揭示的那样，日本工会的形式和法国意大利的革命联合主义、盎格鲁血统的美国人的自由劳动市场的分散性工会和瑞典的新社团主义是完全不同的。

企业工会的联合

日本劳工的处境在第二次世界大战后起初的三年中取决于掌握权力的革命观点和新社团主义温和观点之间的斗争。自相矛盾的是,大公司中的企业工会某种意义上是建立在革命观基础上的,其对企业层面上的合作充满敌意。问题是,这种转变是如何发生的?

革命工会起初的优势

随着战争的结束,日本的工人从战时国家社团主义劳动安排下的压抑状态中得到解放,革命工会(由共产主义者领导)很快获得有利地位。一方面,这是由于战前温和工会的领导者在战后威信不足[4],管理上的权威也日渐衰微。尽管他们也试图恢复企业层面上原有的国家社团主义组织(如在日本钢铁公司、国家铁路公司和海运产业中),但这些努力大部分是短命的,因为职业权威人士清楚地表明他们无法忍受任何缺乏自由独立的工会。[5]

另一方面,革命工会运动具有某些固有的特征,它由接受过大学教育的白领雇员领导,并且主要集中在重化工业,这些行业集中了大量受到过高等教育的雇员。运动的口号是使企业"民主化",这将意味着要消除白领和蓝领雇员间的界限以及满足雇员对管理决策权的需求。战后的一年时间里,日本工人参加工会的比率由不足5%陡增到超过40%,工会变得非常激进以至于"控制生产"变得相当普遍。也就是说,当管理者抵制变化而逃跑或者被逐出企业时,革命工会将接管企业的管理职能。生产控制在战后起初的几个月里达到顶峰,而劳工的激进行为则一直持续到20世纪40年代末。[6]

1945年10月《读卖新闻》报纸公司的斗争其价值在于,一方面对自身的利益进行了检验,另一方面则为全国斗争提供了很好的模式,并通过报纸本身而得到传播。[7]《读卖新闻》是一份成功的报纸,由于其战时的合作行为而闻名,尽管最好的大学中都非常流行共产主义,但它还是很快雇用了大量的大学毕业生作为记者。当记者——左派的知识分子严厉指责报纸在战时的立场——对公司的民主化提出要求时，斗争就开始了，通过这种民主化，他们打算起诉公司的高层管理者、工会的建立者和参与管理决策的雇员。[8]这些要求无疑被报纸所有者即总裁所拒绝，但占领当局后来指控其为战争罪犯并允许革命领导者经营报纸。在生产控制下，管理层和工会实现了融合，像排字工人、打字采编工人和印刷工人这样的蓝领工人都成为白领工人的一部分。类似的运动也发生在《朝日新闻》和《每日新闻》这两家主要的报纸公司，由于管理者屈从于工会的需要并辞职，这些公司中的斗争远没有达到控制生产的程度。

温和的战前工会领导者确实试图维持他们的权力，但很少能够成功。战前他们最有力的运动之一发生在棉纺行业，参与者主要是非技术工人。虽然温和的工人领导者对管理和组织尽力提供帮助，但是有人怀疑他们进行了秘密交易。当一家纺织公司的管理者揭露出企业的领导者为几个主要工会的领导者提供政治献金以帮助其建立合作型工会，并且很快这些工会的领导者就被选为社会党领导的政府中的高级政府官员时，丑闻终于爆发了。[9]甚至在20世纪50年代早期占领当局就已经得出了温和工会的领导者声名败坏的观点，例如，在1950年5月，Tokuda Chieko（德田千惠子）作为劳工代表团的成员被美国邀请，然而她所在的工会却拒绝任命她为工会代表，并指责她是共产主义的支持者，这进一步证实了职业劳工组织对温和工会并不保护他们成员权利的怀疑。虽然并不是所有的温和工会都是勾结者的工具，但只要这种情况自上级发生，它们就通常不能经受住革命领导者的挑战，并且有大量关于革命工会推翻温和领导阶层的案例。[10]

当革命工会和温和工会在战后的一年里建立各自的国家组织时，革命工会的优势变得日益突出。附属于共产党的 Sanbetsu Kaigi 组织（全日本产业别劳动组合会议，简称产别会议），即全日本各产业工会代表大会，大约有157万工人，是温和的 Sōdōmei（总同盟）组织（即日本工会总联盟，大约有860 000名工人）的两倍。[11]1946年下半年，当 Sanbetsu Kaigi 发动所谓的十月攻势以后，革命工会的力量得到了进一步增强。这时，国家铁路公司和海洋运输协会各自打算解雇127 000名和46 000名雇员。这时，海员工会和国家铁路工会，以及得到共产主义者帮助的普通雇员反对温和工会的领导者并最终成功迫使雇主撤销了他们的计划。[12]在这一时期，许多白领和蓝领工人合并了他们的工会并在激进领导者的领导下反对管理者和温和工会的领导者，这可以从主要的 Yawata（八幡）钢铁公司和 Kawasaki（川崎）钢铁公司看出来。[13] 在革命领导者控制下的企业中，如东芝电气和 Tōhō（东宝）电影公司，工会能够挫败削减劳动力的计划，增强其对管理决策的影响力，并鼓励行业内的其他企业接受其领导。例如，日立公司追随东芝的领导，主要的电影公司则把 Tōhō（东宝）公司作为参照对象。[14] 然而，革命工会并不能设计一个更激进、更让人渴望得到的工资体系，这一体系下工资根据生活成本制定，如人均必要的卡路里、食品价格、年龄和家庭构成，从某种意义上来说，这些完全与企业的生产力或利润、雇员地位、或工人绩效无关。[15]

从东芝和 Tōhō（东宝）公司的例子中我们可以粗略地看出那时革命工会的影子。东芝，一个高级电气企业，充当了革命工会的先锋。在战后紧接着的生产控制时期，除了增加工资以外，雇员还赢得了工会的认可、劳动的权利，以及对某些人事政策的参与决策权。东芝工厂的工会同样把自身重新组织成三个地区联盟并建立了电气工人产业工会。东芝工会挫败了公司打算关闭当地工厂并解雇工人的计划，首先是在1946年5月，其次是在1946年十月攻势时期。在后一时期，63个东芝工厂工会中的53个开展了为期2个月的斗争反对这一解散计划，保护了它们对人事问题的权力，并获得了随后增加工资的胜利。在十月攻势时期，两个电影公司的主要工会，Daiei（大荣）和 Shōchiku（松竹），获得了与 Tōhō（东宝）工会相似的权利。作为1946年早期生产控制的结果，Tōhō（东宝）工会获得了管理和生产计划的发言权并且上述三个工会继续要求改善工作条件，建立只雇用工会会员的工厂并形成一个附属于 Sanbetsu Kaigi 的电影产业联合工会。[16] 因此，革命工会通过联合白领和蓝领工人并保证工会的权利和参与权为第二次世界大战后的日本工会注入了新的活力。

企业工会的兴起

伴随着1946年的十月攻势，社会动荡不安的局面加剧，工会确定了1947年2月1日总罢工的时刻表，但这在最后时刻被占领当局取消了。为了安抚公众，他们号召进行选举。在这一关键时刻，温和的 Sōdōmei（总同盟）建设当地组织的努力获得了成功，尽管其在动员单个企业中的工人时遇到了困难。Sōdōmei（总同盟）的许多领导者在1947年总选举中获得了社会党成员的支持。这反过来使社会党作为最大的政党来领导中左联盟政府。

中左联盟政府有着明确的统治目标：通过制定重建经济的计划，将对决策的参与制度化并以此安抚劳工的不安状态。因此，在占领当局的同意和支持下，战时的控制和配给得到恢复；一个提供工业信贷的国家银行开始全负荷运转；一个位于所有政府部门之上的超级政府机构被建立起来作为计划的"总指挥"；将主要工业国有化的计划得到批准。为了恢复经济优先发展的产业，如煤炭、钢铁、化肥等，从国家银行那里得到了大量的政府津贴和贷款。[17]为了把产业和工会都纳入计划机构内，由产业、工会和政府官员组成的所谓的重建委员会在国家和产业层面上分别得到建立，并与每个企业的管理—劳工委员会相连接。就商业来说，富有改革精神的领导者发起成立了经济发展委员会（Keizai Dōyukai 经济同友会），并与温和工会 Sōdōmei（总同盟）的领导者进行合作。[18]

虽然进行了一系列的实践活动，经济计划还是以失败而告终，既没有获得经济上的稳定也没有获得劳工的合作，反而进一步加剧了恶性通货膨胀，使劳工变得更激进，政客也开始两极分化。经济计划在实践过程当中最根本的问题在于政府的巨额津贴以及国家控制的银行为了鼓励增加产出而提供的大量贷款，所有这些都要靠日本银行的金融支持，这反过来最终意味着发行更多的货币，并最终导致失控的通货膨胀和工资的上升，反而又引起了劳工和产业的激进行为。

与此同时，革命工会在政治动员的事情上开始出现分裂。共产党激进的领导者主张采取斗争和其他动摇政府的抗议行为，而非共产党的激进领导者坚持政治和产业行动应当分开进行。在不断激化的冷战面前号召进行政治动员时，1947—1948 年法国和意大利的共产主义者领导的工会也发生了类似的分裂。然而，只有在日本，共产党完全失去了他们对工会运动的控制，关键的不同点在于占领当局提出的经济政策的突然变化。

到 1948 年年底，很明显可以看出经济计划逐渐开始失败，Yoshida（吉田）自由党（一个保守的政党）在 1949 年的大选中获得了中左联盟中的绝大多数席位。这时，占领当局突然转而支持紧缩财政、通货紧缩和市场竞争的经济政策。这一混合的新政策受道格拉斯·麦克阿瑟的特别经济顾问约瑟·道奇的监督，通常称之为道奇方针。道奇方针的核心在于紧缩财政以平衡预算进而消除恶性通货膨胀及政府赤字和负债，并废止了国家中央银行，解散了经济计划机构。事实上，1949—1951 年，任何国家预算在没有得到道奇的同意之前都不可能有定论；日本立法者的工作只是无须审

第九章　日本的就业实践和企业工会

查就批准这种决定。道奇方针削减了对大部分企业的政府资助并将它们抛向市场竞争当中。为了生存，这些企业不得不使其生产适应于合理的经济原则，这通常意味着要解雇 1/4～1/3 的劳动力。和激进工会的冲突是不可避免的，并且冗长而激烈的争论可能发生在任何大企业当中。

有趣的是，企业的生存危如累卵之际，冗长的斗争和产业冲突将导致惊人地一致的结果。工会将发生分裂，合作的白领雇员在（通常在销售行业）接受了企业为生存而采取的适应市场化需要的政策时将会放弃他的立场，这将造成革命的白领和蓝领联盟开始破裂。这时，管理者开始大量解雇员工并清除工会中的激进领导者，以及那些并不构成障碍的弱式工会。这些漫长的斗争会产生一系列后果，例如，管理者会接受工会的重振并把它作为雇员的代表，只要他们的利益与企业的生存相一致，新的合作型工会的领导者会带领那些留存的雇员进入企业工会。为了重新联合雇员和管理者，管理者和新工会把工作的重点放在了就业安全、管理参与和工人收益的提高方面，这些都与企业的发展联系在一起。革命的白领和蓝领联盟由一个新的在形式和本质上都具有牢固基础的企业工会所代替。

然而，值得注意的是，并非是政治干预或者文化影响了合作进而导致了企业工会的联合和解散，而是突然转向市场竞争带来的压力使然。[19]出于抵制革命工会和形成企业工会的需要而进行的政治上的干预由于过于极端而无法适用于大多数的企业。这一点可以从两个案例中得到阐释：Yomiuri（《读卖新闻》）和 Tōhō（东宝）电影公司。事实上，由于媒体产业的重要性，占领当局已经决定抑制 Yomiuri（《读卖新闻》）和 Tōhō（东宝）公司革命工会的势力。当新的主管被指控其报纸侵犯了军队专用的印刷代码并威胁把其作为共产党的机构加以关闭时，问题终于发生。冗长的斗争可以确保采取不同的手法和时机，当蓝领工人的静坐罢工被强制驱散时，斗争也宣告结束，同时，公司也清除了激进的工会领导者，原有的工会被吸收进由管理者和合作雇员建立的新工会，新工会重新联合了白领和蓝领工人。[20]这一干预由政府和占领当局组成的上层集团进行了详细的计划和安排。[21]同样，Tōhō 公司的斗争发生于管理者决定清除并废止支持左翼政治观点的封闭型工会时，斗争持续了四个月，当工会成员被警察和美国军队驱散之后斗争结束。摄影机面前展示的是武装警察官员，旁边是美国军队、坦克和战斗机。[22]对大多数其他企业来说，如果没有出现社会混乱状态，是不会采取这种极端行动的。

东芝和日立公司中的斗争同样值得注意,因为它们例证了一个企业的工会协作是怎样触发其他企业的工会采取相似行为的。正如我们已经提到过的,1947—1948年东芝是革命工会的堡垒:企业和工会代表在工厂和公司中拥有平等的地位,由于在雇员政策上必须要获得工会的赞同,公司不可能解雇工人。工会同样自由集会,这通常转化成对管理者的模拟审判。然而,工人的士气是低落的,随着工人放弃工作转向黑市(在黑市上,他们有时出售那些从工厂偷来的商品和设备)就业时,生产变得更加萧条。东芝的负债非常沉重,并且工资占到了生产成本的60%。[23] 随着道奇方针的实施,1947年消除过分集中法最终决定了东芝的崩溃,随着1946年关于公司再造法最后期限的临近,东芝的管理者发动了针对工会的攻势。[24] 当时28 400名东芝的雇员中,96.5%加入了工会,其中86.3%的工会成员与东芝工会有关。这个工会由41家工厂的工会组成,其中的23家(占了67.6%的劳动力)与Sanbetsu Kaigi(产别会议)有关,这一工会打算通过把所有工厂工会联盟整合成一个单一的企业工会的方式解决这种争端。[25] 在工会面前,公司首先声称每个工厂必须在经济上具有独立性并拒绝进行统一谈判;此外,东芝宣称既有合同中所提供的共同决策的担保在新合同的协商无法达成一致的情况下将失效;最后,东芝宣布按照市场经济的原则处理掉54家工厂中的28家,解雇大约1/4的雇员,工资的增加将延期支付。[26]

东芝的争端沿着两个方向发展,在那些偏远的打算废弃的当地工厂,工人接管了设备,正如他们在Kamo(加茂)和Kawagishi(川岸)工厂那样。[27] 对于先进的工厂,管理者将工人拒之门外并优先控制了生产和斗争,进而诱发了工会的分裂,通过选择更加合作的领导者建立了新的替代工会。然而,最终的结果并非由新工会微不足道的成功决定,而是由大批工人在漫长的斗争中醒悟之后自动选择放弃报酬而离开来决定。面对工人低落的士气,即将离职的工会领导者忽视了共产党关于把东芝斗争作为反对政府的主要斗争的一部分并集中于赢得具体的物质利益的指示。这一策略使得工会运动在东芝中得以复苏,并且发生在1949年年中的罢工运动延误了公司的重建计划。[28] 东芝答应就工资和其他收益进行协商并允许工会在公司重建计划中拥有发言权。管理者不得不保证留下来的雇员不再被解雇,这种转变鼓励雇员把自身利益与公司利益视为一体以作为保证就业的交换,这也就标志着东芝企业工会的产生。

东芝的主要竞争对手日立的情况揭示了市场竞争如何促使企业工会的

扩展。像东芝一样，日立为了执行道奇方针不得不采取一些措施来重建企业。1950年，公司为了回应工会增加工资的要求决定裁减5 555名雇员，地方工人实行静坐罢工（以抗议将解雇工人关在门外），举行车间会议，甚至在日立工厂出现了私设法庭的现象，并且得到了附近铁路和汽车工人的支持。在争端发生的两个月里，公司的生产下降了50%，收入下降了40%，新的订单和以前相比下降了60%。[29]在公司就要倒闭之际，销售部门的工会由于担心会出现进一步的解雇，于是决定接受管理者的建议并退出了工会联盟。[30]随着越来越多的分支工会与公司签订合同，工会的领导者被迫接受了公司关于经济原则的建议和工资冻结。[31]关键在于日立斗争晚于东芝事件一年，为了与东芝竞争，日立别无选择，不得不对抗革命工会，虽然销售部门的工会对竞争的压力比较敏感，已经同意与公司管理者站在一起。在一个接一个的企业中，市场竞争促使管理者和白领雇员保持着相似的立场。[32]

为什么企业工会存在于大公司中？

乍一看，企业工会出现在那些已经成为革命工会堡垒的大型先进企业而非小企业或者是公共部门，似乎显得有些费解。这里，1949年后突然转向市场竞争与白领和蓝领工人联盟是关键因素，当我们撇开大公司来看社会实践时这就变得非常清楚了。

正如期望的那样，管理者和工会间的联系在由小企业构成的产业中显得富有对抗性，这在美国和英国是常见的现象。小企业没有体验过革命工会，也不会在面对激进的工会领导时对雇员做出让步。并且，小企业更加易受市场波动影响，也不能使工作安全得以制度化，因此它们很少能够产生企业工会。此外，分散的行业中公司治理模式表现为从家长式关系到对抗式关系的多种形式。[33]

虽然关于日本小企业中的劳资关系的数据是缺乏的，但煤炭产业的发展表明企业工会并非完全在这时产生，因为工会会员的力量从来没有激进到使蓝领和白领工人形成联盟并参与到管理事务当中。在20世纪40年代末，日本的煤炭产业分为Hokkaidō（北海道，其是革命工会和生产控制的中心）的现代化的大规模开采业和Kyūshū（九州，一个劳工协作的堡垒）

的小开采业。然而，恰恰是在Kyūshū（九州）而非Hokkaidō（北海道），日本煤炭产业实行的经济原则在20世纪50年代末和20世纪60年代初导致了流血冲突，这也是劳资双方摊牌后的主要特征。相比之下，由于企业工会的作用，采矿业在Hokkaidō（北海道）矿山的关闭得以和平解决。[34]

公共部门工会的情况又是不同的，政治上的激进主义持续到20世纪80年代直到国有公司面临私有化的问题时，尽管期间受到过抑制。并且，在这一部门中没有人像大企业中的白领工人那样高素质并使企业在竞争中得以生存。

对公共部门的抑制开始于从麦克阿瑟将军到Hitoshi Ashida（芦田均）首相的限制公共部门工人（《波茨坦201公告》）权利的命令。更具体的是，公共部门的工人被分为政府雇员和国有公司工人：前者被剥夺了罢工和集体协商的权利，仅留给他们联合的权利，而后者只被阻止进行罢工。[35]《麦克阿瑟法案》被通过并实施，以作为对国家铁路和邮政工人领导的反对中左联盟政府及其工资方针的激进罢工的回应。共产党领导的公共部门的工会通过同时进行的地区性罢工以使公共服务瘫痪，从而破坏了占领当局阻止总罢工的努力，虽然占领当局并不信任战前温和的工会领导者，但它们同样不能容忍由革命工会造成的社会动荡不安的局面。《波茨坦201公告》的直接结果是强化了每个工会中的共产党和其他社会党派系的斗争。社会党集团指责共产党激起了工人力量的过激反应，而共产党公开抨击其章程是不合法的，只不过成为了逮捕和起诉的靶子。[36]

公共部门大规模的解雇伴随着道奇方针在财政上的苛刻要求，它加剧了这些派系间的斗争，因为社会党成员利用这一时机排挤他们的对手共产党。政府计划削减187 000名雇员，大约120 400名来自国家铁路，其他大部分来自邮政服务业。对这些计划的抵制最初使共产党的权力得到强化，但随后由社会党发动的针对解雇计划的三起秘密事件导致了共产党联盟的领导者下台，在解雇通知书送达37 000名国家铁路的雇员后两天，在东京郊区的铁路上发现了国家铁路公司总裁的尸体，之后不久，一辆空的火车撞入了东京Mitaka（三鹰）车站附近的房屋并撞死了几人，另外一辆火车在东京以北的Matsukawa（松川）出轨并造成了严重的后果。由于相信这些事件是共产党中的破坏分子所为，社会党联盟的官员采取了相应的对策以反对主要的共产党派系。Mitaka（三鹰）事件后的第三天，共产党成员被逐出国家铁路工会中央委员会[37]，邮政工人工会也发生了类似的派系斗争[38]，没有出现任何一件事情，如为了企业的生存而重新联合雇员，他们的工会与公共部门中的其他工会在意识形态上就这样分裂了。他们同样是激进的反雇主和反政府主义者。

这种分散性产业与公共部门的比较支持了革命工会和市场竞争的突发性事件是企业工会基础的结论。企业工会无法在分散性产业的小企业中产生,这是因为它们并没有经历过参与管理的革命工会运动的洗礼;这同样也不会在公共部门中产生,因为它们不像私有企业那样经历过市场导向的雇员联合。在下一部分,我将解释,作为产业结构协调的结果,大企业中企业工会如何导致整体宏观经济对工资政策进行协调。

企业工会和产业中心的调整

一旦企业工会被牢固地建立起来,它们将彼此独立并从国家角色中退出,在20世纪50年代早期以前,没有任何私有部门的工会显示出建立新的国家劳工联盟的欲望,然而,两方面的因素使得日本的企业工会与工资协调的制度化联结一起:诱使企业工会成立国家工会的策略往往会重蹈通过每年的工资谈判会议推动全国性斗争的覆辙;出口产业中垄断者的形成也便利了雇主间的工资协调。

产业中心的工资趋同的产生

在20世纪50年代早期,新的企业工会对广泛的政治斗争的贡献是非常少的,结果全国劳工运动主要由公共部门的工会来领导并主要集中于政治斗争。同样在这个时期,公共部门的工人因为道奇方针的苛刻预算而遭受了特别严重的打击,政府甚至拒绝了国家人事部门提出的增加工资的提议,而这一部门的成立正是用来决定失去罢工和协商权利的政府雇员的工资的。在抗争中,公共部门的工会形成了一个联络组织 Kankōrō(官公劳,全称为日本官公厅劳动组合协议会,是由日本政府和公共部门工人工会组成的委员会),以此来进行联合斗争。参加这些斗争的通常有公共事业工人、运输工人和采矿工人,因为政府对公共事业费用的管制限制了这些产业工资的增长。对这些斗争的参与促使了 Sōhyō(日本劳动组合总评议会,以下简称总评,即日本工会总会)的形成。1950年,邮政工会、国家铁路工会、私营铁路工会、煤炭开采业者工会、采矿工会和教师工会、电气工会的代表出席了 Sōhyō（总评）的成立大会。[39]考虑到其历史沿承，Sōhyō（总评）具有很强的政治性并坚持反政府主义就并不奇怪了。在 Minoru Takano（高野实）的管理下，它不仅要抵制占领当局的压力来加入国际自由工会联合会（ICFTU），而且还要面对各种大规模政治抗议活动，正如《美—日安保条约》中日本的从属地位一样，经济生计方面的事务的地位远远低于政治事务。

随着私有部门的企业工会的稳固，第二次世界大战后新成长起来的工会领导人在 Kaoru Ōta（太田薫）和 Akire Iwai（岩井章）领导下于1950年早期开始变得活跃起来，他们指责领导阶层采纳了共产主义者的政策并且背离了工会活动与政治活动相分离的原则。他们在1955年发动了 Shuntō（春斗）并通过领导提高工资的斗争来吸引那些在 Sōhyō（总评）政治斗争中显得无关紧要的私有部门的工会参与。那时主要的劳工争端是在日产汽车（1953）、日本钢铁室兰工厂（1954）和尼崎钢铁（1954），所有这些事件显示了劳工被并入企业工会、激进工会领导者被管理者清除出去和白领雇员担心失去竞争力的典型模式。由于市场竞争阻止了工会间的合作，越来越多的斗争变得相互隔离。[40]新的 Sōhyō（总评）领导人把企业工会作为天赐之物并力图在短期通过集中于工资谈判来克服它们的互相隔离和权力弱化的状态。他们希望通过一个好战的"具有打击性"的工会使工资得到大幅度增加，并且随着其他工会的罢工，这种工资增长将扩散到整个国家，直到他们的工资也获得了相同的增长。[41]第一次由化学和金属产业中的中等规模企业的工会领导的 Shuntō（春斗）在政治上比经济上获得了更大的成功，因为它导致了 Minoru Takano（高野实）的衰落以及岩井章和太田薫的崛起。然而，只要发起斗争，Shuntō（春斗）由于受到限制不得不妥协，这个最激进的工会不能继续赢得工资的增长，因为它们处于易受经济波动影响的分散性产业或公共部门中，它们的领导者如果采取非法的斗争来增加工资将面临被解雇的风险，因此，到20世纪50年代末期，Shuntō（春斗）终于以失败告终。[43]

寡头和内生的企业工会

尽管公共部门的工会尽力动员和接近私有企业的工会，但作为企业工会的核心的现代企业正经历着重建，回归自由市场竞争的道奇方针导致的变动如此剧烈使得政府别无选择不得不插手拯救企业。因此，在国际贸易与产业部（MITI）的保护下，经济计划被扶持未来产业发展的产业政策所取代。政府的产业政策在出口产业中实际上制造了垄断，这可以被视为道奇方针约束下市场自由化无意识的结果。

MITI通过两种途径来扶植企业：提供激励和控制市场准入。由于先前Chalmers Johnson的研究，前一种方法很容易理解，而后一种方法则很少得到讨论，因此在这里就更值得探索。

20世纪50年代得到完全阐释的产业政策由以下措施构成：

> 第一，关于产业需要及其前景的调查已经进行，政府部门正在起草一个基本的政策声明……第二，外汇的分配得到MITI的授权，奖金由发展银行提供。第三，进口外国技术的许可……第四，幼稚产业被视为"战略性"产业，目的是为了给予其投资以特别的加速折旧政策。第五，向其提供改良的土地来建立工厂设施……第六，产业被给予税收暂免……第七，MITI创造了"行政指导卡特尔"来调节竞争并协调产业中各企业的投资。[43]

表9—1显示了乙烯业、石化行业等基本原料行业中主要公司的生产能力，特别注意垄断结构的有序扩展：企业数量平稳增加，但早期进入的企业仍然具有比较优势。

表9—1　　　　石化企业生产能力的变化趋势　　　　　　　　　　（%）

企业 \ 年份	1958	1960	1963	1964	1966	1969
Mitsui Petrochemicals（三井石化）	62.5	24.8	26.1	22.4	13.3	14.7
Sumitomo Petrochemicals（住友石化）	37.5	16.8	17.9	12.1	9.3	11.1
Mitsubishi Oil and Chemicals（三菱重工）		27.3	26.7	11.5	15.1	17.9
Nihon Petrochemicals（日本石化）		31.1	16.3	14.0	16.6	10.5
Tōnen Petrochemicals（东燃石化）			13.0	11.6	17.0	10.8
Daikyōwa Petrochemicals（大协和石化）				5.8	3.4	2.2
Maruzen Petrochemicals（丸善石化）				6.1	12.0	7.9
Kasei Mizushima（旭化成）				6.3	5.0	6.3
Idemitsu Petrochemicals（出光石化）				10.2	8.3	8.4
Ōsaka Petrochemicals（大阪石化）						5.3
Shōwa Dendō（昭和电工）						5.2

资料来源：Sekiyu Kagaku Kōgyō Kyōkai（石油化学工业协会）(1971, p.198)。

雇员与公司治理

采取这种模式的原因在于 MITI 通过限制进入者的数量无意识地制造了垄断，与此同时也为企业进入受到支持的行业提供了强大的动力。考虑到日本技术落后和第二次世界大战时产业设备遭受到了破坏，大量企业都想要通过引进技术进入新市场，在这种情况下，MITI 要求企业采用（引进）最先进的技术和有效（大规模）的设备作为接受扶植政策的条件，从而限制了市场准入。然而，随着生产的起飞，MITI 不得不使用市场准入控制来调节早期进入者和后来者积极进入扩张的市场时的利益冲突。这种双重压力使得政府部门开始容许新的进入者逐渐进入，而让早期的进入者在生产能力上仍然保留着比较优势，通过这种折中，MITI 既能够获得对产业的控制也能够获得政治自治。

1955—1956 年，MITI 决定扶持化工原料产业并指定先前的军事设备所在地作为生产中心，这时它就已经参与到公司引进技术的计划，设定了每个乙烯工厂的最低要求（每年 5 500 吨），并协调化工原料企业与上游的石油开采企业和下游的化学制造企业间的联系。[44]例如，MITI 迫使化学公司 Shōwa Denkō（昭和电工）修改其独立的利用石脑油制造氨水和聚乙烯的计划，并迫使其利用 Kawasaki（川崎）的石脑油中心来生产。在 1959 年第一期的投资结束之后，MITI 宣布了第二期的方针，给予已经运转的企业以优惠，并限制拥有先进（适合国内的）技术的公司进入。自 1957 年以来打算进入市场的企业已经向 MITI 提出申请，在获得批准当中可以说使石化产品得到了爆发式的增长。在选择进入者时，MITI 维持了石油精炼和石化行业间的界线，一方面划清了石化和中间化工品的界线，另一方面则拒绝企业在两个以上产业中建厂的申请。其代理人把每个工厂的最低生产能力设定为每年 40 000 吨，并通过在大量的场合下进行干预来调节国内市场竞争和更有效地转移国外的技术。在连续的投资计划中也为新进入者设定了类似的条件：1963 年是 100 000 吨，1967 年是 300 000 吨。这一数字反映了正在运转的企业和新进入企业二者间的折中，例如，虽然 1967 年的生产要求是 300 000 吨，但 MITI 却拒绝了 Sumimoto（住本）建立 300 000 吨产能的生产设备的不成熟的初期计划，因为它认为这个初期计划的目标是为了阻止新的进入者。在第三期投资计划中，MITI 由于担心市场饱和，于是做出决定，允许互相分离的工厂间进行合并以建立新的石脑油中心。[45]

这种垄断扩展的模式在 MITI 扶持的产业中非常普遍，例如人造光纤产业（石化产品的下游使用者）。[46]并且，这种5～10个大的寡头企业间的竞争在其他工业国中非比寻常，日本的汽车产业提供了一个例证，其有五大公司，即丰田、日产、马自达、三菱和本田，它们在1980年的国内市场份额分别为29.8%、23.9%、10.1%、10.0%和8.7%。在粗钢业，日本也有五大公司，即日本钢铁、日本钢管、住友商事、川崎和神户。在计算机业，日本有六大计算机企业，即富士通、日立、东芝、NEC、三菱和冲电气。在欧盟国家，如德国、法国或者是英国，在这些行业中通常可以看到一两个大型企业，或许尾随着一些小的竞争者。[47]

新市场一旦形成，其中的寡头垄断企业就会和小生产商及流通企业建立一种垂直联系，以Keiretsu（一系列松散的企业集团）最有名。寡头企业建立垂直联盟的方法与MITI形成产业结构的方法相类似，主要的企业通过提供诸如管理、技术和金融方面的协助来建立关联企业，但同时也会促使关联企业间的竞争以避免被其俘获。[48]垂直联系的形成是相互的，因为它允许母企业通过转换既有企业来有效地向上游或下游扩张，虽然受到母企业的控制，但它向小企业提供了稳定的市场和各种各样的协助。两部分雇员在母企业及其关联企业中进行配置：年轻雇员用来提供技术协助，退休雇员作为母企业的纽带拥有名义上的管理职位。向关联企业派遣职员对垄断企业来说同样至关重要，因为垄断企业中强制性退休的年龄是比较小的，这是为了保证退休后的就业需要。

当人造光纤公司合并了那些无法进入人造光纤市场生产混合聚酯棉产品以及无法利用附属于棉纺企业的下游企业时[49]，20世纪60年代Keiretsu（一系列松散的企业集团）的建立可以看出上述这种情况。由于在20世纪60年代合并了棉纺企业，人造光纤公司能够有效地对相关产品和生产过程进行控制。同样，在汽车产业中，零件生产商、机械企业和钢铁相关企业成了装配企业的关联企业，虽然装配企业会迫使关联企业间彼此竞争来获得稳定订单，但装配企业同样提供技术、使用设备、工程师和技师，帮助小企业实现现代化生产并采用新的管理技术。例如，丰田向辅助企业提供了大量的协助，特别是在它们早期的发展过程当中，如提供贷款或以名义价格出售二手生产设备（机械工具或其他东西），派遣以高资格的管理者为首的富有经验的工人，向生产工人提供特殊的培训计划，提供其他非金钱和财务上的帮助。[50]为了应对主要装配企业的增长，汽车关联企业的劳动生产率在20世纪70年代得到了快速提高。

雇员与公司治理

工业中心的工资趋同

虽然 1955 年 Sōhyō（总评）的领导者发起的 Shuntō（春斗）春季工资攻势是为了动员私有企业工会，但它并没有发展成为全国范围内的工资协调机制，直到 20 世纪 60 年代中期寡头垄断的出口产业工会开始参与其中，这时它的发展已经与其初始的方向有所不同。当寡头企业的工会表明它们不愿意罢工而更愿意在工资增长问题上达成和解，从而不会伤害投资计划、企业的竞争或者就业前景时，钢铁和造船业工会才在 1951 年第一次参加 Shuntō（春斗）。并且，管理者提供的典型的工资增长足以满足劳工的要求，并获得了普通雇员对合作性工会领导人的支持。当钢铁产业被打造为 1962 年 Shuntō（春斗）的先锋时，企业工会显示出了它们的真实面目，当罢工投票在 NKK 公司和 Kobe 钢铁公司失败时，钢铁工会并没有显示出好战性并在最后时刻取消了计划好的罢工。这标志着 Shuntō（春斗）的根本转型，因为钢铁产业自那时起以工资制定者的姿态出现了。[51]

在 20 世纪 60 年代中期，Shuntō（春斗）成为一种将垄断工资的增长上升为国家标准的机制。在它完全成形的过程中，Shuntō（春斗）经历了几个阶段。首先，小企业中的激进工会提出了增加工资的要求。其次，钢铁产业的反应只不过是要求通过打次电话的方式来解决，如此地软弱是因为钢铁工会总是接受管理者的提议而不罢工。对钢铁产业的调查显示，Nippon（日本）钢铁作为工资设定者总是使工资的增长与销售增长和价值增长同步，并且其他四家钢铁企业为了使它们的工资与 Nippon（日本）钢铁相一致，它们要么在生意停滞的情况下削减个人成本（通过限制招收新员工和退休带来的正常损耗），要么在生意高涨时期增加奖金。[52] 再次，主要的出口产业——汽车、电气和重机械——也将它们的工资紧紧钉住钢铁产业。并且，母企业的工资升降会影响到关联企业和相关产业。例如，大的综合性化学和硫酸铵企业的工资会被其他相关的制造业如制药、涂料、玻璃、炸药、油脂、有机化学和电影行业所跟随。最后，公共和私有铁路工会——一个典型的国内非贸易部门——通过当地工资标准扩展了整个国家的工资增长标准：小企业不得不提供与大企业或铁路公司具有可比性的工资增长，因为它们面临着严重的劳动力短缺。[53]

因此，国家范围内的工资标准由两个独立的机制设定：寡头垄断产业中企业间和产业间的工资协调,以及分散性产业中的劳动市场条件。在寡头垄断产业中,工资协调避免了工资竞争,并允许企业进行大规模的投资,这反过来有助于保证就业安全。虽然寡头垄断企业中工资会随着生产率的上升而增长,但小企业同样不得不提供一个与这些大企业可比的工资增长才能够吸引毕业生和技术工人。到了20世纪60年代中期,寡头企业对新的大学毕业生已经开始紧缩劳动力市场,因为毕业生偏好于在提供稳定就业、额外收益和社会地位的大公司工作。

钢铁产业中工资设定的影响可以从大量的数据中得到确认。一项调查显示,在20世纪70年代中期,超过1 000名雇员的企业中有多半在决定工资增长时是以钢铁行业作为参考对象的,根据1975年的数据,甚至有32.8%的中等规模的企业(100~499名雇员)是以钢铁产业作为参考对象的。[54]由于钢铁产业起到了先锋作用,它的工资就成为其他部门参考的最低工资标准。钢铁产业设计了一套独特的机制来弥补这一点:额外收益的单独分配(虽然在大多数产业中它们包含在工资内)、其他行业中看不到的津贴,以及秋季的工资调整。[55]

日本的工资差距随着20世纪60年代后期Shuntō(春斗)的制度化而得到缩小。图9—1显示了主要产业中工资的收敛趋势,而表9—2显示了由于劳动市场紧缩导致的工资增长的情况,表9—3显示了所有正式和非正式Shuntō(春斗)参与者工资的迅速增加的情况。

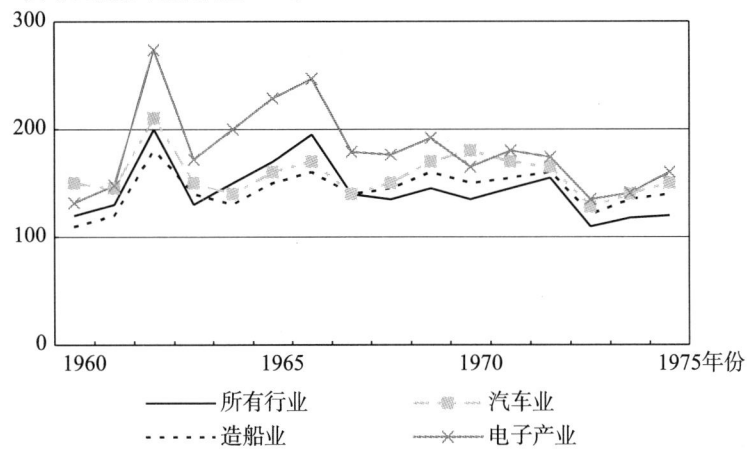

图9—1 主要产业的工资增长

表 9—2　　　　Shuntō（春斗）工资增长、工资变化、劳动需求　　　　（%）

年份	工资增长	工资变化[a]	劳动需求[b]
1956	6.3	0.57	n.a
1957	8.6	0.39	n.a
1958	5.6	0.58	n.a
1959	6.5	0.39	n.a
1960	8.7	0.34	0.6
1961	13.8	10.7	0.27
1962	0.26	0.7	0.7
1963	9.1	0.31	0.7
1964	12.4	0.20	0.8
1965	10.6	0.31	0.6
1966	10.6	0.24	0.7
1967	12.5	0.13	1.0
1968	13.6	0.14	1.1
1969	15.8	0.13	1.3
1970	18.5	0.12	1.4
1971	16.9	0.14	1.1
1972	15.3	0.15	1.2
1973	20.1	0.11	1.8
1974	32.9	0.13	1.2
1975	13.1	0.32	0.6

注：a. 指标准差。
b. 劳动需求＝岗位空缺/求职人数（不包括新的毕业生）。
资料来源：Kōza Gendai no Chingin（现代工资讲座）；Ishida（1976, p.181）。

表 9—3　　　　春季工资斗争中的参与情况（1955—1975 年）　　　　（单位：千人）

年份	正式参与人数（A）	搭便车者[a]	A＋B	A＋B/Org[b]（%）	A＋B/Total[c]（%）
1955	734	…	734	11.7	4.20
1956	2 993	…	2 993	46.3	15.5

续前表

年份	正式参与人数（A）	搭便车者[a]	A+B	A+B/Org[b]（%）	A+B/Total[c]（%）
1957	3 226	…	3 226	47.7	16.0
1958	3 686	…	3 686	52.8	17.3
1959	3 964	…	3 964	55.0	17.6
1960	4 094	183	4 277	55.8	18.0
1961	4 385	553	4 938	59.1	20.4
1962	4 838	554	5 392	60.1	20.9
1963	5 229	803	6 032	64.5	22.4
1964	5 192	700	5 892	60.1	19.2
1965	5 567	780	6 347	62.6	21.8
1966	5 678	1 108	6 786	65.2	22.3
1967	5 782	1 087	6 869	65.0	22.2
1968	5 817	1 213	7 030	64.7	22.3
1969	5 925	1 311	7 236	64.5	22.6
1970	5 965	2 048	8 013	69.0	24.5
1971	6 034	3 136	9 170	69.2	24.1
1972	5 995	2 288	8 283	69.7	24.0
1973	6 109	2 326	8 435	69.7	23.2
1974	6 216	2 354	8 570	68.8	23.5
1975	6 506	2 388	8 894	70.8	24.5

注：a. 非 Sōhyō 国家中心（如 Dōmei 和 Shin-sanbetsu）：附属工会的成员通过与 Shuntō 谈判来使他们的工资保持同步性。

b. 组织起来的工人数。

c. 雇员总人数。

资料来源：Ishida (1976, p.179); Takanashi (1977)。

Shuntō（春斗）的另外一个重要的结果是同一产业中的工会进行结盟。由于企业工会在产生时与外部工会的联系就很弱，其全国的分支机构间的联系同样是不紧密的，即使在同一个行业，发现 Sōhyō（总评）的分支机构也很常见。一些人离开了它们，仍有一部分加入了新成立的 Dōmei（日本劳工联合会），Dōmei 合并了 Sōdōmei（总同盟）的中立派别和 Sōhyō（总评）中的反马克思主义者。Shuntō（春斗）的制度化则强化了同一产业中企业工会的横向联系并突破了意识形态和民族意义上的从属关系。例如，1964年，五大金属产业（钢铁、电气、造船、汽车和金属加工）的工会不仅加强了产业内的联系并且还成立了自己的联络组织国际金属工会联合会—日本委员会（IMF-JC）。与此同时，两个主要的公共工人工会——国家铁路工会和邮政工人工会——的关系随着每个工会都强化了与本产业内私有企业的联系而疏远。[56]这种私有与公共公司间的合作在1964年首相与Sōhyō（总评）领导人就公共部门的工资与私有部门保持协调达成协议后快速发展，这最终加快了把公共部门整合进Shuntō（春斗）的步伐。

现在看来，私有部门企业工会的工资协议能够对整个日本经济中的工资产生有力的影响是显而易见的。Shuntō（春斗）是政府的一种产业政策，它主要通过制造垄断使寡头垄断企业和传统分散产业中的小企业之间建立起垂直一体化联系，以及借助正在经历的综合经济压力来扶持先进产业，所有这些都增强了企业工会制定日本经济中整体工资水平的能力。

企业工会和宏观经济调整

在20世纪70年代石油危机之后，日本经济进行调整并保持低失业率的能力得到了广泛的赞赏，从石油危机开始到20世纪90年代日本经济衰退期间的模式可以总结如下：作为企业承诺就业安全的交换，工资的增长速度需要得到出口产业的企业工会的认可；制定公共政策支持这些工业中心的调整；出口产业工会在全国工会运动中的优势使得企业工会全面合法化。这里的关键在于企业工会、Shuntō（春斗）、垄断企业和Keiretsu间进行市场导向的联合，使得自20世纪60年代中期以来在整个日本范围内对工资进行协调的需求得到满足成为可能。[57]直到今天协调工资的机制仍然存在，虽然钢铁业在经济结构上已经属于衰退产业，电气和汽车业取代它成为工资设定的领导者。结果是，Sōhyō（总评）被剥夺了对Shuntō（春斗）名义上的领导权。[58]

作为对工资保持在适度水平上的交换，大公司信守对就业的承诺，通过减少加班和招聘新员工，在企业内部转移员工，解雇临时工，转移一部分员工到其他企业以及为自愿离职和提前退休的员工提供特殊安排等方式来削减工资成本。只有在其他办法都已经用尽时，企业才会重新恢复提前退休或退休后转移的政策，并且通常只针对年纪较大的雇员。[59]钢铁和造船业面临着就业承诺的巨大考验，因为两者在20世纪70年代和20世纪80年代都进行着快速的结构重建和规模压缩。造船业在1974—1979年从整体上不得不削减超过35%的设备和40%的劳动力，在1985—1987年的衰退时期，所有主要的造船企业都宣布了削减40%~60%的生产能力的长期计划。同样，1985—1987年日元的快速升值迫使钢铁产业关闭了其32个熔炉中的7个，并草拟了削减37 000~43 000名雇员的计划。

尽管有这些压力，但大企业几乎从不解雇工人，例如，在20世纪70年代末，日本钢铁企业把工人转移到附近与其有商业联系的汽车和电气工厂[60]；三菱重工——一个造船和重型机械制造巨人，在1976—1977年的造船业衰退时期从一个工厂向另一个工厂转移了8 923名工人中的52.6%，剩下的工人退休（16.5%）或者自愿离职（30.9%）。主要的企业同样依赖于关联企业和创造新附属企业来避免解雇工人。虽然造船和钢铁业中的寡头企业在新产业中建立的大多数新的附属企业只不过是其多样化投资的副产品，但另外一些企业的建立其目的仅仅是为了吸收富余工人。1981年日立造船建立了超过23家地方附属企业，并在其设备并入Osaka-Hiroshima区域时把多余的工人派遣到这些关联企业中。同样，5个主要的钢铁企业在1985—1989年创立了总共215家新的附属企业来吸收多余的雇员，在这些企业中，86家是新材料、电子和信息技术企业，59家是化学、工程和金属企业，13家属金融和保险业；其余的属服务业。据估计，实际的27 000名工人中有超过半数在1987—1989年离开钢铁企业，被重新分配到这些附属企业中。[61]

总的来说，调查显示，在20世纪70年代中期以后管理者和工会就商业计划的磋商增加了，体现在无论是开会的频率还是信息交换的数量都增加了。在会议中，管理者提供了关于目前企业状况的信息并要求工会在生产改组或重新配置计划方面进行合作。同样的调查显示，工会在协商对受到这些变化直接影响的工人进行补偿时显得过分自信。[62]当日本钢铁公司宣布在1975—1977年削减并最终停止陈旧工厂的生产计划时，工会说服了受影响工厂的工会接受公司重新部署或转移工人的计划，而同时却保持着工厂工会联合的姿态——其中包括并未受重组影响的先进工厂的工会——以从管理者那儿获得更多的让步。这导致了企业保证透露将来计划以及对接受重新配置的工人和到其他企业就业的工人给予补偿。工会同样迫使企业对原有工作与新工作间在工资、奖金支付或额外收益方面的差异进行补偿。[63]

特别是，工会对公司计划进行协调的目的是为了修改而非废除。当监督者和领班感受到保持企业竞争力的压力时，他们将与公司而不是工会领导者站在一起。这种情况可以从1986年日产公司工会的经历看出来，监督者发动了反对强力工会领导者的突然行动，因为在日产公司已经越来越落后于竞争对手丰田的情况下，工会领导人打算反对公司提高生产力、削减奖金支付以及分派工人的计划。[64] 1986年新的工会领导人终止劳动合同并开始模仿丰田模式，允许企业引进柔性生产、质量环以及小团队活动。[65]

针对萧条的产业和萧条地区的小企业，政府政策开始对工业中心的就业调整进行援助，从创立一个特别基金用于补助那些保留工人的雇主时开始，日本1974年的《就业稳定法》标志着从事后的失业保险到事先的就业政策的进步。1977年这部法律的扩展和1977—1978年相关法律的实施标志着日本对衰退产业和衰退地区的调整政策机制的形成，它由对保留、再培训、重新部署和再雇用多余工人的企业给予补贴的就业政策，帮助企业处理剩余的生产能力、合理化生产以及在必要的时候向新市场转移投资的产业政策构成。产业政策和就业政策是联系在一起的，企业请求政府帮助调整生产以及申请政府津贴时，必须向政府（同时得到工会同意）提交就业计划。1977—1978年的调整机制在1983年、1987—1988年和1992年进行了修订和强化。在修订过程中，强调的重点从便利具有大量剩余生产能力的企业间的合作，如1978年的《产业稳定法》，转向了促进向新市场转移投资进行多样化生产。

企业工会和工业中心的调整在20世纪70年代中期以后得到了加强，在不利的经济条件下，还导致工会本身一步步成为了合法化的企业工会。最初，出口产业工会的领导者对工资适度化的要求以及针对政府的游说遭到处于优势地位的Sōhyō（总评）领导人的严厉批评，其坚持保护真实工资的必要性并迫使政府阻止解雇和工资削减。然而，出口产业工会在工会运动中通过不断地使工资趋同和创立用来游说政府的组织，最终赢得了斗争的胜利。结果是工资趋同和游说组织成为新成立的Rengō（联合）的核心，其在20世纪80年代取代了Sōhyō（总评）并统一了日本的劳工运动。[66] Rengō（联合）认可了企业工会的原则。随着Sōhyō（总评）领导者改变政策并允许其成员工会加入Rengō（联合），Sōhyō（总评）的创立者——其中包括 Kaoru Ōta（太田薫）和 Akire I wai（岩井章）在创立 Shuntō（春斗）时所扮演的角色在前边已经提到过——让 Sōhyō（总评）在反对垄断资本主义的基础上发起了一个新的组织以保留以阶级为基础的劳工运动，这在 20 世纪 70 年代中期以前是 Sōhyō（总评）的核心原则。

因此，自石油危机以来的经济调整并没有改变企业工会或工业中心调整，反而使它们成为了日本劳工原则，企业工会的合法化带来了全国工会的全面重组，这在其他国家可以说是空前的现象。

比较分析日本的企业工会

日本独特的企业工会是特殊的历史偶然和制度设定相结合的结果，特别是管理者反对革命工会、最初的 Shuntō（春斗）深深嵌入日本的产业结构、垄断出口产业的形成以及自那时以来各项运动的演化的结果。日本劳资关系的实质如果与法国和意大利的情形相比较就变得非常清楚，后两个国家同样经历了革命工会但不同的是管理者的攻势并没有导致企业工会的产生；美国和英国并没有促进整个国家在企业层面上合作的产业结构；瑞典和德国通过不同于工业中心调整的机制经历过这样的合作。

在第二次世界大战后接下来的几年里，法国和意大利的革命力量与日本非常类似，不同之处在于日本的运动是企业层面上动员的产物，而这在法国和意大利却是国家层面上政治关注的产物。法国和意大利的工会最初对共产党参与联合阵线政府时常常压制工人非常不满，1947—1948 年以后，特别是在共产党被逐出政府以后，工会又重新开始反对政府。政治动员加剧了企业和工会中意识形态的分裂并严重地削弱了工会的参与。

在法国，随着解放之后大量新成员的增加，CGT（法国总工会）控制了劳工运动。到了 1946 年，共产党控制了超过 21 个 CGT 联盟，几乎包括所有大规模生产行业和 CGT4/5 的部门工会。然而，由于共产党直到 1947 年才掌权，所以 CGT 在"生产斗争"中进行合作以证明，尽管生活水平在下降，鲁莽罢工在扩散，但它仍能够动员整个工人阶级。因此，共产党领导的工会运动在法国并没有像日本那样支持动员蓝领和白领雇员，并且，并不是 CGT 而是基督教民主党在 Charles DeGaulle（查尔斯·戴高乐）临时政府期间建议工人参与利润分享。他们建立了工厂委员会来负责企业内部社会事务，同时还建立了一个职工代表体系，该体系有权和管理者谈论工作条件。然而，这些机制对扩展劳工参与几乎没有起到什么作用，因为政党对于工人委员会有着不同的理解，社会党把它看做对工人进行培训的工具并使其在经济中承担起更大的责任，共产党把它作为企业层面上进行动员的基础，天主教党则把它视为鼓励商业—劳工合作的手段。当CGT在1947—1948年的罢工潮流中把工厂委员会动员成为罢工委员会并公开指责那些愿意和管理者谈判的集团时，雇主再也不可能接受工人委员会了。[67]

在意大利，意大利全国总工会（CGIL）在1944年由反法西斯力量——共产党、社会党和基督教民主党——发起。在1947年的工会代表大会中，共产党占支配地位，其赢得了57.8%的选票。根据共产党避免孤立和加强群众基础的策略，尽管工人生活水平显著恶化，CGIL还是牺牲了工人阶级的短期利益，废除了解雇的禁令以及7个月的工资冻结。像法国那样，工作委员会这种工人参与的组织和车间委员会被反法西斯政党建立起来。虽然共产党执政，但工人委员会担当起了激励工人士气、维护纪律和生产的责任，但后来由于它成为了一个批评工厂政策的机构，于是很快被解散。车间委员会这个唯一保存下来的工人在工厂中的代表机构在意识形态上开始分裂并很快被剥夺了权力，同时管理者重新获得了对车间的控制权。并且，由于CGIL坚持认为政治上的变动能够解决意大利的经济危机并且反对公司层面上的合同谈判，CGIL在车间委员会中的席位和投票的百分比在1948年后开始下降。[68]

因此，在法国和意大利，意识形态竞争和弱化的企业层面上的参与彼此得到强化。在被逐出政府以后，法国和意大利的共产党开始动员工会来反对美国和资本主义。结果是，法国FO（工人力量工会）在追求社会民主过程中从CGT中分离出来，这对从事行政事务和公共部门的白领工会产生了影响，而法国天主教基督教联合会（CFTC）则强化了它的基础。同样，在意大利，由CGIL发起的大规模的反对NATO、马歇尔计划、朝鲜战争和原子弹的运动促使基督教民主联盟的领导者发起成立了新联盟（CSIL），重点强调集体谈判而不是政治罢工。在这两个国家，意识形态上的竞争使得车间工会被分裂和弱化。这反过来又导致了这两个国家中抗议活动的频繁发生，因为普通雇员的不满只能通过总罢工和大规模抗议才能够得到表达。法国和意大利的革命工会仍旧把注意力集中在国家政治权力而不是企业层面的事务上，结果是日本式的从革命工会到企业工会都很好地建立起来的运动并没有发生,并且劳工运动作为一个整体已经不断被分散。相反,法国和意大利的国家工会运动看起来与日本部门的工会很相似。法国和意大利的这些劳工运动模式可以解释其产业争端频发以及其不能够使劳工参与集体谈判或使工资趋同制度化的原因。[69]

美国和英国又是另外一种不同的情况,其产业结构在使工资趋同制度化方面扮演着一定的角色。在美国和英国,市场通常是自由和分散的,合作安排只局限于特别的企业和产业。分散的工会结构和管理者不愿意保证就业使得这两个国家的工会与日本的小企业工会类似。

在美国,第二次世界大战结束后可以看出,加入工会的工人的数量以及劳工运动的数量都得到了迅速的增长。关于对战时工资冻结、控制雇员利益和工作条件进行补偿的冲突已经威胁到公司定价、投资和工厂选址等方面。然而,与1947—1948年日本的重建委员会一样,使劳工联合的努力在美国也失败了。相反,劳工激进、频繁的罢工和工资攀升导致了1947年《Taft-Hartley法案》的通过,它限定了工会和劳工行动的法律界线。特别是,这一法律禁止盲目罢工;允许法院就罢工中的损害对工会处以罚款;规定抵制、静坐罢工和消极工作是非法的;取得工会认证变得更加困难;赋予雇主各种各样的工具("言论自由"权)来干预组织的程序;规定国家可以制定法律来禁止工会车间("工作权"的法律)。作为对这一法律的回应,工会开始把斗争集中于保护具体企业和产业的收益,如生产费用的自动调整、反映生产率增长的工资增加以及收益等。然而,对抗性劳资关系的思潮同样意味着反工会的顾问和不承认工会的企业增多了,特别是随着产业向"阳光带"转移。[70]因此,美国的情况表明,集中于经济事务的工会的存在并不足以解释日本的工资趋同现象。

英国的情况进一步表明,在自由市场和分散性的集体交易下很难实现工资趋同,即使政府希望这样做。在第二次世界大战后紧接着的工党执政期间,工会强烈反对强制性的收入政策以及政府对自发形成的产业体系进行干预,尽管它们对经济计划、国有化和参与经济政策的制定已经认可。工会还拒绝承担任何公司管理中的责任。因此,政府提高了工会在集体谈判中的地位但破除了经济计划的一些制度基础,在这一框架内,英国在20世纪50年代早期的工资趋同是建立在君子协定的基础之上的,其中雇主组织说服其成员限制红利的发放以作为对工会提出的工资适度政策的交换。20世纪60年代和20世纪70年代的一系列自发协定在经济困难时期被中止,而使收入政策法定化又是不可能的,因为这种要求的提出是在20世纪70年代政府不得不控制通货膨胀并实施节俭财政时期,这就意味着政府不可能对工资进行限制而给工会提供补偿,因此,延长工资限制的要求激起了普通雇员的反抗和罢工的浪潮,迫使工资增加并超过了管制标准。[71]美国和英国的经历类似于小企业在日本的境况,这预示着调节企业和经济间的制度安排对于以保证就业安全作为工资适度政策的补偿的社会协定是必要的。

瑞典和德国的新社团主义者确实建立了一套制度来调节工资以作为对充分就业的交换,但二者的制度及其对以工会为基础的政党的依赖是不同的。瑞典的工资趋同出现在20世纪30年代并在20世纪50年代得到巩固,最初认识到工资趋同是在出口导向的金属产业及其工会联合反对国内建筑业极高的工资需求时。这种干涉不仅使得政府通过了社会民主党的危机解决方案,而且同时还使政府认可了金属产业及其工会在商业和劳工协会中的权力。20世纪30年代的阶级结构是以出口产业中的多种阶级联盟为基础的,这构成了20世纪50年代早期Rehn模式的基础。这一模式主张一致性工资,这就意味着同工同酬,而不管雇主的支付能力如何,以及现行的保证收入、培训和转移那些由于一致性工资导致的利润被榨干的无效率的企业中释放出来的多余工人的劳动市场政策。然而在实际当中,工资像日本那样由出口产业来制定,而工会依靠社会民主党来制定现行的劳动市场政策以及其他有利于工资所得者团结的政策,如与收入相关的退休金、公共住宅和工资所得者基金等。[72]同样,第二次世界大战后的德国工会是以产业工会的形式建立起来的,其包括了蓝领和白领雇员。竞争性的金属产业工会使其工资与缺乏竞争的产业相同,以维持联盟的稳固,从而能够迫使社会民主党实施补偿政策,如在职培训、缩短周工作时间以及扩展共同决策制。[73]

因此,瑞典和德国的新社团主义体制和日本一样都是出口导向的,金属产业在使工资趋同以及将白领和蓝领阶层的利益统一起来的过程中起着领导作用,然而,工资趋同在瑞典是建立在产业和劳工协会间的高度协商的基础上的,而在德国是通过产业间的相互协调实现的。并且,由于工会依赖以劳工为基础的政党来实现充分就业和其他补偿政策,这些新社团主义体制在很大程度上与日本的工会对团结的强调是不同的。在瑞典和德国,全国范围内的工资趋同被竞争性产业的工会所接受,以维持全国工会的凝聚力，这反过来对社会民主党实施补偿工资趋同的政策来说是必要的。因此在瑞典和德国，工资趋同的加强使全国性工会得到加强，而在日本，它却弱化了全国性工会，反而强调了产业和企业层面上的劳工协商机制。

在日本，企业层面上的雇员动员和经济合并在企业工会的兴起过程当中发挥了无可质疑的作用，尽管工业中心的趋同通过对工资和就业间的交换认可机制扩散了其影响。同样显而易见的是，由于对自身历史过程当中的关键时刻（一场大战过后）有着不同的政治反应，以及占支配地位的工会处于不同的市场和政治结构当中，上述国家采取了不同的公司治理路径。因此，不同国家的多样性在历史关键时刻得到了制度化保证，但之后，由于不同环境结构的增强效应，使得不同的国家沿着不同的轨迹发展，即使会出现某些共同的问题，如20世纪70年代全球性经济不景气条件下的通货膨胀迫使它们的路径趋同。

【注释】

[1] 参见 Johnson（1982，p. 11）。

[2] 参见 Kawada（1974，pp. 235 – 38）、Shirai（1979）、Shirai（1983，p. 119）、Kikuchi（1984）。

[3] 特别是参见 Cameron（1982）的调查。

[4] 例如，在 Yawata（八幡）钢铁厂，工人"对战前工会领导者充满敌意，""怀疑他们仅仅把工会作为进一步升职的工具"或者作为"控制国民大会的[一个基础］。"引自 Yamamot（1997，P. 224），也可参见 Fujita（1974，p. 353）。

[5] 参见 Yamamoto（1977，pp. 197 – 256）、Naitō（1958a）。

[6] 关于生产控制，可参见 Moore（1983）。

[7] 参见 Rōdō Sōgi Chōsaki（1956，p. 20）。

[8] 参见 Yamamoto（1977，pp. 257 – 265；1978，pp. 20 – 62）。

[9] 这一点可以从 Shirihage 事件中看出来，Shirihage 是一家主要纺织企业的劳资关系主任。

[10] 例如，几个第二次世界大战后在国家铁路系统迅速出现但在共产主义者的领导下得到联合的工会（Yamamoto，1977，pp. 232 – 245；Rōdō Sōgi Chōsaki 1954，p. 33）。

[11] 参见 Sanbetsu Kaigi Shi'ryō Seiri I'inkai（1958）、Masumi（1983，

p. 19）。

[12] 参见 Sengo Rōdō Sōgi Chōsaki（1957，pp. 160 - 164）、Takemae Eiji（1982，p. 160）。

[13] 关于 Yawata 对斗争的详细描述，参见 Naitō（1958a, pp. 113 - 117, 123 - 130; 1958b, p. 142）。

[14] 参见 Hosoya（1985, p. 13）。

[15] 参见 Fujita（1974, p. 327）。

[16] 参见 Rōdō Sōgi Chōsaki（1956, pp. 35 - 53）、Hasegawa（1976, pp. 23 - 30, 151 - 161）。

[17] 参见 Nihon Ginkō Hyakunenshi Hensan I'inkai（1985, p. 182）。

[18] 参见 Keizai Dōyū-Kai（1956, pp. 49 - 70）、Sōdōmei Gojyū-nen-shi Kankō M'inkai（1968, pp. 179 - 186）、Ōtake（1987, pp. 353 - 356, 359 - 360）。

[19] 关于文化的解释，参见 Gordon（1993）。

[20] 参见 Yamamoto（1977, pp. 158, 180 - 185, 252 - 254）、Hasegawa（1976, p. 18）。

[21] 职业权威人士中的劳动方在警察拘留罢工者时支持激进集团，因为警察干预劳动斗争对劳动方来说是一种禁忌。参见 Yamamoto（1978, pp. 203, 228 - 248, 286 - 300）。

[22] 参见 Hasegawa（1984, pp. 195 - 233）和 Rōdō Sōgi Chōsaki（1956）中关于 Tōhō 的争论的章节。

[23] 参见 Yamamoto（1983, pp. 5 - 6, 45 - 56, 95 - 98）、Hasegawa（1984, vol. 1, pp. 91, 159, 253 - 263）。

[24] 参见 Yamamoto（1983, pp. 121 - 126），以及 Fujita 和 Shiota（1963）关于东芝争论的章节。

[25] 参见 Hasegawa（1984, vol. 1, pp. 261 - 266; vol. 2, p. 25），也可参见 Yamamoto（1983, pp. 22）。

[26] 参见 Fujita 和 Shiota（1963, pp. 27 - 28）、Yamamoto（1983, pp. 74 - 77, 163 - 168）。

[27] 参见 Hasegawa（1984, vol. 2, pp. 25 - 28）。

[28] 参见 Yamamoto（1983, pp. 227 - 235）、Hasegawa（1984, vol. 2, pp. 29 - 37）。

[29] 参见 Hasegawa（1984，vol.2，p.256）。

[30] 引自 Hasegawa（1984，vol.2，p.263）。

[31] 参见 Rōdō Sōgi Chōsaki（1956，p.83）、Hasegawa（1984，vol.2，p.265）。

[32] 参见 Shin-Sanbetsu Nijyü-nen-shi Hensan I'inkai（1969，p.38）。

[33] 纺织业、化学工业（硫酸盐、油和油脂、橡胶及其他）和互不关联的小企业的数据可以说明这一点。关于温和工会在小企业中的强势作用，参见 Hirata 和 Ando（1958，pp.121-136）。关于日本工会联合会强力控制下的棉纺业，参见 Rodo Sogi Chosakai（1954，pp.67，109-116）。

[34] 关于煤炭开采业，参见 Nakamura（1957）、Hasegawa（1984，vol.1，pp.27-31）。关于著名的 Mitsui-Miike（三井三池）斗争的文献在任何日本劳工史的书中都可找到。

[35] 参见 Takemae（1982，pp.209-251）。

[36] 参见 Hasegawa（1984，vol.1，pp.246-249）。

[37] 参见 Hasegawa（1984，vol.1，pp.241-246；vol.2，pp.65-70，106-110）、Rōdō Sōgi Chōsaki（1957）。

[38] 参见 Hasegawa（1984，vol.2，pp.112-134）。

[39] 参见 Nihon Rōrō Kumiai Sohyogikai（日本劳动组合总评议会）（1964，pp.161-164，182-185）、Shin-Sanbetsu Nijyü-nen-shi Hensan I'inkai（新产别二十年史编撰委员会）（1969，pp.139-145，156-169）以及 Murakami 等（1980，pp.133-135）。

[40] 关于 Nissan 的详细情况，参见 Rōdō Sōgi Chōsaki（1956，chap.6）、Nishimura（1963）、Tsunoda（1963）、Murakami 等（1980，p.167）。关于 Takano 的任职期限，参见 Nihon Rōdō Sōgi Chōsaki（日本劳动争议调查会）（1964，pp.247-273，297-298）、Shin-Sanbetsu Nijyü-nen-shi Hensan I'inkai（新产别二十年史编撰委员会）（1969，pp.407-412）以及 Murakamit 等（1980，pp.138-141，178-180，198-201，218）。

[41] 关于春季攻势，参见 Funahashi（1967）、Kojima（1975）、Kamizuma（1976）、Takagi（1976）、Ujihara 等（1977）。

[42] 参见 Kojima（1975，pp.31-38，61-66，85-97，102-103）、Kamizuma（1976，pp.26，38-41）。

［43］参见 Johnson（1982，pp. 236 - 237）。

［44］参见 Sekiyu Kagaku Kōgyō Kyōkai（石油化学工业协会）（1971，pp. 63 - 68）。

［45］参见 Sekiyu Kagaku Kōgyō Kyōkai（石油化学工业协会）（1971，pp. 6102，133，184 - 189）。关于 MITI 活动的陈述，参见 Hasegawq（1977，pp. 112，122 - 123）、Iwanaga（1977，p. 100）。

［46］关于描述人造光纤产业的扩展的图表，可参见 Uekusa 和 Nambu（1977，p. 169）。

［47］参见 Jéquier（1974）、Wells（1974）、Iwami（1983，pp. 172 - 178）。

［48］汽车装配企业把相同的程序分配给不同的企业并威胁要自己生产来鼓励关联企业之间的竞争，参见 Asanuma（1989）、Miwa（1990）。

［49］参见 Juji'i（1967，pp. 114，230 - 243，226）。

［50］参见 Odaka 等（1988，p. 58 - 59，71 - 72，78 - 82，254 - 258），也可参见 Ueno 和 Muto（1976）；Amagaya（1982）、Ōshima（1987）。

［51］参见 Kojima（1975，pp. 156060）、Kamizuma（1976，pp. 91 - 101）。

［52］特别参见 Takagi（1976，第 1 章）。

［53］参见 Ishida（1976，pp. 227 - 236）。

［54］参见 Ono（1968，1979）、Ishida（1976，pp. 177 - 182，234 - 242）。

［55］参见 Ishida（1976，pp. 156 - 157）、Takagi（1982，pp. 304 - 307）。

［56］参见 Kamizuma（1976，pp. 78 - 81）、Kojima（1976，pp. 116 - 132）。

［57］参见 Ikuo Kume（1988）认为，日本的工会——商业——政府的关系在第一次石油危机后发生了变化，并且这一变化——适度工资和工会参与政治的出现——是出口依存度增加和占统治地位的自民党的政治弱点导致的结果。Kume 的数据却与他的观点相矛盾。工资适度政策其实在石油危机以前就已经存在了数十年，日本的出口依存度在第一次石油危机前后达到一个高峰，并且钢铁产业在他所引述的产业中有着最低的出口依存度。

［58］参见 Tsujinaka（1986a，1996b）。

［59］参见 Ogata（1980，pp. 227 - 239）、Akita（1993，pp. 87 - 91）。

［60］参见 Ishida（1986，pp. 145 - 150）。

［61］参见 Yuasa（1982，pp. 202 - 208）、Aida（1983，pp. 51 - 53）；Serizawa（1987a，171 - 193；1987b，pp. 100 - 108）、Yamamoto（1989，pp. 231 - 233，244 - 267）、Kawabe（1990，pp. 34 - 41）Mizota（1991， pp. 183 - 184，202 - 203）、Ōba（1991，pp. 31 - 38）、Uriu（1996，pp. 186 - 190，195 - 201，202 - 211，213 - 220，230 - 236）。

［62］参见 Sato 和 Umetsu（1983，pp. 407 - 416）。

［63］参见 Ishida（1986，pp. 145 - 150，163 - 172）、Nitta（1988，pp. 241 - 248，253 - 274）。

［64］参见 Totsuka 和 Hyōdō（1991，pp. 81 - 85）、Hata（1992，pp. 138 - 146）。

［65］参见 Saruta（1991，pp. 46 - 48）、Totsuka 和 Hyōdō（1991，pp. 213 - 350）。

［66］参见 Murakami 等（1980，pp. 383 - 416）、Shinkawa（1984，pp. 191 - 232）、Tsujinaka（1986a，pp. 285 - 288）。

［67］参见 Lorwin（1966，pp. 104，131 - 132，258 - 273）、Ivring（1973，pp. 120 - 122）、Tiersky（1974，pp. 122 - 134）、McCormick（1981，p. 349）、Ross（1982，pp. 24 - 27）。

［68］参见 Catalano（1972，p. 77）、Salvati（1972，pp. 193 - 201）、Blackmer（1975，pp. 31 - 32）、Weitz（1975，p. 545）、Lange 和 Vannicelli（1982，pp. 102 - 103，112 - 113）、Barkan（1984，pp. 21 - 25，40 - 41）。

［69］参见 Lorwin（1966，pp. 187 - 189）、Salvati（1972，pp. 201 - 202）、Tiersky（1974，pp. 160 - 167）、Blackmer（1975，pp. 45 - 47）、Ross（1982，pp. 39 - 58）、Barkan（1984，pp. 22）、Rioux（1987，pp. 126 - 130）。

［70］参见 Stein（1969，pp. 197 - 204）、Goldfield（1987）、Goodwin（1989，pp. 90 - 104）、Griffith（1989，pp. 68 - 70）、Liechtenstein（1989，pp. 148 - 150，131 - 142，152）。

［71］参见 Leruez（1975，pp. 37 - 54，61 - 62，67 - 69）、Panitch（1976，pp. 12 - 13，27 - 29）、Warde（1982，p. 48）、Bornstein 和 Gourevitch（1984，pp. 19 - 26）、Morgan（1984，pp. 98 - 99，125 - 127）。

［72］参见 Elvander（1974，pp. 427 - 428）、Martin（1984，pp. 204 - 205，241 - 246）、Sharpf（1987，p. 266）、Esping-Andersen（1985，p. 229）、Lewin（1988，pp. 204 - 225，274 - 304）、Schmidt（1988）、Swenson（1989，pp. 42 - 49）、Swenson（1991）。

［73］参见 Markovits 和 Allen（1984）、Markovits（1986，chaps. 1 and 2）、Thelen（1991）。

参考文献[*]

Aghion, Philippe, and Patrick Bolton. 1992. "An Incomplete Contracts Approach to Financial Contracting." *Review of Economic Studies* 59 (July): 473–494.

Alchian, Armen A., and Harold Demsetz. 1972. "Production, Information Costs, and Economic Organization." *American Economic Review* 62 (December): 777–795.

Allen, Douglas W., and Dean Lueck. 1999. "Risk-Sharing and Agricultural Contracts." *Journal of Law, Economics, and Organization*. Forthcoming.

---

* 陈宁、顾晓波、冯丽君、马幕远、胡安荣、曾景、王晓、孙晖、程诗、付欢、王小芽、马慕禹、张伟、李军、王建昌、王晓东、李一凡、刘燕平、刘蕊、钟红英、赵文荣、王博、刘伟琳、周尧、李君、彭超、罗宇、杭鑫、杨介棒、王新荣、段颀、杨嫒、马志英参加了图书的校对工作,在此表示感谢。

参考文献

Alston, Lee J., and William Gillespie. 1989. "Resource Coordination and Transaction Costs." *Journal of Economic Behavior and Organization* 11 (March): 191-212.

Barzel, Yoram. 1989. *Economic Analysis of Property Rights*. Cambridge University Press. Benham, Lee, and Philip Keefer. 1991. "Voting in Firms: The Role of Agenda Control, Size and Voter Homogeneity." *Economic Inquiry* 29 (October): 706-719.

Ben-Ner, Avner. 1984. "On the Stability of the Cooperative Type of Organization." *Journal of Comparative Economics* 8 (September): 247-260.

——. 1988a. "Comparative Empirical Observations on Worker-Owned and Capitalist Firms." *International Journal of Industrial Organization* 6 (March): 7-31.

——. 1988b. "The Life Cycle of Worker-Owned Firms in Market Economies: A Theoretical Analysis." *Journal of Economic Behavior and Organization* 10 (October): 287-313.

Ben-Ner, Avner, and Byoung Jun. 1996. "Buy-Out in a Bargaining Game with Asymmetric Information." *American Economic Review* 86 (June): 502-523.

Berle, Adolf A., and Gardiner C. Means. 1968. *The Modern Corporation and Private Property*, Rev. ed. New York: Harcourt, Brace and World. [First ed. 1932, Macmillan.]

Berman, Katrina V., and Matthew D. Berman. 1989. "An Empirical Test of the Theory of the Labor-Managed Firm." *Journal of Comparative Economics* 13 (June): 281-300.

Blair, Margaret. 1995. *Ownership and Control: Rethinking Corporate Governance for the Twenty-First Century*. Brookings.

Bonin, John, Derek Jones, and Louis Putterman. 1993. "Theoretical and Empirical Studies of Producer Cooperatives: Will Ever the Twain Meet?" *Journal of Economic Literature* 31 (September): 1290-1320.

Bonin, John, and Louis Putterman. 1987. *Economics of Cooperation and* the *Labor-Managed Economy, Fundamentals of Pure and Applied Economics*. New York: Harwood Academic Publishers.

Bowles, Samuel, and Herbert Gintis. 1990. "Contested Exchange: New Microfoundations of the Political Economy of Capitalism." *Politics and Society* 18 (June): 165 – 222.

———. 1993a. "The Revenge of Homo Economicus: Contested Exchange and the Revival of Political Economy." *Journal of Economic Perspectives* 7 (Winter): 83 – 102.

———. 1993b. "The Democratic Firm: An Agency-Theoretic Evaluation." In *Markets and Democracy: Participation, Accountability and Efficiency*, edited by Samuel Bowles, Herbert Gintis, and Bo Gustafsson, chap. 2. Cambridge University Press.

———. 1996. "The Distribution of Wealth and the Assignment of Control Rights in the Firm." Unpublished manuscript, Department of Economics, University of Massachusetts.

Bradley, Keith, and Alan Gelb. 1981. "Motivation and Control in the Mondragon Experiment." *British Journal of Industrial Relations* 19 (July): 211 – 231.

———. 1987. "Cooperative Labour Relations: Mondragon's Response to Recession." *British Journal of Industrial Relations* 25 (March): 77 – 99.

Coase, Ronald H. 1937. "The Nature of the Firm." *Economica* 4 (November): 386 – 405.

Craig, Ben, and John Pencavel. 1992. "The Behavior of Worker Cooperatives: The Plywood Companies of the Pacific Northwest." *American Economic Review* 82 (December): 1083 – 1105.

———. 1993. "The Objectives of Worker Cooperatives." *Journal of Comparative Economics* 17 (June): 288 – 308.

———. 1995. "Participation and Productivity: A Comparison of Worker Cooperatives and Conventional Firms in the Plywood Industry." *Brookings Papers on Economic Activity-Microeconomics*: 121 – 174.

Defourny, Jacques, Saul Estrin, and Derek C. Jones. 1985. "The Effects of

Workers' Participation on Enterprise Performance." *International Journal of Industrial Organization* 3 (June): 197–217.

Domar, Evsey D. 1966. "The Soviet Collective Farm as a Producers' Cooperative." *American Economic Review* 56 (September): 734–757.

Dong, Xiao-yuan, and Gregory Dow. 1993. "Does Free Exit Reduce Shirking in Production Teams?" *Journal of Comparative Economics* 17 (June): 472–484.

Dow, Gregory. 1986. "Control Rights, Competitive Markets, and the Labor Management Debate." *Journal of Comparative Economics* 10 (March): 48–61.

———. 1993a. "Why Capital Hires Labor: A Bargaining Perspective." *American Economic Review* 83 (March): 118–134.

———. 1993b. "Democracy versus Appropriability: Can Labor-Managed Firms Flourish in a Capitalist World?" In *Markets and Democracy: Participation, Accountability and Efficiency*, edited by S. Bowles, H. Gintis, and B. Gustafsson, chap. 11. Cambridge University Press.

———. 1996. "Replicating Walrasian Equilibria Using Markets for Membership in Labor-Managed Firms." *Economic Design* 2 (November): 147–162.

Dow, Gregory, and Gilbert Skillman. 1994. "Profit Sharing and Risk Sharing." Unpublished manuscript, Department of Economics, Simon Fraser University.

Dreze, Jacques. 1989. *Labour Management, Contracts and Capital Markets: A General Equilibrium Approach*. Oxford: Basil Blackwell.

Ellerman, David P. 1984. "Theory of Legal Structure: Worker Cooperatives." *Journal of Economic Issues* 18 (September): 861–891.

Estrin, Saul, and Derek C. Jones. 1992. "The Viability of Employee-Owned Firms: Evidence from France." *Industrial and Labor Relations Review* 45 (January): 323–338.

Estrin, Saul, Derek C. Jones, and Jan Svejnar. 1987. "The Productivity Effects of Worker Participation: Producer Cooperatives in Western Economies." *Journal of Comparative Economics* 11 (March): 40–

61.

Eswaran, Mukesh, and Ashok Kotwal. 1984. "The Moral Hazard of Budget-Breaking." *Rand Journal of Economics* 15 (Winter): 578–581.

———. 1989. "Why Are Capitalists the Bosses?" *Economic Journal* 99 (March): 162–176.

Fama, Eugene F. 1980. "Agency Problems and the Theory of the Firm." *Journal of Political Economy* 88 (2): 288–307.

Fehr, Ernst. 1993. "The Simple Analytics of a Membership Market in a Labor-Managed Economy." In *Markets and Democracy: Participation, Accountability and Efficiency*, edited by Samuel Bowles, Herbert Gintis, and Bo Gustafsson, 260–276. Cambridge University Press.

Filer, Randall K. 1993. "The Search for Compensating Differentials: Is There a Pot of Gold After All?" Working Paper 41. Center for Economic Research and Graduate Education, Charles University, Prague (North American distribution by University of Pittsburgh).

FitzRoy, Felix. 1980. "Notes on the Political Economy of a Cooperative Enterprise Sector." In *The Political Economy of Cooperation and Participation*, edited by Alasdair Clayre. Oxford University Press.

Fudenberg, Drew, and Jean Tirole. 1991. *Game Theory*. Cambridge, Mass.: MIT Press.

Furubotn, Eirik. 1976. "The Long-Run Analysis of the Labor-Managed Firm: An Alternative Interpretation." *American Economic Review* 66 (March): 104–223.

Furubotn, Eirik, and Svetozar Pejovich. 1970. "Property Rights and the Behavior of the Firm in a Socialist State: The Example of Yugoslavia." *Zeitschrift für Nationalökonomie* 30 (3–4): 431–454.

Gintis, Herbert. 1989. "Financial Markets and the Political Structure of the Enterprise." *Journal of Economic Behavior and Organization* 11 (May): 311–322.

Grossman, Sanford, and Oliver Hart. 1986. "The Costs and Benefits of Ownership: A Theory of Vertical and Lateral Integration." *Journal* of Political Economy 94 (August): 691–719.

Gui, Benedetto. 1985. "Limits to External Financing: A Model and an Application to Labor-Managed Firms." *Advances in the Economic Analysis of Participatory and Labor Managed Firms*, 1: 107–120. Greenwich, Conn.: JAI Press.

Hansmann, Henry. 1988. "Ownership of the Firm." *Journal of Law, Economics, and Organization* 4 (Fall): 267–305.

——. 1990a. "When Does Worker Ownership Work? ESOPs, Law Firms, Codetermination, and Economic Democracy." *Yale Law Journal* 99 (June): 1749–1816.

——. 1990b. "The Viability of Worker Ownership: An Economic Perspective on the Political Structure of the Firm." In *The Firm as a Nexus of Treaties*, edited by Masahiko Aoki, Bo Gustafsson, and Oliver Williamson, 162–184. London: Sage Publications.

——. 1996. *The Ownership of Enterprise*. Belknap Press of Harvard University Press. Hart, Oliver. 1989. "An Economist's Perspective on the Theory of the Firm." *Columbia Law Review* 89 (November): 1757–1774.

——. 1991. "Incomplete Contracts and the Theory of the Firm." In *The Nature of the Firm: Origins, Evolution, and Development*, edited by Oliver Williamson and Sidney Winter, 138–158. Oxford University Press.

——. 1995. *Firms, Contracts, and Financial Structure*. Oxford: Clarendon Press.

Hart, Oliver, and John Moore. 1990. "Property Rights and the Nature of the Firm." *Journal of Political Economy* 98 (December): 1119–1158.

——. 1994. "A Theory of Debt Based on the Inalienability of Human Capital." *Quarterly Journal of Economics* 109 (November): 841–879.

Holmstrom, Bengt. 1982. "Moral Hazard in Teams." *Bell Journal of Economics* 13 (Autumn): 324–340.

Holmstrom, Bengt, and Paul Milgrom. 1991. "Multitask Principal-Agent

Analyses: Incentive Contracts, Asset Ownership, and Job Design." *Journal of Law, Economics, and Organization* 7 (special issue): 24 – 52.

———. 1994. "The Firm as an Incentive System." *American Economic Review* 84 (September): 972 – 991.

Jensen, Michael, and William Meckling. 1979. "Rights and Production Functions: An Application to Labor-Managed Firms and Codetermination." *Journal of Business* 52 (October): 469 – 506.

Jones, Derek C. 1984. "American Producer Cooperatives and Employee-Owned Firms: A Historical Perspective." In *Worker Cooperatives in America*, edited by Robert Jackall and Henry Levin, eds., 37 – 56. University of California Press.

Jones, Derek C., and Takao Kato. 1995. "The Productivity Effects of Employee Stock-Ownership Plans and Bonuses: Evidence from Japanese Panel Data." *American Economic Review* 85 (June): 391 – 414.

Jones, Derek C., and Jan Svejnar. 1985. "Participation, Profit-Sharing, Worker Ownership and Efficiency in Italian Producer Cooperatives." *Economica* 55 (November): 449 – 465.

Kennan, John, and Robert Wilson. 1993. "Bargaining with Private Information." *Journal of Economic Literature* 31 (March): 45 – 104.

Kihlstrom, Richard E., and Jean-Jacques Laffont. 1979. "A General Equilibrium Entrepreneurial Theory of Firm Formation Based on Risk Aversion." *Journal of Political Economy* 87 (4): 719 – 748.

Klein, Benjamin, Robert Crawford, and Armen Alchian. 1978. "Vertical Integration, Appropriable Rents, and the Competitive Contracting Process." *Journal of Law and Economics* 21 (October): 297 – 326.

Kleindorfer, Paul R., and Murat R. Sertel. 1993. "The Economics of Workers' Enterprises." In *Economics in a Changing World*, edited by Dieter Bos. New York: St. Martin's Press. Knight, Frank. 1964. *Risk, Uncertainty and Profit*. New York: A. M. Kelley.

Kruse, Douglas. 1993. *Profit Sharing: Does It Make A Difference?* Kalamazoo, Mich.: W. E. Upjohn Institute for Employment Research.

Legros, Patrick, and Steven Matthews. 1993. "Efficient and Nearly-Efficient Partnerships." *Review of Economic Studies* 68 (July): 599–611.

Legros, Patrick, and Andrew F. Newman. 1996. "Wealth Effects, Distribution and the Theory of Organization." *Journal of Economic Theory* 70 (August): 312–341.

Levine, David I. 1993. "Demand Variability and Work Organization." In *Markets and Democracy: Participation, Accountability and Efficiency*, edited by Samuel Bowles, Herbert Gintis, and Bo Gustafsson, 159–175. Cambridge University Press.

——. 1995. *Reinventing the Workplace: How Business and Employees Can Both Win*. Brookings.

Levine, David I., and Richard J. Parkin. 1994. "Work Organization, Employment Security, and Macroeconomic Stability." *Journal of Economic Behavior and Organization* 24 (August): 251–271.

Levine, David I., and Laura Tyson. 1990. "Participation, Productivity, and the Firm's Environment." In *Paying for Productivity*, edited by Alan Blinder, 183–243. Brookings.

MacLeod, W. Bentley. 1984. "A Theory of Cooperative Teams." CORE Discussion Paper 8441. Université Catholique de Louvain.

——. 1988. "Equity, Efficiency, and Incentives in Cooperative Teams." In *Advances in the Economic Analysis of Participatory and Labor-Managed Firms*, edited by Derek C. Jones and Jan Svejnar, 3: 5–23. Greenwich, Conn.: JAI Press.

MacLeod, W. Bentley, and James Malcomson. 1998. "Motivation and Markets." *American Economic Review* 88 (June): 388–411.

Manne, Henry. 1965. "Mergers and the Market for Corporate Control." *Journal of Political Economy* 73 (April): 110–120.

Marglin, Stephen. 1974. "What Do Bosses Do? The Origin and Function of Hierarchy in Capitalist Production." *Review of Radical Political Economics* 6 (Summer): 60–112.

——. 1984. "Knowledge and Power." In *Firms, Organization and Labour*, edited by Frank Stephen, chap. 9. London: Macmillan.

Mas-Colell, Andreu, Michael D. Whinston, and Jerry R. Green. 1995. *Microeconomic Theory*. Oxford University Press.

Meade, James. 1972. "The Theory of Labour-Managed Firms and Profit-Sharing." *Economic Journal* 82 (supplement): 402–428.

Miceli, Thomas, and Alanson J. Minkler. 1995. "Transfer Uncertainty and Organizational Choice." *Advances in the Economic Analysis of Participatory and Labor-Managed Firms*, 5: 121–137. Greenwich, Conn.: JAI Press.

Milgrom, Paul, and John Roberts. 1992. *Economics, Organization, and Management*. Englewood Cliffs, N. J.: Prentice-Hall.

Mill, John Stuart. 1848 [1936]. *Principles of Political Economy*. London: Longmans, Green.

Miyazaki, Hajime. 1984. "On Success and Dissolution of the Labor-Managed Firm in the Capitalist Economy." *Journal of Political Economy* 92 (October): 909–931.

Murphy, Kevin M., and Robert H. Topel. 1987. "Unemployment, Risk, and Earnings: Testing for Equalizing Wage Differences in the Labor Market." In *Unemployment and the Structure of Labor Markets*, edited by Kevin Lang and Jonathan S. Leonard, chap. 5. New York: Basil Blackwell.

Neuberger, Egon, and Estelle James. 1973. "The Yugoslav Self-Managed Enterprise: A Systemic Approach." In *Plan and Market: Economic Reform in Eastern Europe*, edited by Morris Bornstein, 245–284. Yale University Press.

Newman, Andrew F. 1994. "The Capital Market, Inequality and the Employment Relation." Unpublished manuscript, Department of Economics, Columbia University.

Ognedal, Tone. 1993. "Unstable Ownership." *Markets and Democracy: Participation, Accountability and Efficiency*, edited by Samuel Bowles, Herbert Gintis, and Bo Gustafsson, 248–259. Cambridge

University Press.

Pencavel, John. 1996. "What Has Been Learned about Worker-Owned Firms from the Plywood Co-ops of the Pacific Northwest?" Unpublished manuscript, Department of Economics, Stanford University.

Pencavel, John, and Ben Craig. 1994. "The Empirical Performance of Orthodox Models of the Firm: Conventional Firms and Worker Cooperatives." *Journal of Political Economy* 102 (August): 718–744.

Pejovich, Svetozar. 1969. "The Firm, Monetary Policy and Property Rights in a Planned Economy." *Western Economic Journal* 7 (September): 193–200.

Putterman, Louis. 1982. "Some Behavioral Perspectives on the Dominance of Hierarchical over Democratic Forms of Enterprise." *Journal of Economic Behavior and Organization* 3 (June-September): 139–160.

——. 1984. "On Some Recent Explanations of Why Capital Hires Labor." *Economic Inquiry* 22 (April): 171–187.

——. 1987. "Corporate Governance, Risk-Bearing and Economic Power: A Comment on Recent Work by Oliver Williamson?" *Journal of Institutional and Theoretical Economics* 143 (September): 422–434.

——. 1988a. "Asset Specificity, Governance, and the Employment Relation?" In *Management under Differing Labour Market and Employment Systems*, edited by G. Dlugos, W. Dorow, and K. Weiermair. Berlin: Walter de Gruyter.

——. 1988b. "The Firm as Association versus the Firm as Commodity: Efficiency, Rights, and Ownership." *Economics and Philosophy* 4 (October): 243–266.

——. 1993. "Ownership and the Nature of the Firm." *Journal of Comparative Economics* 17 (June): 243–263.

Putterman, Louis, and Gilbert Skillman. 1992. "The Role of Exit Costs in the Theory of Cooperative Teams." *Journal of Comparative Economics* 16 (December): 596–618.

Russell, Raymond. 1985. "Employee Ownership and Internal Governance."

Journal of Economic Behavior and Organization 6 (September): 217–241.

Ryan, Alan. 1987. "Property." In *The New Palgrave Dictionary of Economics*, edited by John Eatwell, Murray Milgate, and Peter Newman, 1029–1031. New York: Stockton Press.

Sappington, David E. M. 1991. "Incentives in Principal-Agent Relationships." *Journal of Economic Perspectives* 5 (Spring): 45–66.

Schlicht, Ekkehart, and Carl von Weizsacker. 1977. "Risk Financing in Labour-Managed Economies: The Commitment Problem." *Z. ges. Staatswiss.* 133 (1), special issue, 53–66.

Sertel, Murat R. 1982. "A Rehabilitation of the Labor-Managed Firm?" In *Workers and Incentives*, chap. 2. Amsterdam: North-Holland.

Skillman, Gilbert L., and Gregory K. Dow. 1998. "Collective Choice and Control Rights in Firms." Discussion Paper 98–8. Department of Economics, Simon Fraser University.

Smith, Stephen C. 1988. "On the Incidence of Profit and Equity Sharing: Theory and an Application to the High Tech Sector." *Journal of Economic Behavior and Organization* 9 (January): 45–58.

Stiglitz, Joseph E. 1987. "The Causes and Consequences of the Dependence of Quality on Price." *Journal of Economic Literature* 25 (March): 1–48.

Stiglitz, Joseph, and Andrew Weiss. 1981. "Credit Rationing in Markets with Imperfect Information?" *American Economic Review* 71 (June): 393–410.

Vanek, Jaroslav. 1970. *The General Theory of Labor-Managed Market Economies*. Cornell University Press.

——. 1977a. "The Basic Theory of Financing Participatory Firms." In *The Labor-Managed Economy: Essays by Jaroslav Vanek*. Cornell University Press.

——. 1977b. "Some Fundamental Considerations on Financing and the Form of Ownership under Labor Management." In *The Labor-Managed Economy: Essays by Jaroslav Vanek*. Cornell University Press.

Wadhwani, Sushil B., and Martin Wall. 1990. "The Effects of Profit Sharing on Employment, Wages, Stock Returns and Productivity: Evidence from U. K. Micro Data." *Economic Journal* 100 (March): 1–17.

Ward, Benjamin. 1958. "The Firm in Illyria: Market Syndicalism." *American Economic Review* 48 (September): 566–589.

Weitzman, Martin, and Douglas Kruse. 1990. "Profit Sharing and Productivity." In *Paying for Productiviy*, edited by Alan Blinder. Brookings.

Whyte, William F., and Kathleen K. Whyte. 1988. *Making Mondragon: The Growth and Dynamics of the Worker Cooperative Complex.* Ithaca, N. Y.: ILR Press.

Wiener, Hans, with Robert Oakeshott. 1987. *Worker-Owners: Mondragon Revisited.* London: Anglo-German Foundation for the Study of Industrial Society.

Williamson, Oliver. 1975. *Markets and Hierarchies.* New York: Free Press.

——. 1980. "The Organization of Work." *Journal of Economic Behavior and Organization* 1 (March): 5–38.

——. 1985. *The Economic Institutions of Capitalism.* New York: Free Press.

——. 1988. "Corporate Finance and Corporate Governance." *Journal of Finance* 43 (July): 567–591.

Zusman, Pinhas. 1992. "Constitutional Selection of Collective-Choice Rules in a Cooperative Enterprise." *Journal of Economic Behavior and Organization* 17 (May): 353–362.

Alchian, Armen A., and Harold Demsetz. 1972. "Production, Information Costs, and Economic Organization." *American Economic Review* 62: 777–795.

Aoki, Masahiko. 1984. *The Co-operative Game Theory of the Firm.* Oxford: Clarendon Press.

——. 1988. *Information, Incentives, and Bargaining in the Japanese Economy.* Cambridge University Press.

Arrow, Kenneth J. 1985. "The Economics of Agency." In *Principals and Agents: The Structure of Business*, edited by John W. Pratt and Richard Zeckhauser, 37–51. Harvard Business School Press.

Baker, George, Robert Gibbons, and Kevin Murphy. 1996. "Implicit Contracts and the Theory of the Firm." Working Paper, April, 1996.

Becker, Gary S. 1964. *Human Capital: A Theoretical and Empirical Analysis, with Special Reference to Education*. New York: National Bureau of Economic Research.

Blair, Margaret M. 1995. *Ownership and Control: Rethinking Corporate Governance for the Twenty-First Century*. Brookings.

Blair, Margaret M., and Douglas L. Kruse. 1999. "Giving Employees an Ownership Stake." *Brookings Review*, Fall.

Blair, Margaret M., and Lynn A. Stout. 1999. "A Team Production Theory of Corporate Law." *Virginia Law Review* 85 (2): 247–328.

Blasi, Joseph Raphael, and Douglas Lynn Kruse. 1991. *The New Owners: The Mass Emergence of Employee Ownership in Public Companies and What It Means to American Business*. New York: Harper Collins.

Coase, R. H. 1937. "The Nature of the Firm." *Republished in The Nature of the Firm*, edited by Oliver Williamson and Sidney Winter. Cambridge University Press.

Demsetz, Harold. 1991. "The Theory of the Firm Revisited?" In *The Nature of the Firm*, edited by Oliver Williamson and Sidney Winter. Cambridge University Press.

Dickens, William T., and Kevin Lang. 1993. "Labor Market Segmentation Theory: Reconsidering the Evidence." In *Labor Economics: Problems in Analyzing Labor Markets*, edited by William Darity Jr., 141–180. Boston: Kluwer Academic.

Doeringer, Peter B., and Michael J. Piore. 1971. *Internal Labor Markets and Manpower Analysis*. Lexington, Mass.: D. C. Heath.

Domar, Evsey. 1966. "The Soviet Collective Farm as a Producer Cooperative." *American Economic Review* 56: 734–757.

Dow, Gregory K. 1993. "Why Capital Hires Labor: A Bargaining Perspective." *American Economic Review* 83 (March): 118–134.

Ellerman, David P. 1986. "Horizon Problems and Property Rights in Labor-Managed Firms." *Journal of Comparative Economics* 10: 62–78.

Epstein, Richard A. 1985. "Agency Costs, Employment Contracts, and Labor Unions." In *Principals and Agents: The Structure of Business*, edited by John W. Pratt and Richard Zeckhauser, 127–148. Harvard Business School Press.

Fama, Eugene F., and Michael C. Jensen. 1983. "Separation of Ownership and Control." *Journal of Law and Economics* 26 (June): 301–325.

Furubotn, Eirik G., and Svetozar Pejovich. 1974. "Property Rights and the Behavior of the Firm in a Socialist State: The Example of Yugoslavia." In *The Economics of Property Rights*, edited by Furubotn and Pejovich. Cambridge, Mass.: Ballinger.

Grossman, Sanford J., and Oliver D. Hart. 1986. "The Costs and Benefits of Ownership: A Theory of Vertical and Lateral Integration." *Journal of Political Economy* 94 (August): 691–719.

Hansmann, Henry. 1988. "Ownership of the Firm." *Journal of Law, Economics, and Organization* 4 (Fall): 267–305.

———. 1996. The Ownership of Enterprise. Harvard University Press. Belknap Press.

Hart, Oliver. 1989. "An Economist's Perspective on the Theory of the Firm." *Columbia Law Review* 89: 1757–1774.

Hart, Oliver, and John Moore. 1990. "Property Rights and the Nature of the Firm." *Journal of Political Economy* 98 (6): 1119–1158.

Hashimoto, Masanori. 1981. "Firm-Specific Human Capital as a Shared Investment." *American Economic Review* 71 (June): 475–482.

Holmstrom, Bengt. 1982. "Moral Hazard in Teams." *Bell Journal of Economics* 13 (Autumn): 324–340.

Holmstrom, Bengt, and Paul Milgrom. 1991. "Multi-Task Principal-Agent Analyses: Incentive Contracts, Asset Ownership, and Job Design." *Journal of Economics and Organization* 7 (Special Issue): 24–52.

———. 1994. "The Firm as an Incentive System." *American Economic Re-

view 84 (September): 972 – 991.

Jacobson, Louis S., Robert J. LaLonde, and Daniel G. Sullivan. 1993. "Earnings Losses of Displaced Workers." *American Economic Review* 83 (September): 685 – 709.

Jacoby, Sanford M. 1990. "The New Institutionalism: What Can It Learn from the Old?" *Industrial Relations* 29 (Spring): 316 – 359.

Jensen, Michael C., and William H. Meckling. 1976. "Theory of the Firm: Managerial Behavior, Agency Costs and Ownership Structure." *Journal of Financial Economics* 3 (October): 305 – 360.

——. 1979. "Rights and Production Functions: An Application to Labor-Managed Firms and Codetermination." *Journal of Business* 52 (October): 469 – 506.

Katz, Lawrence F., and Lawrence H. Summers. 1989. "Industry Rents: Evidence and Implications." *Brookings Papers on Economic Activity: Microeconomics*, 209 – 275.

Klein, Benjamin, Robert A. Crawford, and Armen A. Alchian. 1978. "Vertical Integration, Appropriable Rents, and the Competitive Contracting Process." *Journal of Law and Economics* 21 (October): 297 – 326.

Koike, Kazuo. 1990. "Intellectual Skill and the Role of Employees as Constituent Members of Large Firms in Contemporary Japan." In *The Firm as a Nexus of Treaties*, edited by Masahiko Aoki, Bo Gustafsson, and Oliver E. Williamson, 185 – 208. Newbury Park, Calif.: Sage Publications.

Kreps, David M. 1990. "Corporate Culture and Economic Theory." In *Perspectives on Positive Political Economy*, edited by James E. Alt and Kenneth A. Shepsle, 90 – 143. Cambridge University Press.

——. 1996. "Markets and Hierarchies and (Mathematical) Economic Theory." *Industries and Corporate Change* 5 (2): 561 – 595.

Krueger, Alan B., and Lawrence H. Summers. 1988. "Efficiency Wages and Inter-Industry Wages Structure." *Econometrica* 56 (March): 259 – 293.

Masten, Scott E., James W. Meehan, and Edward A. Snyder. 1989. "Vertical Integration in the U. S. Auto Industry: A Note on the Influence of Transaction Specific Assets." *Journal of Economic Behavior and Organization* 12 (October): 265 – 273.

Meade, J. E. 1972. "The Theory of Labor-Managed Firms and of Profit Sharing." *Economic Journal* 82 (March supplement): 402 – 428.

Milgrom, Paul, and John Roberts. 1992. *Economics, Organization and Management*. Englewood Cliffs, N. J. : Prentice-Hall.

Monteverde, Kirk, and David J. Teece. 1982a. "Supplier Switching Costs and Vertical Integration in the Automobile Industry." *Bell Journal of Economics* 13 (Spring): 206 – 213.

——. 1982b. "Appropriable Rents and Quasi-Vertical Integration." *Journal of Law and Economics* 25 (October): 321 – 328.

Nelson, Richard R., and Sidney G. Winter. 1982. *An Evolutionary Theory of Economic Change*. Harvard University Press (Belknap).

Prendergast, Canice. 1993. "The Role of Promotion in Inducing Specific Human Capital Acquisition." *Quarterly Journal of Economics* 108 (May): 523 – 534.

Putterman, Louis. 1984. "On Some Recent Explanations of Why Capital Hires Labor." *Economic Inquiry* 22 (April): 171 – 187.

Putterman, Louis, and Randall S. Kroszner. 1996. "The Economic Nature of the Firm: A New Introduction." In *The Economic Nature of the Firm: A Reader*, 2d ed., edited by Putterman and Kroszner, 1 – 31. Cambridge University Press.

Rajan, Raghuram G., and Luigi Zingales. 1996. "Power in a Theory of the Firm." *Working Paper*.

Romano, Roberta. 1996. "Corporate Law and Corporate Governance." Paper prepared for Conference on Firms, Markets and Organizations, University of California at Berkeley, Haas School of Business.

Rosen, Sherwin. 1985. "Implicit Contracts: A Survey." *Journal of Economic Literature* 23 (September): 1144 – 1175.

Shleifer, Andrei, and Lawrence H. Summers. 1988. "Breach of Trust in

Hostile Takeovers." In *Corporate Takeovers: Causes and Consequences*, edited by Alan J. Auerbach, 33 – 56. University of Chicago Press.

Topel, Robert C. 1990. "Specific Capital and Unemployment: Measuring the Costs and Consequences of Job Loss." In *Studies in Labor Economics in Honor of Walter Y. Oi*, edited by Allan H. Meltzer and Charles I. Ploser, 181 – 214. Amsterdam: North Holland.

——. 1991. "Specific Capital, Mobility, and Wages: Wages Rise with Job Security." *Journal of Political Economy* 99 (February): 145 – 176.

Vanek, Jaroslav. 1970. *The General Theory of Labor-Managed Market Economies*. Cornell University Press.

——. 1977. "The Basic Theory of Financing of Participatory Firms." In *The Labor-Managed Economy: Essays by Jaroslav Vanek*, edited by Vanek, 186 – 198. Cornell University Press.

Ward, Benjamin. 1958. "The Firm in Illyria: Market Syndicalism." *American Economic Review* 48: 566 – 589.

Weiss, Andrew. 1990. *Efficiency Wages: Models of Unemployment, Layoffs, and Wage Dispersion*. Princeton University Press.

Wiggins, Steven N. 1991. "The Economics of the Firm and Contracts: A Selective Survey." *Journal of Institutional and Theoretical Economics* 147 (December): 603 – 661.

Williamson, Oliver E. 1975. *Markets and Hierarchies: Analysis and Antitrust Implications*. New York: Free Press.

——. 1985. *The Economic Institutions of Capitalism: Firms, Markets, Relational Contracting*. New York: Free Press.

Williamson, Oliver E., and Janet Bercovitz. 1996. "The Modern Corporation as an Efficiency Instrument: The Comparative Contracting Perspective." In *The American Corporation Today*, edited by Carl Kaysen. Oxford University Press.

Williamson, Oliver E., Michael L. Wachter, and Jeffrey E. Harris. 1975. "Understanding the Employment Relation: The Analysis of Idiosyncratic Exchange." *Bell Journal of Economics* 6 (Spring): 250 – 280.

Wolfstetter, Elmar, Murray Brown, and Georg Meran. 1984. "Optimal Employment and Risk Sharing in Illyria: The Labor Managed Firm Reconsidered." *Journal of Institutional and Theoretical Economics* 140: 655–668.

Aoki, Masahiko. 1988. *Information, Incentives and Bargaining in the Japanese Economy.* Cambridge University Press.

Barenberg, Mark. 1993. "The Political Economy of the Wagner Act: Power, Symbol, and Workplace Cooperation." *Harvard Law Review* 106 (May): 1391–1496.

Ben-Porath, Elchanan, and Eddie Dekel. 1992. "Signaling Future Actions and the Potential for Sacrifice." *Journal of Economic Theory* 57 (June): 36–51.

Black, Bernard S. 1990. "Is Corporate Law Trivial? A Political and Economic Analysis." *Northwestern University Law Review* 84 (Winter): 542–597.

Charny, David. 1990. "Nonlegal Sanctions in Commercial Transactions." *Harvard Law Review* 104 (December): 373–467.

——. 1996. "Illusions of a Spontaneous Order: 'Norms' in Contractual Relationships." *University of Pennsylvania Law Review* 144 (May): 1841–1858.

Douglas, Mary. 1992. "Institutions of the Third Kind: British and Swedish Labour Markets Compared." In *Risk and Blame: Essays in Cultural Theory*, edited by Mary Douglas, 167–186. New York: Routledge.

Ferejohn, John. 1991. "Rationality and Interpretation: Parliamentary Elections in Early Stuart England." In *The Economic Approach to Politics: A Critical Reassessment of the* 24. This problem, as to workers' councils, is modeled in Freeman and Lazear (1995).

Theory of Rational Choice, edited by Kir Monroe, 179–305. New York: HarperCollins.

Freeman, R. B., and E. P. Lazear. 1995. "An Economic Analysis of Works Councils." In *Works Councils: Consultation, Representation* and Cooperation in Industrial Relations, edited by Joel Rogers and Wolfgang Streeck, 27–52. University of Chicago Press.

Gordon, Andrew. 1985. *The Evolution of Labor Relations in Japan: Heavy Industry*, 1853–1955. Council on East Asian Studies. Harvard University Press.

———. 1998. *The Wages of Affluence: Labor and Management in Postwar Japan.* Harvard University Press.

Gordon, Jeffrey N. 1991. "Corporations, Markets, and Courts." *Columbia Law Review* 91 (December): 1931–1988.

Greif, Avner. 1994. "Cultural Beliefs and the Organization of Society: A Historical and Theoretical Reflection on Collectivist and Individualist Societies." *Journal of Political Economy* 102 (October): 912–950.

Hancke, Bob. 1993. *Technological Change and Its Institutional Constraints: The Politics of Production at Volvo Uddevalla.* Center for Science and International Affairs, Harvard University.

Hansmann, Henry. 1988. "Ownership of the Firm." *Journal of Law, Economics, and Organization* 4 (October): 267–305.

———. 1990. "When Does Worker Ownership Work? ESOPs, Law Firms, Codetermination, and Economic Democracy." *Yale Law Journal* 99 (June): 1749–1816.

Hyde, Alan. 1991. "In Defense of Employee Ownership." *Chicago-Kent Law Review* 67 (Winter): 159–211.

Jackson, Thomas. 1986. *The Logic and Limits of Bankruptcy Law.* Harvard University Press.

Jolls, Christine, Cass P. Sunstein, and Richard Thaler. 1998. "A Behavioral Approach to Law and Economics." *Stanford Law Review* 50 (May): 1471–1550.

Kern, Horst, and Charles F. Sabel. 1994. "Verblaßte Tugenden: Zur Krise des deutschen Produktionsmodells." In *Umbrüche gesellschaftlicher Arbeit*, edited by Niels Beckenbach and Werner van Treeck, 605–624. Verlag Otto Schwartz.

Kjellberg, Anders. 1998. "Sweden: Restoring the Model?" In *Changing*

Industrial Relations in Europe, edited by Anthony Ferner and Richard Hyman, 74 – 117. Blackwell.

Kreps, David M. 1990. "Corporate Culture and Economic Theory." In *Perspectives on Positive Political Economy*, edited by James E. Alt and Kenneth A. Shepsle, 90 – 143. Cambridge University Press.

Mahon, Rianne. 1991. "From Solidaristic Wages to Solidaristic Work: A Post-Fordist Historic Compromise for Sweden?" *Economic and Industrial Democracy* 12 (August): 295 – 325.

Milgrom, Paul, and John Roberts. 1994. "Complementarities and Systems: Understanding Japanese Economic Organization." *Estudios Económicos* 9 (June): 3 – 42.

Nakamura, Keisuke, and Michio Nitta. 1995. "Developments in Industrial Relations and Human Resource Practices in Japan." In *Employment Relations in a Changing World Economy*, edited by Richard Locke, Thomas Kochan, and Michael Piore, 325 – 358. MIT Press.

Rajan, Raghuram G., and Luigi Zingales. 1998. "Power in a Theory of the Firm." *Quarterly Journal of Economics* 113 (May): 387 – 432.

Roe, Mark. 1994. *Strong Managers, Weak Owners: The Political Roots of American Corporate Finance*. Princeton University Press.

Sabel, Charles F. 1994. "Learning by Monitoring: The Institutions of Economic Development." In *The Handbook of Economic Sociology*, edited by Neil J. Smelser and Richard Swedberg, 137 – 165. Princeton University Press.

——. 1996. "Ungoverned Production: The Novel Universalism of Japanese Production Methods and Their Awkward Fit with Current Forms of Corporate Governance." Unpublished manuscript.

Streeck, Wolfgang. 1995. "Works Councils in Western Europe: From Constitution to Participation." In *Works Councils: Consultation, Representation and Cooperation in Industrial Relations*, edited by Joel Rogers and Wolfgang Streeck, 313 – 348. University of Chicago Press.

Sunstein, Cass R. 1996. "Social Norms and Social Roles." *Columbia Law*

Review 96 (May): 903-968.

"Symposium: Law, Economics, and Norms." 1996. *University of Pennsylvania Law Review* 144 (May): 1643-2339.

Taira, Koji, and Solomon Levine. 1985. "Japan's Industrial Relations: A Social Compact Emerges." *Industrial Relations Research Association*. University of Wisconsin, Madison.

Turner, Lowell. 1992. *Democracy at Work: Changing World Markets and the Future of Labor Unions*. Cornell University Press.

Williamson, Oliver. 1984. "Corporate Governance." *Yale Law Journal* 93 (June): 1197-1230.

Witte, Eberhard. 1978. *Untersuchungen zur Machtverteilung im Unternehmen*. Verlag der Bayerischen Akademie der Wissenschaften.

Womack, James P., Daniel T. Jones, and Daniel Roos. 1990. *The Machine That Changed the World*. Maxwell Macmillan.

Azariadis, Costas. 1975. "Implicit Contracts and Underemployment Equilibria." *Journal of Political Economy* 83: 1183-1201.

Baily, Martin N. 1974. "Wages and Employment under Uncertain Demand." *Review of Economic Studies* 41: 37-50.

Baker, George P. 1992. "Incentive Contracts and Performance Measurement." *Journal of Political Economy* 100: 598, 608.

Barry, Christopher B., and others. 1990. "The Role of Venture Capital in the Creation of Public Companies: Evidence from the Going-Public Process." *Journal of Financial Economics* 27: 447.

Beer, Michael. 1993. "Comments to Kohn 'Rethinking Rewards.'" *Harvard Business Review* (November/December): 37-49.

Blasi, Joseph R. 1988. "Employee Ownership: Revolution or Ripoff?" Cambridge, Mass.: Ballinger.

Blasi, Joseph, Michael Conte, and Douglas Kruse. 1996. "Employee Stock Ownership and Corporate Performance among Public Companies." *Industrial and Labor Relations Review* 50: 60.

Brown, Charles. 1990. "Firms' Choice of Method of Pay." *Industrial and Labor Relations Review* 43: 165-S.

Bureau of National Affairs. 1992. *Basic Patterns in Union Contracts*. 13th ed. Washington, D. C.

Coase, Ronald. 1937. "The Nature of the Firm." *Econornica* 4 (4): 386.

Easterbrook, Frank L., and Daniel R. Fischel. 1983. "Voting in Corporate Law. "*Journal of Law and Economics* 26: 395.

——. 1991. *The Economic Structure of Corporate Law*. Harvard University Press.

Ehrenberg, Ronald G., and Robert S. Smith. 1994. *Modern Labor Economics: Theory and Practice*. 5th ed. Glenview, Ill. : Scott, Foresman.

Fenn, George W., Nellie Liang, and Stephen Prowse. 1995. "The Economics of the Private Equity Market." Working Paper 168. Board of Governors of the Federal Reserve (December).

Freeman, Richard. 1982. "Union Wage Policies and Wage Dispersion within Establishments." *Industrial Labor and Relations Review* 39: 3.

Freeman, Richard B., and James L. Medoff. 1984. *What Do Unions Do?* New York: Basic Books.

Gompers, Paul A. 1995. "Optimal Investment, Monitoring, and the Staging of Venture Capital." *Journal of Finance* 50: 1461.

——. 1996. "Grandstanding in the Venture Capital Industry." *Journal of Financial Economics* 42: 133.

Gorman, Michael, and William A. Sahlman. 1989. "What Do Venture Capitalists Do?" *Journal of Business Venturing* 4: 231.

Gould, William B. 1993. *Agenda for Reform: The Future of Employment Relationships and the Law*. Cambridge, Mass. : MIT Press.

Gower, Laurence. 1969. *Principles of Modern Company Law*. 3d ed. London, England: Stevens.

Hansmann, Henry. 1988. "Ownership of the Firm?" *Journal of Law Economics and Organization* 4: 291–296.

——. 1990. "When Does Worker Ownership Work? ESOPs, Law Firms, Codetermination, and Economic Democracy." *Yale Law Journal* 99: 1749.

——. 1993. "Worker Participation and Corporate Governance?" *University* of *Toronto Law Journal* 43: 589.

——. 1996. *The Ownership of Enterprise*. Harvard University Press.

Hyde, Alan. 1991. "In Defense of Employee Ownership." *Chicago-Kent Law Review* 67: 159.

Hylton, Keith N. 1994. "An Economic Theory of the Duty to Bargaining Obligations." *Georgetown Law Journal* 19.

Jensen, Michael, and W. H. Meckling. 1969. "Rights and Production Functions: An Application to Labor-Management Firms and Codetermination." *Journal of Business* 52: 469–506.

Kay, Ira T. 1992. *Value at the Top: Solutions to the Executive Compensation Crisis*. New York: Harper Business.

Kling, Jeffrey. 1995. "High Performance Work Systems and Firm Performance." *Monthly Labor Review* 118: 29.

Kohn, Alfie. 1993a. "Why Incentive Plans Cannot Work." *Harvard Business Review* (September/October): 54–63.

——. 1993b. "Rethinking Rewards." *Harvard Business Review* (November/December): 37–49.

Lazear, Edward, and Sherwin Rosen. 1981. "Rank-Order Tournaments as Optimum Labor Contracts." *Journal of Political Economy* 89: 841.

Lerner, Joshua. 1994. "Venture Capitalists and the Decision to Go Public." *Journal of Financial Economics* 35: 293.

——. 1995. "Venture Capitalists and the Oversight of Private Firms." *Journal of Finance* 50: 301.

Lerner, Joshua, and Robert P. Merges. 1996. "The Control of Strategic Alliances: An Empirical Analysis of Biotechnology Collaborations?" Working Paper, Harvard Business School (September).

Levin, William R. 1985. "The False Promise of Worker Capitalism: Congress and the Leveraged Employee Stock Ownership Plan." *Yale Law Journal* 95: 148.

Lewin, David, and Daniel Mitchell. 1995. *Human Resource Management: An Economic Approach*. 2d ed. Cincinnati, Ohio: South-Western.

Lorsch, Jay W. 1989. *Pawns or Potentates: The Reality of America's Cor-*

porate Boards. Harvard Business School Press.

Malcomson, James M. 1984. "Work Incentives, Hierarchy, and Internal Labor Markets." *Journal of Political Economy* 92: 487–488.

Mitchell, Daniel J. B., David Lewin, and Edward E. Lawler III. 1990. "Alternative Pay Systems, Firm Performance, and Productivity." In *Paying for Productivity*, edited by Alan S. Blinder, 64. Brookings.

Miyazaki, Hajime. 1984. "On Success and Dissolution of the Labor-Managed Firm in the Capitalist Economy." *Journal of Political Economy* 92: 909.

O'Connor, Marleen A. 1993. "Human Capital Era: Reconceptualizing Corporate Law to Facilitate Labor-Management Cooperation?" *Cornell Law Review* 78: 899.

O'Neal, F. Hodge, and Robert Thompson. 1986 (Supp. 1995). *Close Corporations: Law and Practice.* 3d ed. Mundelein, Ill.: Callaghan.

Powers, Michael R. 1988. "Note: The GM-UAW Agreement: A New Approach to Premature Recognition." *Virginia Law Review* 74: 89.

Putterman, Louis. "Ownership and the Nature of the Firm." Journal of Comparative Economics 17: 243–263.

Riordan, Michael H., and Michael L. Wachter. 1982. "What Do Implicit Contracts Do?" Unpublished paper, Center for the Study of Organizational Innovation (December).

Rock, Edward B., and Michael L. Wachter. 1996. "The Enforceability of Norms and the Employment Relationship." *University of Pennsylvania Law Review* 144: 1913.

———. 2000. "Waiting for the Omelet to Be Finished: Match-Specific Assets and Minority Oppression in the Close Corporation." In *Concentrated Corporate Ownership*, edited by Randall Morck. University of Chicago Press. Forthcoming.

Sahlman, William A. 1990. "The Structure and Governance of Venture-Capital Organiations." *Journal of Financial Economics* 27: 473, 493.

Summers, Clyde W. 1982. "Codetermination in the United States: A Projection of Problems and Potentials." *Journal of Comparative Corporate Law and Securities Regulation* 4: 155, 170.

——. 1994. "Employee Voice and Employer Choice: A Structured Exception to Section 8 (a) (2)." In *The Legal Future of Employee Representation*, edited by Matthew W. Finkin. Ithaca, N. Y.: ILR Press.

Wachter, Michael L. "A Beacon in the Fog: A Unified Rule for Subcontracting and Relocation." Working Paper. University of Pennsylvania Institute for Law and Economics.

Wachter, Michael L., and Randall D. Wright. 1990. "The Economics of Internal Labor Markets." In *The Economics of Human Resource Management*, edited by Daniel J. B. Mitchell and Mahmood A. Zaidi, 89. Cambridge, Mass.: Basil Blackwell.

Williamson, Oliver. 1984. "Corporate Governance." *Yale Law Journal* 93: 1197.

Bamberg, Ulrich, Michael Bürger, Birgit Mahnkopf, Helmut Martens, and Jörg Tiemann. 1987, *Aber ob die Karten voll ausgereizt sind... 10 Jahre Mitbestimmungsgesetz 1976 in der Bilanz*. Bonn: Bund Verlag.

Berle, Adolt A., and Gardiner C. Means. [1932] 1991. *The Modern Corporation and Private Property*. New Brunswick, N. J.: Transaction.

Brinkmann-Herz, Dorothea. 1972. *Entscheidungsprozesse in den Aufsichtsrätender Montanindustrie, Beiträge zur Verhaltensforschung*. Berlin: Duncker and Humblot.

——. 1975. *Die Unternehmensmitvestimmung in der BRD, Der lange Weg einer Reformidee*. Cologne: Kiepenheuer and Witsch.

Coffee, John C. Jr. 1990. "Unstable Coalitions: Corporate Governance as a Multi-Player Game." *Georgetown Law Journal* 78 (5): 1495 – 1549.

Dahrendorf, Ralph. 1965. *Das Mitbestimmungsproblem in der deutschen Sozialforschung: Eine Kritik*. 2d ed. Munich: piper Verlag.

Easterbrook, Frank L., and Daniel R. Fischel. 1990. *The Economic Structure of Corporate Law*. Harvard University Press.

Edwards, Jeremy, and Klaus Fischer. 1994. *Banks, Finance and Investment in Germany*. Cambridge University Press.

Fama, Eugen. 1980. "Agency Problems and the Theory of the Firm." *Journal of Political Economy* 88 (2): 288–307.

Gerum, Elmar. Horst Steinmann and Werner Fees. 1988. *Der Mitbestimmte Aufsichtsrat, Eine Empirische Untersuchung*. Stuttgart: C. E. Poeschel Verlag.

Götz, Heinrich. 1995. "Die Überwachung der Aktiengesellschaft im Lichte Jüngerer Unternehmenskrisen." *Die Aktiengesellschaft* 40 (8): 337–353.

Hansmann, Henry. 1990. "When Does Worker Ownership Work? ESOPs, Law Firms, Codetermination, and Economic Democracy." *Yale Law Journal* 99 (8): 1794–1816.

——. 1996. *The Ownership of Enterprise*. Harvard University Press.

Hopt, Klaus J. 1994. " Labor Representation on Corporate Boards: Impacts and Problems for Corporate Governance and Economic Integration in Europe." *International Review of Law and Economics* 114 (2): 203–214.

Jensen, M. C., and W. H. Meckling. 1976. "Theory of the Firm: Managerial Behavior, Agency Costs and Ownership Structure." *Journal of Financial Economics* 3 (October): 305–360.

Kallmeyer, Harald. 1982. "Die Gleichbehandlung Der Mitglieder des Aufsichtsrats." *Der Betrieb* 35 (25): 1309.

Kißler, Leo. 1992. *Die Mitbestimmung in der Bundesrepublik Deutschland, Modell und Wirklichkeit*. Marburg: Schüren.

Kübler, Fridrich. Walter Schimdt, and Spiros Simitis. 1978. *Mitbestimmungsproblem als Gesetzgebungspolitische Aufgabe*. Baden-Baden: Nomos Verlagsgesellschaft.

Mertens, Hans Joachim, and Erich Schanze. 1979. "The German Co-determination Act of 1976." *Journal of Comparative Corporate Law and Secutities Regulation* 2 (1): 75–88.

Mitbestimmungskommission. 1970. *Mitbestimmung im Unternehmen—Bericht* der Sachverständigenkommisson zur Auswertug der bisherigen Erfahrungen bei der Mitbestimmung. Stuttgart: W. Kohlhammer.

Münchener Handbuch des Gesellschaftsrechts. 1988. Bd. 4 Die Aktiengesellschaft. Munich: C. H. Beck'sche Verlagsbuchhandlung.

Roe, Mark. 1994. *Strong Managers, Weak Owners: The Political Roots of American Corporate Finance*. Princeton University Press.

——. 1996 "Chaos and Evolution in Law and Economics." *Harvard Law Review* 109 (3): 641–668.

Thum, Horst. 1991. *Wirtschaftsdemokratie und Mitbestimmung, Von den Anfängen 1916 bis zum Mitbestimmungsgesetz 1976*. Cologne: Bund Verlag GmbH.

Ulmer, Peter. 1977. "Die Anpassung von AG-Satzungen an das Mitbestimmungsgesetz-eine Zwischenbilanz." *Zeitschrift für das gesamte Handels-und Wirtschaftsrecht* 141: 490.

Andre, Thomas J. Jr. 1996. "Some Reflections on German Corporate Governance: A Glimpse at German Supervisory Board." *Tulane Law Revies* 70: 1919–1949.

Edwards, Jeremy, and Klaus Fischer. 1994. *Banks, Finance and Investment in Germany*. Cambridge University Press.

FitzRoy, Felix R., and Kornelius Kraft. 1993. "Economic Effects of Codetermination." *Scandinavian Journal of Economics* 95: 365–373.

Franks, Julian, and Colin Mayer. 1997. "Ownship, Control and the Performance of German Corporations." Paper presented at the Columbia Law School Sloan Project Conference, April 1997.

Gerum, Elmar, Horst Steinmann, and Werner Fees. 1998. *Der Mitbestimmte Aufsichtsrat-Eine Empirische Untersuchung*. Stuttgart: C. E. Poeschel.

Hopt, Klaus. 1997. "The German Two-Tier Board (Aufsichtsrat): A German View on Corporate Governance." In *Comparative Corporate Governance: Essays and Materials*, edited by Klaus Hopt and Eddy Wymeersch, 3–20. Berlin: Walter de Gruyter.

Kaplan, Steven N. 1994. "Top Executives, Turnover, and Firm Performance in Germany." *Journal of Law, Economics and Organization* 10: 142-159.

Kaplan, Steven N., and Bernadette A. Minton. 1994. "Appointments of Outsiders of Japanese Boards: Determinants and Implications for Managers." *Journal of Financial Economics* 36: 225-258.

Langevoort, Donald. 1987. "Statutory Obsolescence and the Judicial Process: The Revisionist Role of the Courts in Federal Banking Regulation." *Michigan Law Review* 85: 672-733.

La Porta, Rafael, Florencio Lopez-de-Silanes, Andrei Schleifer, and Robert Vishny. 1997. "Legal Determinants of External Finanace." *Journal of Finance* 52: 1131.

Liener, Gerhard. 1995. "The Future of German Governance." *Corp. Board* 1.

Macey, Jonathan. 1983. "Special Interest Group Legislation and the Judicial Function: The Dilemma of Glass-Steagall." *Emory Law Journal* 33: 1-40.

Macey, Jonathan R., and Geoffrey P. Miller. 1991. "Origin of the Blue Sky Laws." *Texas Law Review* 70: 347-397.

Mülbert, Peter O. 1996. "Empfehlen sich gesetzliche Regelungen Zur Einschränkung des Einflusses der Kreditinstitute auf Aktiengesellschaften?" Gutachten E, zum 61. *Deutschen Juristentag* 49.

Roe, Mark J. 1994. *Strong Manager, Weak Owners: The Political Roots of Acerical Corporate Finance*. Princeton University Press.

——. 1998. "Backlash." *Columbia Law Review* 98: 217-240.

Schilling, Florian. 1994. "Die Aufsichtsrat ist für die katz." *Frankfurter Allgemeine Zeitung*, August 27.

Addison, John T., Joachim Genosko, and Claus Schnabel. 1989. "Gewerkschaften, Produktivität und Rent-Seeking." *Jahrbücher für Nationalökonomie und Statistik* 206 (2): 102-116.

Addison, John T., Kornelius Kraft, and Joachim Wagner. 1993. "German Works Councils and Firm Performance." In *Employee Representation: Alternatives and Future Directions*, edited by Bruce E. Kaufman and Maurice M. Kleiner, 305-338. Madison, Wisc.: Industrial Relations Research Association.

Addison, John T., Claus Schnabel, and Joachim Wagner. 1996. "German Works Councils, Profits and Innovation: Evidence from the First Wave of the Hannover Firm Panel." Report 156, University of Lüneburg, Department of Economics and Social Sciences (January).

Addison, John T., and Joachim Wagner. 1995. "On the Impact of German Works Councils: Some Conjectures and Evidence from Establishment-Level Data." Report 142, University of Lüneburg, Department of Economics and Social Sciences (January).

Alchian, Armen. 1984. "Specificity, Specialization, and Coalitions." *Journal of Institutional and Theoretical Economics* 140 (1): 34 – 39.

Belman, Dale. 1992. "Unions, the Quality of Labor Relations, and Firm Performance." In *Unions and Economic Competitiveness*, edited by Lawrence Mishel and Paula B. Voos, 41 – 107. Armonk: M. E. Sharpe.

Benelli, Giuseppe, Claudio Loderer, and Thomas Lys. 1987. "Labor Participation in Corporate Policy-Making Decisions: West Germany's Experience with Co-determination." *Journal of Business* 60 (4): 553 – 575.

Brown, Stephen J., and Jerold B. Warner. 1980. "Measuring Security Price Performance." *Journal of Financial Economics* 8 (3): 205 – 258.

——. 1985. "Using Daily Stock Returns: The Case of Event Studies." *Journal of Financial Economics* 14 (1): 3 – 31.

Bühler, Wolfgang, Hermann Göppl, and Peter Möller. 1993. "Die Deutsche Finanzdatenbank (DFDB)." In *Empirische Kapitalmarktforschung*, edited by Wolfgang Bühler, 287 – 331. Düsseldorf: Handelsblatt.

FitzRoy, Felix R., and Kornelius Kraft. 1985a. "Mitarbeiterbeteiligung und Produktivität: Eine ökonometrische Untersuchung." *Zeitschrift für Betriebswirtschaft* 55 (1): 21 – 36.

——. 1985b. "Unionization, Wages and Efficiency: Theories and Evidence from the U. S. and West Germany." *Kyklos* 38 (4): 537–554.

———. 1987a. "Efficiency and Internal Organization: Works Councils in West German Firms." *Economica* 54 (216): 493–504.

———. 1987b. "Formen der Arbeitnehmer-Arbeitgeber-Kooperation und ihre Auswirkungen auf die Unternehmensleistung und Entlohnung." In *Mitarbeiter-Beteiligung und Mitbestimmung im Unternehmen*, edited by Felix R. FitzRoy and Kornelius Kraft, 173–196. BerlinL: de Gruyter.

———. 1990. "Innovation, Rent-Sharing and the Organisation of Labour in the Federal Republic of Germany." *Small Business Economics* 2 (2): 95–103.

———. 1993. "Economic Effects of Co-determination." *Scandinavian Journal of Economics* 95 (3): 365–375.

Freeman, Richard B., and Edward P. Lazear. 1995. "An Economic Analysis of Works Councils." In *Works Councils: Consultation, Representation and Cooperation in Industrial Relations*, edited by Joel Rogers and Wolfgang Streeck, 27–52. University of Chicago Press.

Frick, Bernd. 1995. "Produktivitötsfolgen (über-) betrieblicher Interessenvertretungen." In *Managementforschung*, vol. 5: *Empirische Studien*, edited by Georg Schreyögg and Jörg Sydow, 215–257. Berlin: de Gruyter.

———. 1996a. "Co-determination and Personnel Turnover: The German Experience." *Labour* 10: 407–430.

———. 1996b. "Mitbestimmung und Personalfluktuation: Zur Wirtschaftlichkeit der bundesdeutschen Betriebsverfassung im internationallen Vergleich." In *Regulierung und Unternehmenspolitik: Methode-nund Ergebnisse der Betriebswirtschaftlichen Rechtsanalyse*, edited by Dieter Sadowski, Hans Czap, and Hartmut Wächter, 233–256. Wiesbaden: Gabler.

Frick, Bernd, and Dieter Sadowski. 1995. "Works Councils, Unions and Firm Performance: The Impact of Workers' Participation in Germany." In *Institutional Frameworks and Labor Market Performance*, edited by Friedrich Buttler, Wolfgang Frnaz, Ronald Schettkat, and David Soskice, 46 – 81. London: Routledge.

Furubotn, Eirik G. 1985. "Co-determination, Productivity Gains, and the Economics of the Firm." *Oxford Economic Papers* 37 (1): 22 – 39.

———. 1988. "Co-determination and the Modern Theory of the Firm: A Property Rights Analysis." *Journal of Business*, 61 (2): 463 – 474.

Gäppl, Hermann, and H. Schütz. 1993. "The Design and Implimentation of a German Stock Price Research Index (Deutscher Aktien-Forschungsindex DAFOX)." In *Mathematical Modeling in Economics*, edited by W. E. diewert, K. Spreman, and F. Stehling, 506 – 519. Berlin: Springer.

———. 1994. "Dei Konzeption eines Deutschen Aktienindex für Forschungszwecke." Univertität Karlsruhe, Institut für Entscheidungstheorie und Unternehmens-forschung, Diskussionspapier 162. Karlsruhe.

Gurdon, Michael A., and Aloop Rai. 1990. "Co-determination and Enterprise Performance: Empirical Evidence from West Germany." *Journal of Economics and Business* 42 (4): 289 – 302.

Hodgson, Geoffrey M., and Derek C. Jones. 1989. "Co-determination: A Partial Review of Theory and Evidence." *Annals of Public and Co-operative Economics* 60 (3): 329 – 340.

Jensen, Michael C., and William H. Meckling. 1979. "Rights and Production Functions: An Application to Labor-Managed Firms and Co-determination." *Journal of Business* 52 (4): 469 – 506.

Kraft, Kornelius. 1986. "Exit and Voice in the Labor Market: An Empirical Study of Quits." *Zeitschrift für die gesamte Staatswissenschaft* 142 (4): 697 – 715.

———. 1992. "Produktivitätswachstum und gewerkschaftliche Organisation." *Jahrbücher für Nationalökonomie und Statistik* 209 (5 – 6): 419 – 430.

Levine, David I., and Laura D. Tyson. 1990. "Participation, Productivity and the Firm's Environment." In *Paying for Productivity: A Look at the Evidence*, edited by Alan S. Blinder. 183–237. Brokkings.

Lorenz, Wilhelm, and Joachim Wagner. 1991. "Bestimmungsgründe von Gewerkschaftsmitgli-edschaft und Organisationsgrad." *Zeitschrift für Wirtschafts-und Soaial-wissenschaften* 111 (1): 65–82.

Mainusch, Stefan. 1992. *Die Gewerkschaft als Determinate von Produktivität und Profitabilität*. Regensbgurg: Transfer.

Müller-Jentsch, Walter. 1989. *Basisdaten der Industriellen Beziehungen*. Frandfurt/M: Campus.

Schnabel, Claus. 1989. *Zur ökonomischen Analyse der Gewerkschaften in der Bundesrepublik Deutschland*. Frankfurt/M: Peter Lang.

Schnabel, Claus, and Joachim Wagner. 1992. "Unions and Innovative Activity in Germany." *Journal of Labor Research* 13 (4): 393–406.

Svejnar, Jan. 1981. "Relative Wage Effects of Unions, Dictatorship and Co-determination: Econometric Evidence form Germany." *Review of Economics and Statistics* 63 (2): 188–197.

——. 1982. "Co-determination and Productivity: Empirical Evidence form the Federal Republic of Germany." In *Participation and Self-Managed Firms*, edited by Derek C, Jones and Jan Svejnar, 199–212. Lexington, Mass.: D. C. Heath.

Thompson, Rex. 1995. "Empirical Models of Event Studies in Corporate Finance." In *Hand-books in Operational Research and Management Science*, vol. 9, *Finance*, edited by Robert Jarrow, Vojislav Maksimovic, and William T. Ziemba, 963–992. Amsterdam: Elsevier.

Abe, Yukiko. 1994. "Specific Captial, Adverse and Turnover: A Comparison of the United States and Japan." *Journal of the Japanese and International Economcis* 8: 271–292.

Abegglen, J.C. 1958. *The Japanese Factory: Aspects of its Social Organization*. Glencoe. Ill, Free Press.

Acemoglu, Daron, and Jorn-Steffen Pischke. 1996. "Why Do Firms Train? Theory and Evidence." Discussion Paper 1460. Center for Economic Policy Research, London (September).

Akerlof, George. 1982. "Labor Contracts as Partial Gift Exchange." *Quarterly Journal of Economics* 97: 543–569.

Anderson, Charles A. 1984. "Corporate Directors in Japan." Harvard Business Riview (May-June).

Aoki, Masahiko. 1984. "Aspects of the Japaness Firm." In *The Economic Analysis of the Japanese Firm*, edited by Mashhiko Aoki. Amsterdam: North-Holland.

———. 1988. *Information Incentives and Bargaining in the Japanese Economy*. Cambridge University Press.

———. 1990. "Toward an Economic Model of the Japanese Firm." *Journal of Economic Literature* 28: 1–27.

———. 1994. "The Japanese Firm as a System of Attributes: ASurvey and Research Agenda." In *The Japanese Firm: The Sources of Competitive Strength*, edited by Masahiko Aoki and Ronald Dore, 11–40. Oxford University Press.

———. 1995a. "An Evolving Diversity of Organizational Mode and Its Implications for Transtitional Economcis." *Journal of the Japanese and International Economies* 9: 330–353.

———. 1995b. "Unintended Fit: Organizational Evolution and Government Design of Institutions in Japan." Working Paper 434. Stanford University, Center for Economic Policy Research (February).

Aoki, Masahiko, Paul Sheard, and Hugh Patrick. 1994. "The Japanese Main Bank System: An Introductory Overview." In *The Japanese Main Bank System*, edited by Mashhiko Aoki and Hugh Patrick, 1–50. Oxford University Press.

Araki, Takashi. 1994. "Flexibility in Japanese Employment Relations and the Role of the Judiciary," In *Japanese Commercial Law in an Era of Internationalization*, edited by Hiroshi Oda. Boston: Graham and Trotman/M. Nijoff.

Azaridis, Costas. 1983. "Employment with Asymmetric Information." *Quarterly Journal of Economics* 98 (Suppl.): 157–172.

Becker, Gary. 1975. *Human Capital*. 2d ed. New York: National Bureau of Economic Research.

Blinder, Alan. 1992. "More Like Them?" *American Prospect* (Winter): 51–62.

Carmichael, H. Lorne, and W. Bentley Macleod. 1993. "Multiskilling, Technical Change and the Japanese Firm." *Economic Journal* 103: 142–160.

Dertouzos, Michael, Richard Lester, Robert Solow, and MIT Commission on Industrial Productivity. 1989. *Made in America*. MIT Press.

Ehrenberg, Ronald, and Robert Smith. 1997. *Modern Labor Economics*. 6th ed. Reading, Mass.: Addison-Wesley.

Eisenstadt, S. N., and Eyal Ben-Ari, eds. 1990. *Japanses Models of Conflict Resolution*. London: Kegan Paul International.

Foote, Kaniel. 1996. "Judicial Creation of Norms in Japanese Labor Law: Activism in the Service of Stability?" *UCLA Law Review* 43: 635–709.

Furubotn, Eirik G. 1989. "A General Model of Co-determination." In *Co-determination: A Discussion of Different Approaches*, edited by Hans G. Nutzinger and Jürgen Backhaus, 41–72. Berlin: Springer.

Garon, Sheldon. 1987. *The State and Labor in Modern Japan*. University of Calfornia Press.

Garon, Sheldon, and Mike Mochizuki. 1993. "Negotiating Social Contracts." In *Postwar Japan as History*, edited by Andrew Gordon. 145–166. University of California Press.

Garvey, Gerald, and Peter Swan. 1992. "The Interaction between Financial and Employment Contracts: A Formal Model of Japanese Corporate Governance." *Journal of the Japanese and International Economies* 6: 247–274.

Gerlach, Michael L. 1992. "Twilight of the Keiretsu? A Critical Assessment." *Journal of Japanese Studies* 18 (Winter): 79.

Gibbons, Robert, and Laurence Katz. 1991. "Layoffs and Lemons." *Rand Journal of Economics* 9: 351–380.

Gilson, Ronald. 1998. "Reflections in a Distant Mirror: Japanese Corporate Governance through American Eyes." *Columbia Business Law Review* 98: 203 – 221.

Gilson, Ronald, and Robert Mnookin. "Coming of Age in a Corporate Law Firm: The Economics of Associate Career Patterns." *Stanford Law Review* 41: 567 – 595.

Gordon, Andrew. 1983. "Contests for the Workplace." In *Postwar Japan as History*, edited by Andrew Gordon. University of California Press.

——. 1985. *The Evolution of Labor Relations in Japan: Heavy Industry, 1853—1955.* Council on East Asian Studies. Harvard University Press.

Gordon, Robert J. 1982. "Why U. S. Wage and Employment Behavior Differs from That in Britain and Japan." *Economic Journal* 92: 13 – 44.

Greenwald, Bruce. 1986. "Adverse Selection in the Labor Market." *Review of Economic Studies* 53: 325 – 347.

Grossman, Sanford, and Oliver Hart. 1981. "Implicit Contracts, Moral Hazard and Unemployment." *American Economic Revies* 71: 301 – 307.

Hanami, Tadashi. 1979. *Labor Relations in Japan Today*. Tokyo: Kodansha International.

Hashimoto, Masanori. 1979. "Bonus Payment, On-the-Job Training, and Lifetime Employment in Japan." *Journal of Political Economy* 87: 1086 – 1104.

Hoshi, Takeo. 1993. "Evolution of the Main Bank System in Japan." Working Paper, Research Report 93 – 104. Graduate School of International Relation, University of California, San Diego (September).

Hyde, Alan. 1990. "A Theory of Labor Legislation." *Buffalo Law Review* 38: 383 – 464.

Itoh, Hideshi. 1994. "Japanese Human Resource Management from the Viewpoint of Incentive Theory." In *The Japanese Firm: The Sources of Competitive Strength*, edited by Masahiko Aoki and Ronald Dore, 233 – 264. Oxford University Press.

Kandel, Eugene, and Neil Pearson, 1995. "The Value of Labor Market Flexibility." Bradley Policy Research Center Working Paper FR95-104. University of Rochester.

Kanemoto, Yoshitsugu, and Bentley MacLeod. 1991. "The Theory of Contracts and Labor Practices in Japan and the United States." *Managerial and Decision Economics* 12: 159-170.

Milgrom, Paul, and John Roberts. 1990. "The Economics of Modern Manufacturing: Technology, Strategy and Organization." *American Economic Review* 80: 511-528.

——. 1994. "Complementarities and Systems: Understanding Japanese Economic Organization." *Estudios Económicos* 9: 3-42.

——. 1995. "Complementarities and Fit: Stragegy, Structure, and Organizational Change in Manufacturing." *Journal of Accounting and Economics* 19: 179-208.

Mincer, Jacob, and Yoshio Higuchi. 1988. "Wage Structures and Labor Turnover in the United States and Japan." *Journal of the Japanese and International Economies* 2: 97-133.

Moore, Joe. 1983. *Japanese Workers and the struggle for Power: 1945-1947*. University of Wisconsin Press.

Mosk, Carl. 1995. *Competition and Cooperation in Japanese Labour Markets*. New York: St. Martin's Press.

Nishiguchi, Toshihiro. 1994. *Strategic Industrial Sourcing: The Japanese Advantage*. Oxford University Press.

Nomura, Masami. 1994. *Shushin Koyo* [Lifetime employment]. Tokyo: Iwanami Shoten.

O'Connor, Marleen A. 1993. "A Socio-Economic Approach to the Japanese CorporateGovernance Structure." *Washington and Lee Law Review* 30: 1529-1564.

Price, John. 1997. *Japan Works: Power and Paradox in Postwar industrial Relation*. Ithace. N.Y.: ILR Press.

Raff, Daniel. 1988. "Wage Determination Theory and the Five-Dollar Day at Ford." *Jounal of Economic History* 48: 387-399.

Roe, Mark. 1996. "Chaos and Evolution in Law and Econimics." *Harvard Law Review* 109: 641–668.

——. 1998a. "Backlash." *Columbia Law Review* 98: 217–241.

——. 1998b. "Lifetime Employment: Labor Peace and the Evolution of Japanese Corporate Governance." *Columbia Law Review* 98: 508.

Sabel, Charles. 1998. "Ungoverned Production: An American View of the Novel Universalism of Japanese Production Methods." Working Paper, Columbia Law School (February).

Saxanian, Anna Lee. 1994. *Regional Advantage: Culture and Competition in Silicon Valley and Route 128*. Harvard University Press.

Stone, Katherine. 1975. "The Origins of Job Structures in the Steel Industry." In *Labor Market Segmentation*, edited by D. M. Reich and R. Edwards, 27–84. Lexington, Mass: D. C. Heath.

Sugeno, Kazuo. 1992. *Japanese Labor Law*. University of Washington Press.

Sugeno, Kazuo, and Yasuo Suwa. 1995. "The Japanese Internal Labour Market and Its Legal Adjustments." Paper 426–427. Japan International Labour Law Forum (March).

——. 1996, "Labor Law toward the 21st Century: Supporting Individual Workers in the Labour Market." Paper 7. Japan International Labor Law Forum (March).

Taire, Koji. 1970. *Economic Development and the Labor Market in Japan*. Columbia University Press.

Tilly, Chris, and Charles Tilly. 1994. "Capitalist Work and Labor Markets." In *The Handbook of Economic Sociology*, edited by Neil J. Smelse and Richard Swedberg, 283–312. Princeton University Press.

Williamson, Oliver. 1975. *Markets and Hierachies*. New York: Free Press.

Willman, Paul. 1982. "Opportunism in Labour Contracting." *Journal of Economic Behavior and Organization* 3: 83–98.

Yamamoto, Kiyoshi. 1983. *Toshiba Sogi* [Toshiba Dispute 1949]. Tokyo: Ochanomizu Shobo.

Aida, Tosho. 1983. "Nohon Zōsengyo no Dōkō to Koyo Mondai." *Shakai-seisadu Gakkai Hōkokushū*, vol. 27.

参考文献

Akita, Nariaki. 1993. "Koyō Kankō to Haichi Tenkan, Shukkō," In *Nihon no Koyo Kanko no Henka to Hō*, edited by Nariaki Akita. Tokyo: Hōsei Daigaku Shippan-bu.

Amagai, Shyōgo. 1982. *Nihon Jidōsha Kōgyō no Shiteki Tenkai*. Todyo: Aki Shobō.

Asanuma, Banri. 1989. "Nihon ni Okeru Maker to Supplier to no Kankei." In *Nihon no Chūshō Kigyō*, edited by Moriaki Tsuchiya and Yoshirō Miwa. Tokyo: Tokyo Daigaku Shuppan-kai.

Barkan, Joanne. 1984. *Visions of Emancipation: The Italian Workers' Movement since 1945*. New York: Praeger.

Blackmer, Konald L. M. 1975. "Continuity and Change in postwar Italian Communism." In *Communism in Italy and France*, edited by Konald L. M. Blackmer and Sidney Tarrow. Princeton University Press.

Bornstein, Stephen and Peter Gourevitch. 1984. "Unions in a Declining Economy: The Case of the British TUC." In *Unions and Economic Crisis: Britain, West Germany, and Sweden*, edited by Peter Gourevitch and others. London: George Allen and Unwin.

Cameron, David. 1982. "Social Democracy, Corporatism, Labor Quiescence and the Representation of Economic Interest in Advanced Capita." In *Order and Conflict in Contemporary Capitalism*, edited by aj. H. Goldthorpe. Oxford: Clarendon Press.

Catalano, F. 1972. "The Rebirth of the Party System." In *The Rebirth of Italy 1943-1950*, S. J. Woolf. London: Longman.

Elvander, Nils. 1974. "Collective Bargaining and Incomes Policy in the Nordic Countries." *British Journal of Industrial Relations* 12 (3): 417-437.

Esping-Andersen, Gøsta. 1985. *Politics against Markets: The Social Democratic Road to Power*. Princeton University Press.

Fuji'i, Mitsuo. 1967. *Nihon Seni Sangyō Shi: Sengo Bōseki kara Gōsen Made*. Tokyo: Mirai-sha.

Fujita, Wakao. 1974. "Labor Disputes." In *Workers and Employers in Japan: The Janpanese Employment relations System*, edited by K. Ōkouchi, B. Karsh, and S. B. Lavine. University of Tokyo Press.

Fujita, Wakao and Shobei Shiota, eds. 1963. *Sengo Nihon no Rōdō Sogi*, vol. 1. Tokyo: Ochanomizu Shobo.

Funahashi, Naomichi, ed. 1967. *Kōza Rōdōkeizai*, vol. 2: Nihon no Chingin. Tokyo: Nihon Hyōron-sha.

Goldfield, Michael. 1984. *The Decline of Organized Labor in the United States*. University of Chicago Press.

Goodwin, Craufurd D. 1989. "Attitudes toward Industry in the Truman Administration: The Macroeconomic Origins of Microeconomic Policy." In *The Truman Presidency*, edited by Michael J. Lacey. Cambridge University Press.

Gordon, Andrew. 1993. "Contests for the Workplace." In *Postwar Japan as Histroy*, edited by Andrew Gordon. University of California Press.

Griffith, Robert. 1989. "Forging Amercia's Postwar Order: Domestic Politics and Political Economy in the Age of Truman." In *The Truman Presidency*, edited by Michael J. Lacey. Cambridge University Press.

Hasegawa, Akishige. 1977. "Senpatsu Gaisha no Keiei Senyaku." In *Sengo Sangyō-shi he no Shōgen*, vol. 2: *Kyodaida no Jidai*, edited by Ekonomisto Henshu-bu. Tokyo: Mainichi Shinbun-sha.

Hasegawa, Hiroshi. 1976. 2. 1 *Suto Zengo to Nihon Kyosanto*. Tokyo: San'ichi Shob.

——. 1984. *Senryōki no Rōdō Undō*. 2 vols. Tokyo: Aki Shobō.

Hata, Takashi. 1992. "1980-nen-dai no Jidōsha no 'Rōshi-Kankei': 84-nen Ichijikinn Kōsho ni oderu Rōshi Tairitu no Yōsō." *Yamaguchi Keizai-gaku zasshi* 37 (5–6): 127–154.

Hirata, Tomitaro, and Tetsukichi Ando. 1958. "Sengo Rōdō Undo no Sui'i (1): Shusen kara Go'ka Rren ma'de." In *Sengo Rōdō Sōgi Jittai Chōsa* Ⅷ: *Kagaku Kogyo no Sō'gi to Kumiai Undō*, edited by Rōdō

Sōgi Chōsakai. Tokyo: Chūō Kōron-sha.

Hosoya, Matsuta. 1985. "Sengo Minshu-shugi to Rōdō Kumiai no Seiritsu." In *Shyōgen: Sengo Rōdō Kumiai Undō-shi*, edited by Akira Takanashi. Tokyo: Tōyō Keizai Shinpō-sha.

Ishida, Hideo. 1976. *Nishon no Chingin Kettei to Rōshi Kankei*. Tokyo: Toyo Keizai Shinpo-sha.

Ishida, Mitsuo. 1986. "Nihon Tekkō-gyō no Rōshi Kankei: B Seitetsu-jo no Jirei Chōsa." *Shakai Kagaku Kenkyū* 38 (2): 135 – 178.

Ivring, R. E. M. 1973. *Christian Democracy in France*. London: George Allen and Unwin.

Iwami, Tōru. 1983. "EC Shokoku-to no Hikaku." In *Nihon Sangyō no Seido-teki Tokuchō to Boeki Masatsu*, edited by Uekusa Masu. Tokyo: Gaimu-Shō Keizai-kyoku.

Iwanaga, Iwao. 1977. "Ethylene 30-Man Ton Taisei." In *Sengo Sangyō-shi he no Shōgen*, vol. 2: *Kyodaika no Jidai*, edited by Ekonomisto Henshū-bu. Tokyo: Mainichi Shinbun-sha.

Jéquier, Nicolas. 1974. "computers." In *Big Business and the State: Changing Relations in Western Europe*, edited by Raymond Vernon. Harvard University Press.

Johnson, Chalmers. 1982. *MITI and the Japanese Miracle: The Growth of Industrial Policy*, 1925—1975. Sanford University Press.

Kamizuma, Yoshiaki. 1976. *Shuntō: Sōhyō-shi no Danmen*. Tokyo: Rōdō Kyōiku Sentā.

Kawabe, Heihachiro. 1991. "Tekkō Sangyō." In *Nihon-teki Rōshi-Kankei no Henbō*, edited by Makino Tomio. Tokyo: ōtsuki Shoten.

Kawbe, Hisahi. 1974. "Workers and Their Organizations." In *Workers and Employers in Japan: The Japanese Employment Relations System*, edited by K. Ōkōchi, B. Karsh, and S. B. Lavine. Tokyo: University of Tokyo Press.

Keizai, Dōyū-kai. 1956. *Keizai Dōyū-kai Jyū-nen-shi*. Tokyo: Keizai Dōyū-Kai.

Kikuchi, Kōzō. 1984. "The Japanese Enterprise Union and Its Function." In *Industrial relations in Transition: The Cases of Japan the Federal Republic of Germany*, edited by S. Tokunaga and J. Bergemann. University of Tokyo Press.

Kojima, Kenji. 1975. *Shuntō no Rekishi*. Tokyo: Aoki Shoten.

Kume, Ikuo. 1988. "Changing relations among the Government, Labor, and Business in Japan after the Oil Crisis." *International Organization* 42 (4): 659–687.

Lange, Peter, and Maurizio Vannicelli. 1982. "Stratege under Stress: The Italian Union Movement and the Italian Crisis in Developmental Perspective." In *Unions, Change and Crisis: French and Italian Union Strategy and the Political Economy*, 1945—1980, edited by Peter Lange and others. London: George Allen and Unwin.

Leruez, Jacques. 1975. *Economic Planning and Politics in Britain*. London: Martin Robertson.

Lewin, Leif. 1988. *Ideology and Strategy: A Century of Swedish Politics*. Cambridge University Press.

Liechtenstein, Nelson. 1989. "Labor in the Truman Era: Origins of the Private Welfare State." In *The Truman Presidency*, edited by Michael J. Lacey. Cambridge Unversity Press.

Lorwin, Val R. 1966. *The French Labor Movemetn*. Cambridge: Harvard University Press.

Markovits, A. S. 1986. *The Politics of the West German Trade Unions*. Cambridge Universtiy Press.

Markovits, A. S., and C. S. Allen. 1984. "Trade Unions and Economic Crisis; The West German Case." In *Unions and Economic Crisis: Britain, West Germany, and Sweden*, edited by Peter Gourevitch and others. London: George Allen and Unwin.

Martin, Andrew. 1984. "Trade Unions in Sweden: Strategic Responses to Change and Crisis." In *Unions and Economic Crisis: Britain, West Germany, and Sweden*, edited by Peter Gourevitch and others.

London: George Allen and Unwin.

Masumi, Jun'nosuke. 1983. *Sengo Seiji*, 1945—1955, vol. 1. Tokyo: Daigaku Shuppan-kai.

McCormick, Janice. 1981. "Gaullism and Collective Bargaining: The Effect of the Fifth Republic on French Industrial relations." In *The Fifth Republic and Twenty*, edited by William G. Andrews and Stanley Hoffman. State University of New York Press.

Miwa, Yoshio. 1990. *Nihon no Kigyō to Sangyō Soshiki*. Tokyo: Tokyo Daigaku Shuppan-kai.

Mizota, Seigro. 1991. "Tekko-gyō no Kōzō-Kaikaiku." In *Gendai Nihon no Sangyō-Kōzō*, edited by Miwa Yoshiro. Tokyo: Nihon Hyoron-sha.

Moore, Joe. 1983. *Japanese Workers and the Struggle for Power*, 1945—1947. University of Wisconsin Press.

Morgan, Kenneth O. 1984. *Labour in Power 1945—1951*. Oxford University Press.

Murakami, Hiroharu, and others. 1980. *Sōhyō Rōdō Undō 30-nen no Kiseki*. Tokyo: Rōdō Kenkyu Center.

Naitō, Masaru. 1958a. "Nittetsu Yawata no Sōgi, Shōwa 20-25-nen." In *Sengo Rōdō Sōgi Jittai Chōsa VII: Tekkō Sō'gi*, edited by Rōdō Sōgi Jittai Chōsa. Tokyo: ChūōKron-sha.

——. 1958b. "Kawasaki Seiban no Sōgi Shōwa 22-23-nen." In *Sengo Rōdō Sōgi Jittai Chōsa VII: Tekkō Sōgi*, edited by Rōdō Sōgi Jittai Chōsakai. Tokyo: ChūōKōron-sha.

Nakamura, Hide'ichirō, and others. 1966. *Nihon Sangyō to Kasen Taisei*. Tokyo: Shinpyō-sha.

Nakamura, Takafusa. 1957. "Kumiai no Seisei to Zentan no tō'sō: Showa 20-21-nen." In *Sengo Rōdō Sōgi Jittai Chōsa I: Sekitan Sō'gi*, edited by Rōdō Sōgi Chōsakai. Tokyo: ChūōKron-sha.

Nihon Ginkō Hyakunenshi Hensan I'inkai. 1985. *Nihon Ginkō Hyakunenshi*. Tokyo: Nihon Ginkō.

Nihon Rōdō Kumai Sōhyōgikai. 1964. *Sōhyō Jyū-nen Shi*. Tokyo: Rōdō

Jyunp-sha.

Nishimura, Hiromichi. 1963. "Ama-kō Sō'gi." In *Sengo Nihon no Rōdō Sōgi*, vol. 1, edited by Wakao Fujita and Shyōbei shiota. Tokyo: Ochanomizu Shobō.

Nitta, Michio. 1988. *Nihon no Rōdōsha Sanka*. Tokyo: Tokyo Daigaku Shuppankai.

ōba, Yō'ji. 1991. "Tekkō Dokusen no Saihen to 90-nen dai Shijō Shihai Senryaku (1)." *Keizai* 326: 130-150.

Odaka, Kōnosuke, and others. 1988. *The Automobile Industry in Japan: A study of Ancillary Firm Development*. Tokyo: Kinokuniya.

Ogata, Taka'aki. 1980. "Koyō Seisaku no Genjitsu." In *Nihon-teki Keiei no Tenki*, edited by Kikuo Ando and others. Tokyo: Yūhikaku.

Ono, Tsuneo. 1968. "Dantai Kōshō no Kōka to Genkai." In *Kōza Rōdō Deizai 3, Nihon no Rōdō Kumiai*, edited by Taishiro Shirai. Tokyo: Nihon Hyōron-sha.

——. 1979. "Chingin Hakyū no Mekanisumu: Sangyō Soshiki-ron teki Apurō'chi." In *Gendai Nihon Rōdō Mondai*, edited by Mikio Sumiya. Tokyo: Tokyo Daigaku Shyuppan-kai.

Ōshima, Taku, ed. 1987. *Gendai Nihon no Jidōsha Buhin Kōgyō*. Tlkyo: Nihon Keizai Hyōron-sha.

Ōtake, Hideo. 1987. "The *Zaikai* under the Occupation." In *Democratizing Japan*, edited by Robert E. Ward and Yoshikazu Sakamode. University of Hawaii Press.

Panitch, Leo. 1976. *Social Democracy and Industrial Militancy: The Labour Party, The Trade Unions and Income Policy*, 1945—1974. Cambridge University Press.

Rioux, Jean-Pierre. 1987. *The Fourth Republic 1944—1958*. Cambridge University Press.

Rōdō Sōgi chōsakai, ed. 1954. *Sengo Rōdō Sōgi Jittai Chōsa IV: Sen'i Rōdō Sōgi to Kumiai Undō*. Tokyo: Chūō Kōron-sha.

——. ed. 1956. *Sengo Rōdō Sōgi Jittai Chōsa VI: Rōdō Sōgi ni okeru To-

kushyu Keisu, Tokyo: Chūō Kōron-sha.

———. ed. 1957. *Rōdō Sōgi Jittai Chōsa III: Kōtsu Bumon ni Okeru Sōgi.* Tokyo: Chūō Kōron-sha.

Ross, George. 1982. *Workers and Communists in France: From Popular Front to Eurocommunism.* University of California Press.

Saga, Ichiro, and Toku'ichi Kumagai. 1983. *Nissan Sōgi, 1953: Tenkan-ki no Syōgen.* Tokyo: Satsuki-sha.

Salvati, B. 1972. "The Rebirth of Italian Trade Unionism, 1943—1954." In *The Rebirth of Italy 1943—1950*, edited by S. J. Woolf London: Longman.

Sanbetsu Kaigi Shiryō Seiri I'inkai. 1958. *Sanbetsu Kaigi Syōshi. Reprinted in Sanbetsu Kaigi: Sono Seiritsu to Undō no Tenkai*, edited by Rōdō Undō-shi Kenkyū-kai. Tokyo: Rōdō Junpō-sha, 1970.

Saruta, Masaki. 1991. "Jidōsha Sangyō." In *Nihon-teki Rōshi-Kankei no Hanbō*, edited by Makino Tomio. Tokyo: Ōtsuki Shoten.

Satō, Hiroki, and Takashi Umetsu. 1983. "Rōdōdumiai no 'Hatsugen' to Kumai Ruikei." In *80-nen-dai no Rōshi Kankei*, edited by Nihon Rōdō Kyōkai. Tokyo: Nihon Rōdō Kyōkai.

Schmidt, Manfred G. 1988. "The Politics of Labour Market Policy: Strucural and Political Determents of Rates of Unemployment in Industrial Nations." In *Managing Mixed Economies*, edited by Frank castles. Berlin: Walter de Gruyter.

Sekiyu Kagaku Kōgyō Kyōkai, ed. 1971. *Sekiyu Kagaku 10-nen Shi.* Tokyo: Sekiyu Kagaku Kōgyō Kyōkai.

Serizawa, Hisayoshi. 1987a. "Tekkō-gyō ni okeru Rōshi-Kankei no Shin-kyokumen: Sengo Saidai no 'Gōrika' Mondai to Rōdōkumiai Undō (1)." *Kochi Daigaku, Shakai Kagaku Ronshuū* 54: 167–203.

———. 1987b. "Tekkō-gyō ni okeru Rōshi-Kankei no Shin-kyokumen (2)." *Kochi Daigaku, Shakai Kagaku Ronshuū* 55: 93–136.

Sharpf, Fritz W. 1987. *Crisis and choice in European Social Democracy.* Cornell University Press.

Shinkawa, Toshimitsu. 1984. "1975-nen Shuntō to Keizai Kikikanri." In *Nihon Seiji no Sōten*, edited by Hideo Ōtake. Tokyo: San-ichi Shobō.

Shin-Sanbetsu Nijyū-Nen-Shi Hensan I'inkai. 1969. *Shin-sanbetsu no Nijyū-nen*, vol. 2. Tokyo: Shin-sanbetsu.

Shiota, Shyōbei. 1954. "Zen-koku Sen'i Rōdō Kumiai Domei." In *Nihon Rōdō Kumiai Ron: Tan'i Sanbetsu Kumiai no Seikaku to Kinō*, edited by Kazuo Ōkouchi. Tokyo: Yūhikaku.

Shirai, Taishirō. 1979. *Kigyō-betsu Kumiai, Zōtei-ban*. Tokyo: Chūakō Sinsho.

———. 1983. "A Theory of Enterprise Unionism." In *Contemporary Industrial Rela-tions in Japan*, edited by Shirai Taishirō. University of Wisconsin Press.

Sōdōmei Gojyū-Nen-Shi Kankō I'inkai. 1968. *Sōdōmei Gojyū-nen-shi*, vol. 5. Tokyo: Sōdōmei.

Stein, Herbert. 1969. *The Fiscal Revolution in America*. University of Chicago Press.

Swenson, Peter. 1989. *Fair Shares: Unions, Pay, and Politics in Sweden and West Germany*. Cornell University Press.

———. 1991. "Bringing Capital Back In, or Social Democracy Reconsidered: Employer Power, Cross-Class Alliances, and Centralization of Industrial Relations in Denmark and Sweden." *World Politics* 43 (4): 513–544.

Takagi, Ikuro. 1976. *Shuntō-ron; Sono Bunseki, Tenkai, to Kadai*. Tokyo: Rōdō Jyunpō-sha.

———. 1982. "Rōdō Undō-shi ni okeru Kigyō-betsu Kumiai; Rōdō no Jiritsu-ka KinōTenkai no Kano'sei." In *Sengo Rōdō Kumiai Undō Shi Ron; Kigyō Syakai Chōkoku no Shiza*, edited by Shinzō Shimizu. Tokyo: Nihon Hyōron-sha.

Takanashi, Masaru. 1977. "Shuntō Taisei-ka no Chingin Tōsō no Tenkan." In *Kōza: Gendai no Chingin*, vol. 1, editedby Shōjirō Ujinara and others, 57 – 86. Tokyo: Shakai Shisō-sha.

Takaragi, Fumihiko. 1985. "Sōihyō Tanjyō Zengo." In *Syōgen: Sengo Rōdō Kumiai Undō-shi*, edited by Akira Takanashi. Tokyo: Tōyō Keizai Shinpō-sha.

Takemae, Eiji. 1982. *Sengo Rōdō Kaikaku: GHQ no Rōdō Seisaku*. Tokyo: Tokyo Daigaku Shuppan-kai.

Thelen, K. A. 1991. *Union of Parts: Labor Politics in Postwar Germany*. Cornell University Press.

Tiersky, Ronald. 1974. *French Communism, 1920—1972*. Columbia University Press.

Totskuka, Hideo, and Tsutomu Hyōdō, eds. 1991. *Rōshi-kankei no Tenkan to Sentaku: Nihon no Jiōsha Sangyō*. Tokyo: Nihon Hyōronsha.

Tsujinaka, Yutaka. 1986a. "Rōdō Daitai: Kyūchi ni Tatsu 'Rōdō' no Seisaku Kettei." In *Nihon-gata Seisaku Kettei no Henyo*, edited by Minoru Nakano. Tokyo: Toyo Keizai Shinpō-sha.

———. 1986b. "Gendai Nihon Seiji no Coporatism-ka." In *Kōza Seijigaku*, vol. 3: *Seiji Katei*, edited by Mitsuru Uchida. Tokyo: Sanrei Shobō.

Tsunoda, Yutaka. 1963. "Nikkō Muroran Sogi." In *Sengo Nihon no Rōdō Sogi*, vol. 1, edited by Wakao Fukita and Syōbei Shiota. Tokyo: Ochanomizu Shobō.

Ueno, Hiroya, and Hiromichi Mutō. 1976. "Jidō'sha." In *Nihon no Sangyo Soshiki*, vol. 1, edited by Hisao Kumagai. Tokyo: Chūō Kōron-sha.

Uekusa, Masu, and Tsuruhiko Nanbu. 1977. "Gōsei Seni." In *Nihon no Sangyo Soshiki*, vol. 2, edited by Hisao Kumagai. Tokyo: Chūō Kōron-sha.

Ujihara, Shō'jirō and others, eds. 1977. *Koza, Gendai no Chingin, Vol. 4*; *Chingin Mondai no Kadai*. Tokyo: Shakai Shisō-sha.

Uriu, Robert M. 1996. *Troubled Industries: Confronting Economic Change in Japan*. Cornell University Press.

Warde, Alan. 1982. Consensus and Beyond: *The Development of Labour*

Party Strategy since the Second World War. Manchester University Press.

Weitz, Peter. 1975. "The CGIL and the PCI: From Subordination to Independent Political Force." In *Communism in Italy and France*, edited by Donald L. M. Blackmer and Sidney Tarrow. Princeton University Press.

Wells, Louis T. Jr. 1974. "Automobiles." In *Big Business and the State: Changing Relations in Western Europe*, edited by R. Vernon. Harvard University Press.

Yamamoto, Kiyoshi. 1977. *Sengo Kiki ni okeru Rōdō Undō: Sengo Nihon Undō-shi ron Dai1-kan*. Tokyo: Ochanomizu Shobō.

——. 1978. *Yomiuri Sō'gi (1945—1946): Sengo Nihon Undō-shi ron Dai 2-kan*. Tokyo: Ochanomizu Shobō.

——. 1983. *Toshiba Sōgi (1949): Sengo Rōdō Undō-shiron Dai 3-kan*. Tokyo: Ochanomizu Shobō.

——. 1989. "Zōsengyō ni okeru Shigugyosha no Kisuu (1 and 2)." *Shakaikagaku Kenkyu*. 41 (3–4): 219–257 (vol. 3); 227–271 (vol. 4).

Yuasa, Yoshio. 1982. "Kōzō Fukyō Chi'iki ni okeru Rishokusha no Dōkō to Koyō Mondai." *Ritsumeikan Keizaigaku* 30 (6): 189–240.

Blair, Margaret M. 1995. *Ownership and Control: Rethinking Corporate Governance for the Twenty-First Century*. Brookings.

Blair, Margaret M., Douglas Lynn Kruse, and Joseph Raphael Blasi. 2000. "Employee Ownership: An Unstable Force or a Stabilizing Force?" In *The New Relationship: Human Capital in the American Corporation*, edited by Margaret M. Blair and Thomas A. Kochan. Brookings (forthcoming).

Blasi, Joseph Raphael, and Douglas Lynn Kruse. 1991. *The New Owners: The Mass Emergence of Employee Ownership in Public Companies and What It Means to American Business*. New York: HarperCollins.

Charny, David. 1990. "Nonlegal Sanctions in Commercial Relationships." *Harvard Law Review* 104 (December): 373–467.

参考文献

Earle, John S., and Saul Estrin. 1996. "Employee Ownership in Transition." In *Corporate Governance in Central Europe and Russia*, vol. 2, edited by Roman Frydman and others. Central European University/Oxford.

Gordon, Jeffrey N. 1991. "Corporations, Courts, and Markets." *Columbia Law Review* 91 (December): 1931–1988.

——. 1995. "Employee Stock Ownership as a Transitional Device: The Case of the Airline Industry." In *The Handbook of Airline Economics*, edited by Darryl Jenkins, 575–592. New York: McGraw-Hill.

——. 1997. "Employees, Pensions, and the New Economic Order." *Columbia Law Review* 97 (June): 1519–1565.

Hansmann, Henry. 1990. "When Does Worker Ownership Work? ESOPS, Law Firms, Codetermination, and Economic Democracy." *Yale Law Journal* 99 (June): 1749–1816.

——. 1996. The Ownership of Enterprise. Harvard University Press.

Hyde, Alan. 1991. "In Defense of Employee Ownership." *Chicago-Kent Law Review* 67 (1): 159–211.

Knoeber, Charles. "Golden Parachutes, Shark Repellants, and Hostile Tender Offers." *American Economic Review* 76 (March): 155–167.

Mitchell, Lawrence E. 1992. "A Theoretical and Practical Framework for Enforcing Corporate Constituency Statutes." *Texas Law Review* 70 (February): 579–643.

Oakeshott, Robert. 1997. "Majority Employee Ownership at United Airlines: Evidence of Big Wins for Both Jobs and Investors." Working Paper. Job Ownership Ltd. (July).

O'Connor, Marleen. 1993. "The Human Capital Era: Reconceptualizing Corporate Law to Facilitate Labor-Management Cooperation." *Cornell Law Review* 78 (July): 899–965.

Sabel, Charles. 1994. "Learning by Monitoring: The Institutions of Economic Development." In *The Handbook of Economic Sociology*, edited by Neil J. Smelser and Richard Swedberg, 137–165. Princeton

University Press.

Shleifer, Andrei, and Lawrence Summers. 1988. "Breach of Trust in Corporate Takeovers." In *Corporate Takeovers: Causes and Consequences*, edited by Alan Auerbach, 33 - 56. University of Chicago Press.

Singer, Joseph. 1988. "The Reliance Interest in Property." *Stanford Law Review* 40 (February): 611 - 751.

Williamson, Oliver. 1985. *The Economic Institutions of Capitalism*. New York: Free Press.

Employees and Corporate Governance
By Margaret M. Blair and Mark J. Roe
Copyright © 1999, The Brookings Institution
This translation of *Employees and Corporate Governance* by Margaret M. Blair and Mark J. Roe is licensed by The Brookings Institution Press, Washington, DC, U. S. A.

Simplified Chinese version © 2014 by China Renmin University Press.
All Rights Reserved.

图书在版编目（CIP）数据

雇员与公司治理/（美）布莱尔,（美）罗伊编著；陈宇峰,王永齐译. —北京：中国人民大学出版社, 2013.12
（当代世界学术名著）
书名原文：Employees and Corporate Governance
ISBN 978-7-300-18680-1

Ⅰ.①雇… Ⅱ.①布… ②罗… ③陈… ④王… Ⅲ.①公司-职工-参与管理 Ⅳ.①F276.6

中国版本图书馆 CIP 数据核字（2013）第 321844 号

当代世界学术名著
雇员与公司治理
玛格丽特·M·布莱尔 马克·J·罗伊 编著
陈宇峰 王永齐 译
Guyuan yu Gongsi Zhili

出版发行	中国人民大学出版社				
社　　址	北京中关村大街 31 号		邮政编码	100080	
电　　话	010-62511242（总编室）		010-62511398（质管部）		
	010-82501766（邮购部）		010-62514148（门市部）		
	010-62515195（发行公司）		010-62515275（盗版举报）		
网　　址	http://www.crup.com.cn				
	http://www.ttrnet.com（人大教研网）				
经　　销	新华书店				
印　　刷	北京东君印刷有限公司				
规　　格	155 mm×235 mm　16 开本		版　次	2014 年 1 月第 1 版	
印　　张	19.5　插页 2		印　次	2014 年 1 月第 1 次印刷	
字　　数	303 000		定　价	48.00 元	

版权所有　侵权必究　　印装差错　负责调换